ポスト2020の経営人材紹介

地域金融機関が担う 地方転職

日本人材機構 編著

一般社団法人 **金融財政事情研究会**

はじめに

　2020年、新型コロナウィルスによる未曾有の経験をした日本社会において、「地方創生」という言葉に、新たな意味が付加されようとしています。

　これまで首都圏との比較で語られることが多かった「地方」という言葉。その意味が変わろうとしています。

　緊急事態宣言下の長期間にわたる自粛生活を経て、都市部に住む多くの人が、長く込み合った通勤や「3密」の職場環境といった、これまで疑いすらしなかった日々の暮らしに疑問をもつようになりました。

　「働く場所は、首都圏だけではない。地方にこそ、新たな機会が開かれている。」

　首都圏に勤めるビジネスパーソンの多くが、そう感じ始めています。

　首都圏の大きな組織で自らに多くの制約を課しながら働くのではなく、地方の中堅・中小企業で自らの力を最大限に発揮しながら、本当の自分らしく働くこと。

　そして、「3密」とは無縁の生活環境を手に入れること。

　地方転職が、首都圏人材の「新しい常識」として選択肢に入り始めています。

　この機運を地方経済のために使わない手はありません。

　株式会社日本人材機構（Japan Human Resources, 略称JHR）は、首都圏と地方をつなぐ幹部人材の転職市場を創ることを目的として、政府主導で2015年に設立されました。設立以来、5年にわたる試行錯誤を経て、ようやく首都圏から地方への転職市場が立ち上がってきました。企業オーナーが驚くような力のある人材が首都圏から地方に転職する例、それも出身地以外の地域に転職する例が相次ぐようになってきました。

そして、この新たな市場の主役は、5年前には想定されていなかったプレーヤーでした。

　地域金融機関の皆さんです。

　首都圏で発展してきた従来の人材紹介業のモデルでは、地方企業が本当に必要とする人材を紹介することは困難であり、地域金融機関の力がどうしても必要となるのです。

　多くの地方企業オーナーは、本当に必要な経営人材像をなかなか言語化できません。

　何もかも一人で背負い込んでいるため、経営の根幹ともいえる事業戦略（「稼ぎ方」）をじっくり考える時間もなければ社内に相談相手もいないことが最大の理由です。

　地方企業の持続的成長を手助けするためには、まずはオーナーと一緒に「稼ぎ方」を再考し、実現のための経営課題を特定するところから始めなければなりません。そのうえで課題を解決できる人材像を明確にして初めて、その企業に「本当に必要な」人材の要件が決まるのです。

　この役割を担えるのは、地域金融機関をおいてほかにありません。地方企業に寄り添ってきた地域金融機関だからこそ、その将来を見据え本当に必要となる人材像をオーナーと一緒に紡ぎだせるのです。

　オーナーとの信頼関係、事業性評価能力、そして地域経済を支える使命と気概。この3要素がなければ、地方での人材紹介は成立しないのです。

　「ニューノーマル（新常態）」という言葉がいわれるようになりました。

　全国から首都圏に人材が集まり続ける時代は終わりを告げようとしています。一人ひとりが自らの人生観、職業観、生活観、そして適性を考えながら、日本全国に仕事を求めることが「ニューノーマル（新常態）」となるのではないでしょうか。

そのための社会基盤は、地域金融機関の皆さんによって担われようとしています。2020年3月末時点で、地方銀行47行、第二地方銀行13行が人材紹介業に参入しています。また、政府による助成金も創設されました（「先導的人材マッチング事業」）。いよいよ、首都圏から地方への人の流れが、強く太くなろうとしています。人の力による「地方創生」の時代が拓かれようとしているのです。

　こうした市場の胎動を受け、JHRの役割は地域金融機関の皆さんに引き継がれるべきと判断し、2020年6月をもって事業活動を終了いたしました。

　本書は、当社から地域金融機関の皆さんにお渡しする「バトン」です。われわれが5年間の活動を通じて獲得したノウハウを体系的にまとめています。

　皆さんが「ニューノーマル（新常態）」を創り上げ、新たな「地方創生」を実現していくための一助となることを願って止みません。

　最後になりましたが、5年間にわたる当社の活動において、地域金融機関の皆さまをはじめ、地方企業の皆さま、首都圏人材の皆さまには多大なるご協力をいただきました。

　ここに謹んで御礼を申し上げます。ありがとうございました。

2020年9月

日本人材機構　代表取締役社長

小城　武彦

CONTENTS

はじめに

人材紹介って何だ 1

第 1 章　新しい地方転職の時代 7

　1　首都圏人材の地方への注視 8
　2　積み重ねた取組み×ニューノーマル 9
　3　地域金融機関への期待 11
　　ユラ４ 1 確実に動き出した地方転職市場 14
　　伴走型支援サービス証言集❶
　　株式会社山口フィナンシャルグループ　代表取締役社長　椋梨敬介さん 18

第 2 章　伴走型支援サービス 25

　1　生産性向上と経営人材 26
　2　黎明期の例 28
　3　伴走型支援サービスの確立 30
　4　サービスの発展 33
　5　サービスによる人材紹介の実績 35
　　ユラ４ 2 地域経済の底力を見せるとき 43
　　伴走型支援サービス証言集❷
　　マツモトプレシジョン株式会社　代表取締役社長　松本（旧姓・沼部）敏忠さん 47

第 3 章　金融機関が取り組む意義 53

　1　伴走型支援の担い手として 54
　2　事業性評価と人材紹介事業 57
　3　人材紹介事業参入の目的 59

4 参入形態の検討 60

コラム 3 第一地銀の73%が有料職業紹介の許認可を取得見込み 63

伴走型支援サービス証言集③

株式会社大森淡水　代表取締役　**大森伸昭**さん 64

第 4 章　事業性評価をいかに生かすか 69

1 企業が求めていること 70
2 事業を知る、診立てる 73
3 人材相談からの派生 75

コラム 4 最大のキラーコンテンツは経営者の言葉 81

伴走型支援サービス証言集④

株式会社ナベヤ　代表取締役社長　**岡本知彦**さん 84

第 5 章　地域企業と人材をつなぐ注目の動き 89

1 金融機関系の人材ソリューションカンパニー 90
2 副業・兼業 91
3 地方大学による人材定着事業 97
4 観光人材マーケット 102
5 メディアサイト 103

コラム 5 都心人材を地域企業に誘導するために伝えること 106

伴走型支援サービス証言集⑤

株式会社鈴木栄光堂　代表取締役CEO　**鈴木伝**さん 110

第 6 章　実行マニュアル 117

1 実施フェーズとステップ 118
　⑴　課題抽出フェーズ 119
　　　A．伴走型支援サービスの本質を説明・共有 120

　　　　Ｂ．状況および経営課題の把握・共有............................ 122

　　　　Ｃ．最重要戦略としての外部経営人材の採用.................. 125

　　(2)　要件定義フェーズ.. 127

　　　　Ａ．候補となる人材像をイメージする........................ 129

　　　　Ｂ．人材の採用・活躍のイメージを醸成する.............. 130

　　　　Ｃ．要件を満たす人材群を診立てる............................ 132

　　(3)　人材サーチフェーズ.. 134

　　　　Ａ．人材データベースの確保およびアクセス.............. 135

　　　　Ｂ．有望候補の抽出（リストアップ）........................ 136

　　　　Ｃ．候補人材への初回連絡（スカウティング）.......... 138

　　(4)　事前面談フェーズ.. 141

　　　　Ａ．基本条件のすり合わせ.. 142

　　　　Ｂ．重要なミッションの担い手としての役割を強調...... 143

　　　　Ｃ．地方企業への転職に関する懸念事項の早期解消...... 145

　　(5)　マッチングフェーズ.. 147

　　　　Ａ．初回面接の演出.. 148

　　　　Ｂ．微妙な意識変化の把握と対応................................ 149

　　　　Ｃ．双方の理解と合意.. 151

　　(6)　フォローアップフェーズ... 153

　　　　Ａ．入社後にギャップが生じさせないための準備活動........ 155

　　　　Ｂ．経営人材参画後の早期解決状況のモニタリング............ 156

　　　　Ｃ．PDCAサイクル化.. 158

　2　成約報告書の作成.. 159

　　　　Ａ．企業情報と候補者の情報...................................... 159

　　　　Ｂ．案件の情報.. 160

　　　　Ｃ．担当者ならびに上長のコメント........................... 161

　3　伴走型支援サービスの効果：入社後の声からみえてきたこと.... 162

　　　　Ａ．経営者（オーナー）の評価.................................. 162

　　　　Ｂ．転職者の評価.. 164

コラム 6 JHRの実績と取組みからみえてきたこと 169

伴走型支援サービス証言集⑥
JHRコンサルタント 175

第 7 章　サービスの導入プロセス 181

1　人材紹介事業の開始から定着までの 4 ステップ 182
2　参入検討から意思決定 183
　　A．参入目的の明確化 184
　　B．参入形態の確定 184
　　C．他部署との協議 185
　　D．経営会議、取締役会への上程 185
3　開始準備 186
　　A．許認可の取得 186
　　B．業務フロー構築 187
　　C．専任担当者として必要なノウハウの取得 187
　　D．問合せ対応から外部連携までの体制構築 189
　　E．専任チーム体制の構築 191
　　F．関係各所への周知 191
4　事業開始後の定着活動 192
　　A．マネジメントの強化 192
　　B．定着活動 193

コラム 7 経営人材紹介サービスを提供するために何を学ぶか 197

伴走型支援サービス証言集⑦
株式会社広島銀行　法人営業部事業支援室　担当課長　**竹本洋平**さん
マネージャー　**福田千秋**さん　アシスタントマネージャー　**黒田康博**さん 203

APPENDIX 209
資料編 235
おわりに 281

人材紹介って何だ

人材紹介って何だ

　本書は金融機関の役職員の方々を読者として想定しています、実際に本書を手にとった皆さんのなかにも「人材紹介って、わかるようでわかっていない」という方もいらっしゃるのではないでしょうか。本章に入る前に、人材紹介とは何か、主な原則を紹介していきます。

原則1　許認可事業

　人材紹介事業と呼ばれているもののほとんどは、「有料職業紹介事業」のことを指します。労働力の需給調整のため、厚生労働省が管轄しており、有料で業として行う場合は、同省による許認可が必要となります。金融庁が人材紹介を金融機関の付随業務として認めた（2018年3月）とはいえ、それだけでは、金融機関が人材紹介を行うことはできません。許認可は3～6カ月程度を要します。

原則2　求人側と求職側

　求人側企業から出された人材ニーズを人材紹介会社が把握し、求職者をマッチングさせるというのが基本的な流れです。求人側企業をクライアント（顧客）、求職者をキャンディデート（候補者）と呼ぶ場合もあります。人材会社のなかで求人側企業を担当するスタッフをRA（リクルーティングアドバイザー）、求職者側を担当するのをCA（キャリアアドバイザー）と呼ぶことがあります。

原則3　基本的には成功報酬制

　人材紹介会社は求人側の企業から報酬を得ます。入社が決まった際に、決定年収の30～35％程度をコミッションとして受け取ることが一般的です。ただし、サービス内容や職種等によってこのコミッションの歩合は変化しま

す。JHRでは経営課題の整理からフォローアップまでカバーするサービスを提供しているため、45％に設定しています。また、近年の人材市場では技術系人材に50〜100％というコミッションが必要になるケースがあります。この手数料については事前に届け出なければなりません。また、紹介した人材の早期退職（通常は6カ月以内）の場合には手数料の一部返戻を行うことが一般的です。

原則4　全件受理

成功報酬制が基本であるからといって、成約の可能性が高いものだけを選ぶということはできません。有料職業紹介においては、求人側企業の求人票について、正当な理由なく不受理とすることはできません。受理した求人について、自社での紹介がむずかしいと判断される場合には、別の人材事業者との協業（ビジネスマッチング）を通じて人材紹介を行い、報酬を分け合う（レベニューシェア）ことなども行われています。

原則5　不当な年齢制限の排除

求人において正当な理由のない年齢制限を行うことは禁止されており、それが記された求人票を受理した場合は、求人側企業に対して是正の働きかけを行われなければなりません。一方で、「労働者の募集及び採用について年齢にかかわりなく均等な機会を与えることについて事業主が適切に対処するための指針（平成13年厚生労働省告示第295号）」において、「やむを得ない理由」として認められている10項目においては、年齢を考慮した人材採用が可能です。

大原則は以上のとおりですが、そのほかにも押さえておくべきポイントはありますので、厚生労働省の職業紹介事業パンフレット等でご確認ください。

| 厚生労働省 職業紹介事業パンフレット | 検索 |

本書で使用する用語の基準について

・「JHR」
　株式会社日本人材機構（Japan Human Resources）を表します。
・「REVIC」
　日本人材機構の親会社・株式会社地域経済活性化支援機構（Regional Economy Vitalization Corporation of Japan）を表します。
・金融機関の分類は、金融庁の基準を参考にしています。
　「地方銀行」（第一地銀）全国地方銀行協会に加盟する銀行
　「第二地方銀行」（第二地銀）第二地方銀行協会に加盟する銀行
　「地域金融機関」地域銀行、信用金庫、信用組合
・「都心企業」「都心人材」
　東京、大阪、名古屋等の主要都市の都心部に本社を構えるような企業（主に大企業）を「都心企業」とし、そこに勤務する人材を「都心人材」と定義します。大企業のみに限定する場合には「都心部の大企業」と表現する場合があります。
・「首都圏企業」「首都圏人材」
　上記の都心企業／都心人材のなかでも、一都三県の都心部に本社を構えるような企業に限って言及する場合に使用します。上記同様「首都圏の大企業」と表現する場合があります。
・「地域企業」「地方企業」
　原則として「地域企業」と呼称しますが、東京等の大都市と対比する場合は「地方企業」を使用します。
・「地方転職」
　「都心人材」が、「都心企業」に該当しない「地方企業」に転職することを想定しています。

- 「経営人材」「幹部人材」

両方とも同様の意味で用いています。前後との語の重複により、いずれか
を使用しています。また、資料の引用部においては原資料の用語に基づい
て「経営幹部人材」「経営サポート人材」という用語を使用している場合
があります。若干意味は異なりますが、制度としての「プロフェッショナ
ル人材」、人材紹介業における分類である「エグゼクティブ層」も、内容
によって用いることがあります。

- 「人材紹介会社」「人材会社」

原則として「人材紹介会社」と呼称しますが、前後で語の重複がみられる
場合は「人材会社」のみとしている場合があります。

- 「人材紹介事業」「人材紹介」「人材事業」「紹介事業」

原則として「人材紹介事業」を使うものとしますが、前後で語の重複がみ
られる場合は「人材紹介」「人材事業」「紹介事業」などとしている場合が
あります。

- 「人材紹介ソリューション」「人材紹介サービス」「人材紹介業」

上記の「人材紹介事業」とニュアンスが異なる場合、使用する場合があり
ます。

- 「取引先企業」「取引先」「顧客企業」

原則として「取引先企業」としますが、前後で語の重複がみられる場合は
「取引先」のみとする場合があります。

- 「副業・兼業」「兼業・副業」

公的機関においても表記のぶれが存在しますが、本書内では「まち・ひ
と・しごと創生総合戦略」内の表記にあわせ「副業・兼業」に統一しま
す。

- 「監督指針」

「主要行等向けの総合的な監督指針」「中小・地域金融機関向けの総合的な
監督指針」（金融庁、2018年3月）

- **「骨太の方針」**

  「経済財政運営と改革の基本方針2019～『令和』新時代：Society 5.0』への挑戦～」（内閣府、2019年6月）

- **「まち・ひと・しごと創生」**

  「第1期『まち・ひと・しごと創生総合戦略』」（2014年12月閣議決定）もしくは「第2期『まち・ひと・しごと創生総合戦略』」（2019年12月閣議決定）

- **「首都圏管理職調査」**

  「首都圏管理職の就業意識調査」（日本人材機構、2016、2017、2018年、2019年度）

- 実例企業のうち、名前を出せない企業については、特定を避けるため以下の分類のもとで業種と企業規模を表現しています。

  業　　態：「製造業」「流通業」「サービス業」「水産業」など

  売　　上：「10億未満」「10～50億」「50～100億」「100～500億」「500～1000億」「1000億以上」（単位：円）

  従業員数：「100人未満」「100～500人未満」「500～1000人未満」「1000人以上」

- **「コンサルタント」**

  JHRでは正式な役職名としての「コンサルタント」は採用していませんが、イメージしやすくするため、本書内では、企業担当の社員について「コンサルタント」という用語を使用しています。

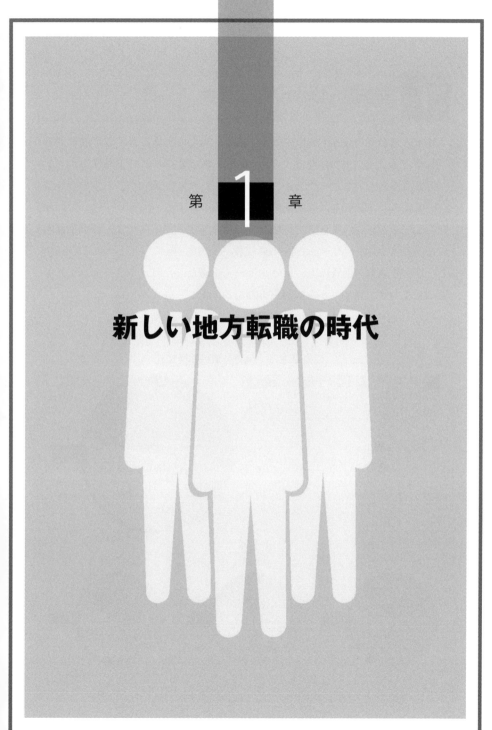

第 1 章

新しい地方転職の時代

1 首都圏人材の地方への注視

　日本人材機構（JHR）が2020年３月25日〜30日に実施した「首都圏管理職の就業意識調査（2019年度）」では、地方企業で働くことに「興味がある」が過去最高の22%となったほか、「興味がある」「やや興味がある」の合算値が51%に達し、調査開始後初めて過半数となりました（図表１−１）。この調査は、①一都三県（東京都、千葉県、埼玉県、神奈川県）に在住、②東京都内の事業所に通勤、③一定の従業員規模（製造業1000人、サービス業500人以上）の企業、④課長職以上、という①〜④を満たしたビジネスパーソンを対象にしており、1650人から回答を得たものです。

図表１−１　地方転職への興味

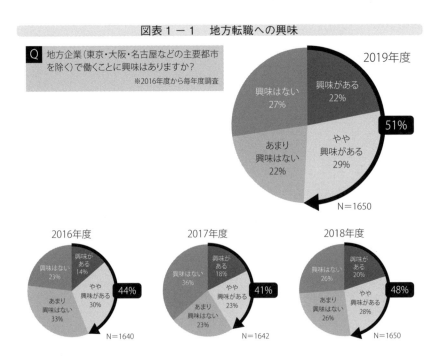

Q 地方企業（東京・大阪・名古屋などの主要都市を除く）で働くことに興味はありますか？
※2016年度から毎年度調査

2019年度

興味はない 27%
興味がある 22%
あまり興味はない 22%
やや興味がある 29%
51%
N＝1650

2016年度
興味はない 23%
興味がある 14%
あまり興味はない 33%
やや興味がある 30%
44%
N＝1640

2017年度
興味はない 36%
興味がある 18%
あまり興味はない 23%
やや興味がある 23%
41%
N＝1642

2018年度
興味はない 26%
興味がある 20%
あまり興味はない 26%
やや興味がある 28%
48%
N＝1650

調査は、新型コロナウイルス感染拡大の不安が国民全体に急拡大し、東京都知事が「休日の外出自粛と平日の可能な限りの在宅勤務」を呼びかけた3月25日夜半の会見をはさんだ時期に実施されました。

その後の政府による緊急事態宣言（4月16日〜5月25日）により、各企業が通勤時の感染リスクを考慮した在宅勤務を推進したことで、働き方の多様化が一気に進んだのはご存じのとおりです。特に、首都圏等でピーク時に通勤を強いられていたビジネスパーソンにとっては、働く場所に対する考え方のパラダイムシフトが起こることとなりました。NHKなど各メディアにおいて、地方への転職や副業・兼業での取組みを希望するビジネスパーソンの声が紹介されるなど、その機運が高まっています。

2 積み重ねた取組み×ニューノーマル

さまざまな業態で「アフターコロナ」「ウィズコロナ」といった"ニューノーマル時代"への適応の必要性が叫ばれるなか、地域金融機関は地方転職を牽引していくフロントランナーの位置にいます。2018年3月に人材紹介が付随業務として認められたことや、2020年の先導的人材マッチング事業の導入など、地域金融機関による地方企業への経営人材の紹介事業を政府が後押ししてきました。JHRが2015年に設立されたことも、その一環でした。先んじて切り拓いてきた、地方への人材還流への取組みが、コロナショックによるニューノーマルの時代において、さらに大きな意義をもとうとしています。

もともと、地方企業への経営人材紹介が推進された理由は、地方企業の生産性の向上を図ることにより、地域経済の活性化、地方創生を目指すためでした。その端緒となったのは2014年12月に閣議決定された「まち・ひと・しごと創生総合戦略」です。政府による「地方創生」への取組みを明確化したこの総合戦略において、地域企業の経営幹部として都心人材を紹介するとい

う目的で設立されました（下記の「地域経済活性化支援機構の子会社」という部分がJHRに相当します）。もともと金融機関との連携が明記され、政府の進める「地域企業応援パッケージ」をともに担っていくこととなりました。

　同じ時期、金融庁は金融機関に対する事業性評価の浸透を図ってきまし

2014年12月閣議決定
「まち・ひと・しごと創生総合戦略」第1期
アクションプラン（抜粋）

（1）　地方にしごとをつくり、安心して働けるようにする
（略）
（イ）-⑤ 産業・金融一体となった総合支援体制の整備
（略）

　●必要な対応
　　○金融等による「地域企業応援パッケージ」を策定し、早期実施策として、以下の施策を実施・拡充する。また、産業・金融両面からの政府の総合的支援について、モニタリングする体制を整備する（2014〜2015年度）
（略）
　　②サービス業をはじめとした生産性の向上
（略）
　　　・「プロフェッショナル人材センター（仮称）」の整備、経営（サポート）人材のマッチングを行う株式会社地域経済活性化支援機構の子会社の設立・稼働
（略）
（エ）-②「プロフェッショナル人材」の地方還流
（略）

　●必要な対応
　　○「プロフェッショナル人材」を都市部から地方へ還流させるため、「プロフェッショナル人材」の地方還流の支援策を展開する。
（略）
　　　・金融機関等と連携を図りつつ、経営（サポート）人材のマッチングを行う、株式会社地域経済活性化支援機構の子会社を設立・稼働する（必要に応じ、派遣人材への経営課題解決能力等の研修を実施）。

た。地域企業の事業性を評価し、的確な融資で成長を支援することが地域経済の活性化に寄与し、ひいては金融機関の発展につながるという考えに基づいています。この事業性評価を進めていくなかにおいては、どうしても地域企業の人材課題にぶつかります。こうした課題解決のため、金融機関の連携先としてJHRは生まれ、都心人材が地域の企業へと転職していく仕組みづくりに取り組みました。「伴走型支援サービス」（第2章参照）というその仕組みは今後、金融機関が担おうとしています。

3 地域金融機関への期待

　地域金融機関による人材紹介には、地域企業支援のために重要であるとして、大きな期待が寄せられてきました。2019年6月には政府の「骨太の方針」で地方への人材供給のために地域金融機関の関与の促進が明示されました。同年末に示された第2期「まち・ひと・しごと創生」の戦略においては、「地域企業の経営課題や人材ニーズを調査・分析し、地域金融機関等が職業紹介事業者と連携して行う人材マッチング事業（地域人材支援事業）を支援する」と、地域金融機関の人材紹介に対する支援も明記されました。これを受け、金融機関による経営人材紹介に対し「先導的人材マッチング事業」として、2020年からインセンティブとなる助成金が制度化されることになりました。金融機関施策に対する助成金は画期的なもので、地域企業支援のための大きな期待を表しています。

　さらに、新型コロナウィルス禍において企業が立ち上がっていくため、金融機関の人材紹介による貢献も望まれています。先導的人材マッチング事業を主導する内閣府地方創生推進室は5月22日に「新型コロナウィルス禍の環境下での地域金融機関における人材ビジネスの可能性（考察）」を公表しました。地域企業は資金繰りへの不安から経営人材の採用を控えていることが推察されるものの、優秀な人材が所属企業を離れ転職マーケットに出つつあ

図表1－2　先導的人材マッチング事業の第1次公募採択事業者

1.	(株)北洋銀行・(株)北海道共創パートナーズ	20.	(株)大垣共立銀行・(株)OKB総研
2.	あおもり創生パートナーズ(株)	21.	(株)十六銀行・(株)十六総合研究所
3.	(株)秋田銀行	22.	(株)名古屋銀行
4.	(株)北都銀行	23.	浜松磐田信用金庫
5.	(株)荘内銀行	24.	豊川信用金庫
6.	(株)山形銀行・TRYパートナーズ(株)	25.	碧海信用金庫
7.	(株)東邦銀行	26.	(株)りそな銀行
8.	(株)埼玉りそな銀行	27.	(株)滋賀銀行・(株)しがぎん経済文化センター
9.	(株)群馬銀行	28.	(株)池田泉州銀行
10.	(株)足利銀行	29.	南都コンサルティング(株)
11.	(株)常陽銀行・(株)常陽産業研究所	30.	(株)紀陽銀行
12.	(株)千葉銀行・ちばぎんキャリアサービス(株)	31.	(株)中国銀行
13.	(株)第四北越フィナンシャルグループ	32.	(株)広島銀行
14.	(株)山梨中央銀行	33.	(株)YMキャリア
15.	(株)八十二銀行・八十二スタッフサービス(株)	34.	(株)百十四銀行
16.	(株)北陸銀行	35.	(株)伊予銀行
17.	(株)北國銀行	36.	(株)ふくおかフィナンシャルグループ
18.	(株)福井銀行・(株)福邦銀行	37.	(株)NCBリサーチ＆コンサルティング
19.	(株)静岡銀行	38.	(株)沖縄銀行

(出所)　内閣府地方創生推進室（2020年4月1日、首相官邸ホームページより）

るからこそ、「ピンチをチャンスととらえ、有能な人材を獲得できる絶好の機会ととらえている競争力のある企業も一部に存在」していると言及しています。

　また、資金繰り支援の公的融資を受けた場合には、一定の据置期間（最長5年）後に迎える元利金返済期に備え、「企業内変革を含め、収益体質の強化、事業変化も同時に行う必要」があるとしています。返済期の到来により再び経営的危機を招くことがないよう、金融機関が寄り添い、企業体力を向上させていく必要性が示されています。

　据置期間に対する企業側へのアクションとして、①据置期間に何をすべきかという問題意識・課題の共有、②経営人材の招聘（雇用）による経営体質、組織力の強化、③課題解決人材（副業・兼業人材等）を活用した組織の

変革・イノベーションを、JHRが「伴走型支援」（第2章）と呼んでいる人材ソリューションが望まれています。

さらに、「リーマンショック・東日本大震災時には提供できるソリューションではなかったが、2018年の金融庁による監督指針改正により、人材紹介業務を開始する金融機関が増えており、企業課題解決支援の1手法である人材紹介業務（ヒト）と本業の融資相談業務（カネ）を一体として提供し、総合的な取引先企業支援を行うことが効果的ではないか」という言及もあり、過去の歴史的転換点と比べ有効な、経済復活のひとつの手段として期待されています。

　冒頭で紹介した首都圏管理職就業意識調査において、地域金融機関から取引先企業の経営幹部として推薦するオファーがあった場合にどのように受け止めるか聞いたところ、「ポジティブに受け止める」「ややポジティブに受け止める」の合計が71％に達しました。首都圏人材側からも地域金融機関の取組みは好意的にとらえられ、各方面から注目度が高まっています。

図表1-3　金融機関による人材紹介のイメージ

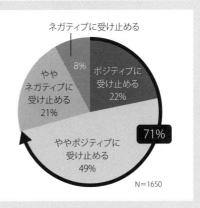

Q 地域の金融機関から、融資先企業の経営権部に推薦するというオファーがあったとき、どう受け止めるか
（2019年度首都圏管理職就業意識調査）

ネガティブに受け止める

ポジティブに受け止める 22%

ややネガティブに受け止める 21%

8%

71%

ややポジティブに受け止める 49%

N=1650

確実に動き出した地方転職市場

　第１章で２つのデータを紹介している「首都圏管理職の就業意識調査」の結果から、さらに興味深い地方転職への動きを読み取ることができます。

　周囲に地方転職した人がいるかを聞くと、28％が「いる」と答え、「いない」48％、「わからない」24％と合わせ、前年度とまったく同じ数値となりました。２回の調査の一致から、近年においては約３割のビジネスパーソンが周囲の地方転職を目撃しているということになります。その地方転職者が「同僚」だと答えた割合は、前年度の９％から13％に増加していることが注目されます。地方転職はもはや伝聞や噂の世界のことではなく、身近に感じるものとなっていることが推察されます。

図表１－４　周囲の地方転職

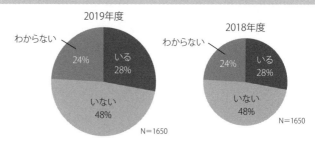

Q あなたの周りの首都圏のビジネスパーソンで、最近2～3年のうちに地方（東京・大阪・名古屋等の主要都市を除く）の中堅中小企業（売上高10～100億円程度）に転職された方はいますか？
※2018年度以降調査

2019年度
わからない 24%
いる 28%
いない 48%
N=1650

2018年度
わからない 24%
いる 28%
いない 48%
N=1650

図表１－５　周囲の誰が地方転職したか

Q 上記で「いる」と答えた方に質問です。周囲のどのような方が地方の中堅中小企業に転職されましたか?(複数回答)

※複数回答のため、パーセンテージの合計は上で「いる」と答えたパーセンテージを上回る

実際に地方の企業からオファーがあった場合にどのように受け止めるかについて聞いたところでは、経営幹部としてのオファーであれば、年収ダウンでも47％が「興味がある」「やや興味がある」と答えています。現在と同水準であれば56％、現在よりアップする条件であれば

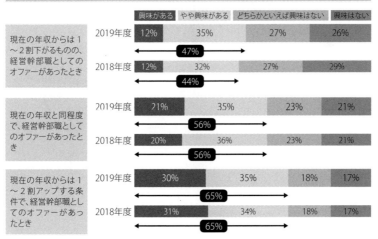

図表１－６　地方企業からのオファーへの興味

Q 地方(東京、大阪、名古屋等の主要都市を除く)の中堅中小企業(売上高10〜100億円規模)から、以下のようなオファーがあった場合、あなたはどう感じますか?

※2018年度以降調査(いずれもN＝1650)

65％と、当然ながら数字は上がります。

　十分に魅力のあるオファーがきた場合、どのタイミングで転職することができるかという問いには、「すぐにでも」および「1～2年後」で3分の1を超えました。「いつか」ではなく、現実的に考えうる層がかなりいることがわかります。

図表1－7　魅力あるオファーがあった場合の転職可能時期

Q 十分に魅力のあるオファーがくると仮定して、あなた自身にとって、どのタイミングであれば、地方（東京・大阪・名古屋等の主要都市を除く）の中堅中小企業（売上高10～100億円規模）への転職を考えることができますか？　　※2018年度以降調査

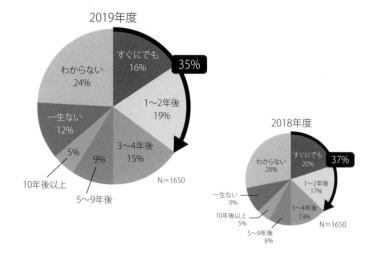

同年代の友人が地方転職したという話を聞いた場合、どう受け止める
かという質問には、4年連続で7割以上が「ポジティブに受け止め
る」「ややポジティブに受け止める」と答えています。地方への転職が
「都落ち」のようにとらえられることはないといえます。調査全体の傾
向として、地方転職に関する意識は、より身近で、ポジティブで、興味
のあるものとなってきており、首都圏人材の意識が地方に向かいつつあ
ると考えられます。

図表1−8　知人の地方転職へのイメージ

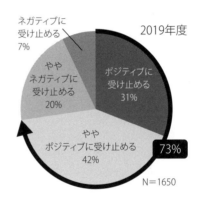

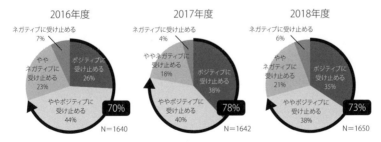

株式会社山口フィナンシャルグループ
代表取締役社長 **椋梨敬介**さん

2020年５月、金融業界に衝撃が走りました。山口フィナンシャルグループが新社長として、50歳の椋梨氏の昇格を発表したのです（就任は６月25日）。その若さもさることながら、驚きを加速させたのは、同氏が最近３年間にわたり人材事業に携わるなど、「非金融」分野の推進者であったことでした。グループの社長就任後も「地域共創ユニットCOO」も兼務し、人材事業を含めた地域共創事業の責任者を続けていくというユニークな体制も話題になっています。この新しい時代にどのように人材事業に取り組もうとしているのか、話を聞きました。

——山口フィナンシャルグループは、非常に早い時期から人材紹介事業に取り組まれていて、さまざまなメディアにもその試みが取り上げられていた印象があります。人材紹介事業へ参入を決めた理由は何でしょうか？

椋梨　３年前よりYMFG ZONEプラニングという地方創生コンサルティング会社で地域課題解決に官民連携で取り組んでおりました。そのなかで浮き彫りになったのが、人口減少と都市部への若年者流出により、地方の中小企業は深刻な人材不足に直面しているという課題です。私どもの営業エリアである山口県・広島県・福岡県も例外ではなく、取引先企業が抱える人材不足の課題はグループ全体で2400件に上っていました。そうした背景のなかで、中小企業庁の「平成30年度中核人材確保スキーム事業」の実証事業としての採択を受けるかたちで、「事業性評価を起点とした副業を含めた多様な人材活用のスキーム構築」に実証的に取り組みました。その結果として、わずか半年間の活動期間ではありましたが、23件の紹介実績が生まれ、そのうち90％が都市圏人材確保につながるなど首都圏から地方への人材還流を実現し有効性を確認できたため、昨年の７月に株式会社YMキャリアを設立。YMFG ZONEプラニングからスピンアウトし、人材紹介事業への参入に至っています。

——どのような体制で始められ、どのように拡大していったのでしょうか。

椋梨　最初は私を含めて２人で始めました。進んでいくうちに１人、また１人と増えていったかたちです。YMFG ZONEプラニングの２人に加えて、銀行本体の事業性評価担当が１人、経営コンサルティングから２人と、組織に横ぐしを通すようなかたちで増員ができました。銀行というところは、ともすると縦割りになりがちですが、横断的なチームになったことがよかったと思います。

——椋梨さんはYMキャリアの社長から、グループ全体の社長になられまし

た。この新しい時代に、人材紹介は銀行の本業とどのように関係していくと思われますか。

椋梨 これまでも、地方の中小企業と首都圏の優秀な人材をマッチングするサービスは、民間の大手人材紹介会社を中心に展開されてきましたが、これまでは「呼び込むこと」や「マッチングすること」に重点が置かれていました。一方で、私ども地域金融機関の最大の強みは取引先企業との長年の取引を起点として、企業の事業の魅力やストーリー、事業可能性といった定性面に加えて、PL／BSといった定量面の双方の情報を蓄積していることにあります。それに加えて、営業店の行員がひと月に何度かはお客様を訪問していることもあり、お客様の事業をしっかりと理解したうえで、伴走した支援が可能です。

――人材による支援という点で気をつけている点はありますか。

椋梨 具体的にいうと、銀行ならではの事業性評価活動を通じて取引先企業の「経営課題の整理・分析」からかかわり、「課題解決に必要となる人材像」を明確化し、この明確化した課題・人材像をもとに求職者と求人企業のマッチングを行うことです。これにより、お互いのミスマッチを防ぐことができます。マッチング後においては営業店の行員と連携することで約6カ月間にわたり、定期的なアフターフォローを実施しています。単なる「点」の支援ではなく、途切れのない「線」の支援が、一般的な人材紹介会社との大きな差別化要素と考えています。目指すべき姿については、単なる紹介で終わるのではなく「しっかりと企業と人材の双方に寄り添い、紹介した人材が活躍することで事業が成長する」といったように結果にコミットしていく姿を目指すべきと考えています。

――人材紹介に取り組むうえで、意思決定に時間を要する、経営会議等と現場の考え方に相違が生じるなどの話を耳にします。

椋梨　金融機関として、融資に限ることなく、お客様の経営上の課題は何か
に焦点を当てて考えていくことがポイントだと思います。地方の中小企業
のなかで、特に経営幹部人材採用が進んでいない課題解決意識を強くも
ち、目指すべき状態を行内全体に浸透させていく姿勢を強くもつことが重
要だと考えています。私どもにヒアリングにこられる銀行さんは多くあり
ましたが、最初から「人材紹介って儲かりますか」と聞いてくるところ
は、うまくいっていないような気がします。人材紹介事業だけの収支を重
視するのではなく、繰り返しになりますが、取引先企業の課題を解決でき
るサービスのひとつとしてつくりあげるべきだと思います。また、人材紹
介事業は個人情報を取り扱うことから、情報管理体制など情報漏洩リスク
に対する対応にも大きな労力を要します。この点は、金融機関の職員だけ
で考えても時間を要するだけで前に進まないので、オープンに人材分野に
強い弁護士や人材紹介会社の外部意見をうまく取り入れて、ビジネスの観
点とセキュリティの観点を同時並行で議論して進めていくことが重要だと
考えています。

——情報管理に関する負荷とともに、行員からすると人材紹介が始まること
で負荷が増えるのではと危惧する声も耳にします。

椋梨　私どもは、YMキャリアという人材紹介会社で免許を取得するのと同
時に傘下の３銀行でも許認可を取得しています。結果として、新たな業務
という位置づけで事業を始めてはおらず、あくまでも銀行の本業である
「事業性評価活動」の枠組みのなかに人材紹介サービスを組み込んでいま
す。そのため、現場行員からは、負荷が増えるという意見よりも、むしろ
普段の営業活動のなかで企業の経営課題をスコープする幅が広がったと喜
ばれています。特に、これまで「お金」をメインとしてきた顧客接点に
「ヒト」にかかわる相談対応が加わることで、これまで以上に経営課題に
ついて組織論から深く議論できるケースが増えてきたと感じており、地域

金融機関として顧客接点の強化・多様な相談窓口としての機能を果たすようになったと考えています。

——コロナウイルス禍により、地域金融機関による経営人材紹介はどのように変化していくと思われますか。

椋梨 コロナ禍により、かなりの資金需要が生まれています。しかし、融資して終わりでは、3〜5年の据え置き期間の後、返済期を迎えた取引先企業が再び困難に陥る可能性があります。そこに対策を講じ、寄り添っていくことが必要になります。地域企業においてはなかなか進んでいないデジタル化、海外販路の開拓、やっていないビジネスの新領域といったことに取り組んでいくため、人材のソリューションをオープンに提供していきたいと考えています。コロナによってオンラインミーティングが一気に浸透しました。これにより、これまで以上に東京の専門人材、たとえばデザイナーやウェブマーケターといった人とコミュニケーションがとりやすくなりました。これが普通になっていくのだと思います。こうした副業・兼業スタイルを含め、企業と地域経済の成長のための人材紹介を展開していくつもりです。

——人材紹介事業参入を検討している地域金融機関の皆様にメッセージを。

椋梨 私どもは人材ビジネスを銀行業の収益増強の策ではなく、地域企業の抱えている課題、その課題解決をお取引先企業と一緒に取り組むひとつの手段として考えています。その背景には、地域経済を支えている企業が成長され、地域経済が持続していかなければ、われわれ地域銀行も存続できないという危機感があります。そうした考えのもと取り組むことで地方創生にもつながり、結果、マーケットインのかたちでお客様ニーズに向き合っている結果として収益も得られています。この考え方を行員に浸透させることが、地域金融機関の人材ビジネスの成長、拡大のために重要と考

えています。

PROFILE

椋梨敬介（むくなし・けいすけ）
1970年生まれ。山口県出身。1995年に山口銀行入行。2012年北九
州銀行赤坂門支店長、2013年山口銀行小郡支店長を歴任し、2016
年から同行事業性評価部長。2017年にYMFG ZONEプラニング代表
取締役社長、2019年には山口FG執行役員とYMキャリア代表取締役
社長に就任した。2020年6月に山口FG代表取締役社長に就任した。

株式会社山口フィナンシャルグループ
山口県下関市に本社を置き、傘下に山口銀行（山口県下関市、第
一地銀）、北九州銀行（福岡県北九州市、第一地銀）、もみじ銀行
（広島県広島市、第二地銀）を持つ。2006年10月2日に山口銀行と
もみじホールディングス（当時のもみじ銀行の金融持株会社）の
株式移転によって新設された。2011年に山口銀行の九州内の店舗
を分離して北九州銀行が開業した。

第 2 章

伴走型支援サービス

1 生産性向上と経営人材

　JHRの設立当時、エグゼクティブ層の地方転職、それも中堅中小企業への転職は非常に珍しく、事例を探すのもむずかしい状況でした。一般の人材紹介会社は成功報酬制（決定した年収の30～40％を企業側から受け取る）であるため、賃金水準が総じて低い地域企業よりも、都心部の大企業に紹介するほうが実入りとしては多いという事情もありました。そもそもの問題として、東京圏に多く存在する人材コンサルタントが、マッチングのために地方の企業に出向くということが効率的ではありません。地方にスタッフを配置している人材紹介会社もありましたが、首都圏の企業に紹介する人材を探すという意味のほうが大きく、地方企業の案件を開拓するということには、あまり

図表２－１　経営人材とは

経営人材

社長
取締役
事業本部長
部長

経営人材

● 経営を担う役職＝社長、取締役など
● 中核事業や新規事業の開発等を
　行い、将来の経営を担う役職
　＝事業本部長、部長など

重きを置いてきませんでした。さらにいえば、その拠点は政令指定都市のような一定の規模のある都市に限られていました。小さな市や町を代表するような地域企業の幹部求人を都心人材に紹介することに対しての経済合理性が低く、インセンティブに乏しいため、一般の人材紹介会社においては取り扱うのがむずかしいという現実がありました。

　生産性を向上させる（それも劇的に）ために考えるべきは、事業モデルの改革、プロセスの刷新、新規の事業、海外進出など、「従来の延長線上にはない取組み」です。当然、社内に存在しない知見や経験が必要になってきます。会社全体の方向を左右する重要な経営課題とならざるをえません。だから、それをサポートしてくれる経営人材が必要なのです。

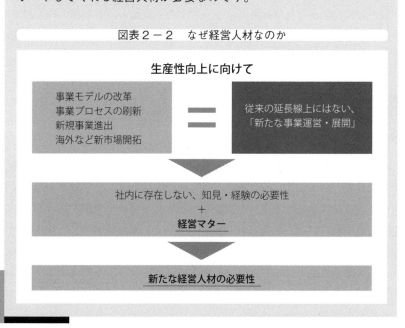

図表２－２　なぜ経営人材なのか

生産性向上に向けて

事業モデルの改革
事業プロセスの刷新
新規事業進出
海外など新市場開拓

＝

従来の延長線上にはない、
「新たな事業運営・展開」

社内に存在しない、知見・経験の必要性
＋
経営マター

新たな経営人材の必要性

そうした状況に鑑み、政策目的達成のために設立されたのがJHRです。2015年末、経営人材を地域金融機関の仲立ち（いわゆる「ビジネスマッチング」）のもとで紹介する事業を開始しました。前述の総合戦略のなかで「経営（サポート）人材」とされたエグゼクティブ層について、「後継の経営者となる、もしくは現経営者の右腕となれる人材」と位置づけました。「右腕」には、副社長や取締役といった経営層のほか、企業の中核事業や未来を切り開く新規事業を牽引する責任者を含み、総称として「経営（幹部）人材」を用いるようになりました。

こうした考えのもと、エグゼクティブ層の人材にどのように地方の中堅中小企業に転職してもらうかという取組みが始まりました。給与は？　企業文化は？　地域との相性は？　当初は地方企業に興味をもってもらうための情報を人材側に伝えることがいちばん必要なことだと考えられ、JHRも人材サイドへの啓発・広報活動などを重視する施策をとりました。

しかし、実際はそうではありませんでした。次節の「黎明期の例」にもあるように、経営人材の地方転職についてのより大きなハードルは、人材側ではなく地域企業側にあるということに気づくようになったのです。

2　黎明期の例

東日本のとある地域金融機関を通じ、サービス業の企業から「地元の拠点整備が進み、いよいよ東京に進出したいと思っている。営業拠点となる東京事業所の責任者となれる人材を紹介してほしい」という相談がありました。売上規模が数百億円、従業員数が数百人という、地域企業としては比較的大きな企業でした。企業としての成長基盤を地元で整え、いよいよ東京へというフェーズを自認しており、JHRも当初は「そのスタンスでも十分に勝算がある」と考えました。

しかし、社長、専務と実際にディスカッションをしてみると、東京進出に

向けた強い意欲と比べて、"5年後、10年後にどのような姿であるべきなのか"という部分にあいまいさを感じるところがありました。そして突っ込んだ議論を重ねていくうちに「5年後くらいまではこのまま行けると思うが、正直その先は見えていない」という本音がみえてきました。

　社内（グループ内）の状況を精査していくと、M&Aを繰り返して成長してきたこともあって、あらゆることがパッチワーク的な状態となっていました。ここはまずグループとして一体感のある成長イメージをつくることが重要ではないかという結論に達しました。この結果、人材紹介の打ち合わせにいったはずのJHRコンサルタントが、「中期経営計画の策定」を受注して帰ってくるということになりました。

　その後策定された中期経営計画に基づき、経営理念の刷新やロゴの見直

図表2-3　黎明期の例

ニーズ	●**東京営業拠点の責任者**を採用したい
ディスカッション	●社長・専務と経営課題や将来に向けた戦略について意見交換 ●厳しい外部環境に危機意識を有するも、**今後の成長戦略が不明確**であることが判明　（本来必要な人材の要件が決まらない）
受注①	●将来の持続的な成長を見据えた**「グループ中期経営計画」**の策定で合意
受注②	●新たな戦略にふさわしい、**経営理念・ロゴ**の策定を追加受注
受注③	●新卒採用強化のための**HPや会社案内・映像**等の作成を受注 ●**業務フロー・ITシステム改善**支援や**人事制度設計・人材育成**支援を受注

し、公式ホームページや会社案内の作り直し、さらには経営計画遂行のための管理会計導入に向けたシステム改善なども請け負うことになりました。それによる新たな融資ニーズも生まれました。

　単純に要望された人材を紹介するというスタンスではうまくいかない。経営課題を整理して戦略を一緒に構築し、それに基づいて必要な人材要件を決めていくことこそが地域企業には必要であると実感することになったのです。

3　伴走型支援サービスの確立

　前出の例などで明確になったのが中小企業、特に地域の企業においては、「経営者に多くの事柄が委ねられている」ということでした。大企業のような経営企画部や、その戦略をベースに人材を採用する人事部などは存在しておらず、経営者か総務部長がそれらを兼ねている場合が多くありました。

　JHRでは、こうした機能を、大企業であれば本社部門が担っているものとして「本社機能」と呼んでいます。地域の中小企業に決定的に足りない部分であり、この「本社機能の充足」こそが、必要な人材像を明確化し、採用のミスマッチを防ぐために必要であることを認識するようになったのです。

　人材会社によっては、こうしたサービスもあわせて提供しているところもありますが、受理した人材要件のとおりに、人材サーチから始めるのが一般的です。

　「本社機能の充足」という明確なポリシーがあれば、経営者の経験に基づいた判断に委ねるのではなく、数字などの根拠をもとに経営課題を解決する戦略を考え、そのために必要な人材要件を決めていくことが、適切な求人につながっていきます。適切な求人は、経営者にとっても"投資"としての人材採用をイメージすることができ、人材に何をしてもらうかという"ミッション"がクリアになり、採用においても大きなアドバンテージとなりま

図表2－4　伴走型支援サービスのイメージ

一般的な人材紹介

経営課題の整理	経営企画部	本社機能
解決策		
組織・人事の検討	人事部	
人材要件定義		
人材サーチ	人材紹介会社の守備範囲	人材会社機能
スカウティング		
事前面談		
説得意思確認		
企業面談		
条件調整合意		
入社後定着支援	対応があいまいな範囲	
成果確認		

経営課題の解決

JHRのサービス

課題抽出フェーズ	経営課題の整理	本社機能の充足
	解決策	
要件定義フェーズ	組織・人事の検討	
	人材要件定義	+
人材サーチフェーズ	人材サーチ	人材紹介
	スカウティング	
事前面談フェーズ	事前面談	
	説得意思確認	
マッチングフェーズ	企業面談	
	条件調整合意	+
フォローアップフェーズ	入社後定着支援	フォローアップ
	成果確認	

経営課題の解決

伴走型支援サービス

す。

　単純な採用であれば、社内の給与テーブルに当てはめ、年齢と役職経験などから機械的に報酬を決めるしかありません。しかし、経営課題を解決するための採用（＝投資）であると設定すれば、それによってどれだけの収益が企業にもたらされるかをイメージし、それに見合う大胆な報酬設定も可能になります。

　そもそも、特にオーナー企業では、経営者自身の悩みが深くなりがちです。トップダウンの意思決定を繰り返しているうちに、内部から意見がなかなか出なくなり、結果として相談相手が社内にいないという状況を招きます。そうした「右腕」たりうる人材を採用することと同時に、企業側が陥っている本社機能の脆弱性を補うサポートが必要です。

図表２−５　地域企業のサポートニーズ

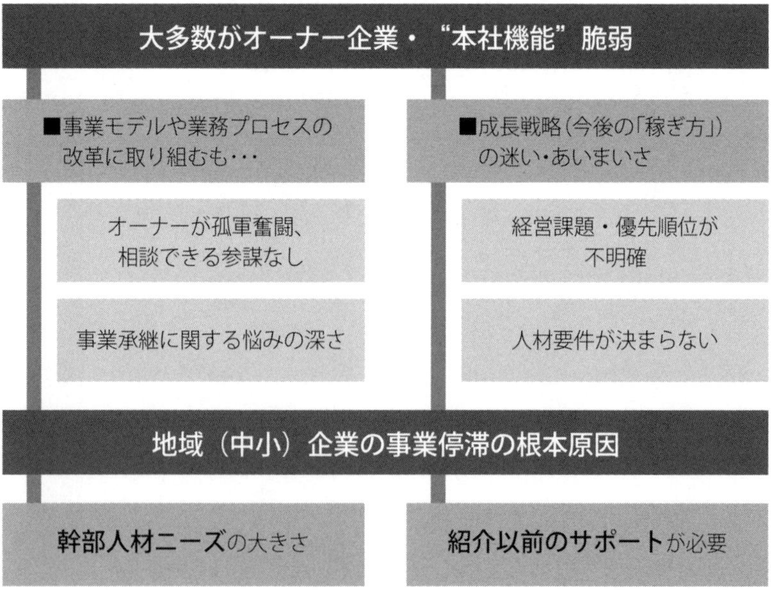

大多数がオーナー企業・ "本社機能" 脆弱	
■事業モデルや業務プロセスの改革に取り組むも…	■成長戦略（今後の「稼ぎ方」）の迷い・あいまいさ
オーナーが孤軍奮闘、相談できる参謀なし	経営課題・優先順位が不明確
事業承継に関する悩みの深さ	人材要件が決まらない
地域（中小）企業の事業停滞の根本原因	
幹部人材ニーズの大きさ	紹介以前のサポートが必要

同じことは人材紹介後にもいえます。都心人材を採用したことのない企業においては、企業側にとっても人材側にとってもカルチャー面のギャップが予想されます。また、トップダウン型企業であれば、新たに採用した右腕人材に対してもトップダウンが繰り返され、またしても同じ状況となる場合があるかもしれません。採用のフォローアップも「外部の目」で行っていく必要があります。

　人材紹介だけでなく、こうした本社機能の充足という上流工程に、人材紹介後のフォローアップという下流工程を含め、JHRは取り組んでいくことになりました。企業側の人材戦略に最初から最後までずっと寄り添って進むという意味で、「伴走型支援サービス」と名づけています。

4 サービスの発展

　本社機能を充足し、人材紹介を行い、その後のフォローアップを含めて対応する伴走型支援は上流から下流まで対応する部分が特徴ですが、時にはその「一気通貫」の流れにそぐわない案件が出てきます。

　一つは、課題は明確ではありながら、人でなくても解決できる案件です。特に管理会計においては、地域企業側がそのための人材採用を考えたとしても、内部の財務・経理担当者の底上げと管理ツールの導入で十分に対応できると判断できる場合があります（P.47の証言集参照）。その場合には、あえて人材紹介には進まず、コンサルティングプログラムによって対応します。管理会計を回してみて、あらためて浮かび上がってきた課題に対して、人材の採用を検討することで、より正確な人材像が決まります。

　もう一つは、外部人材は必要であるけれども、比較的短期間での解決が見込まれる場合です。正社員としての雇用は、課題解決後にはリスクとなる場合もあるため、JHRの職員や副業・兼業人材に一定期間担当させることで課題解決を図るハンズオンサービスも提案しています。

図表2－6　JHRの事業ドメインの変化

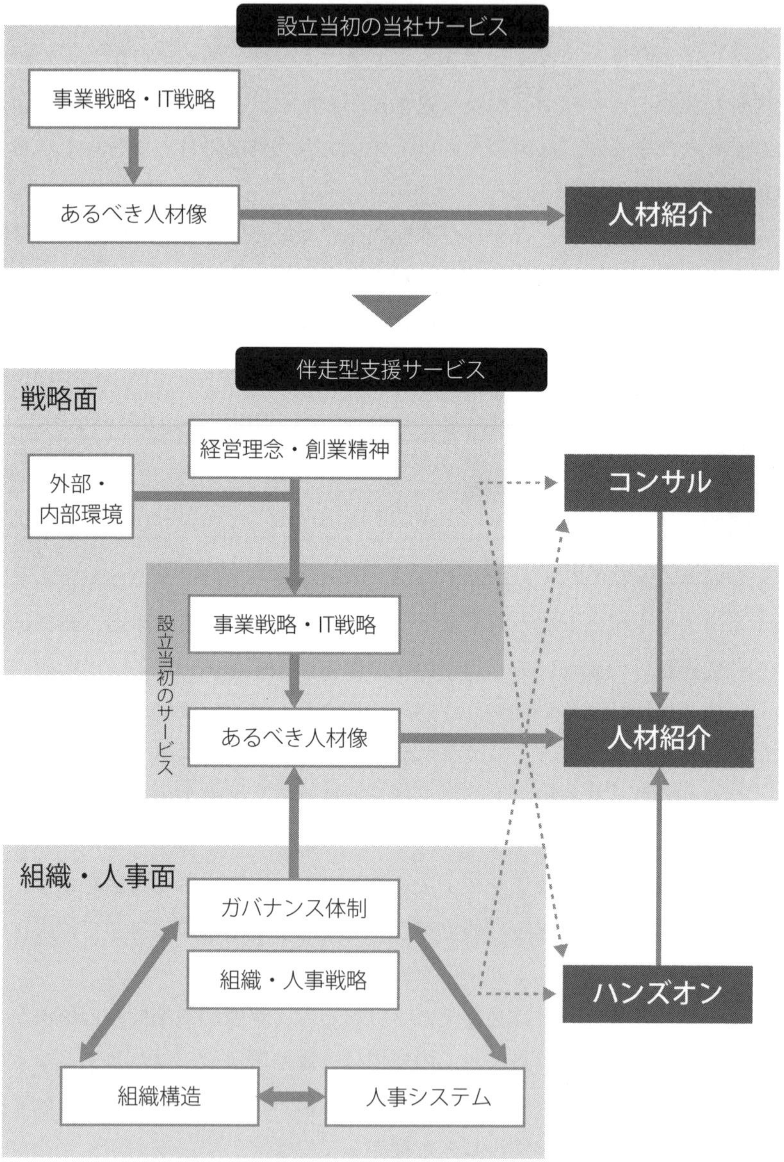

設立当初の当社サービス

事業戦略・IT戦略 → あるべき人材像 → 人材紹介

伴走型支援サービス

戦略面

経営理念・創業精神

外部・内部環境 → 事業戦略・IT戦略 → あるべき人材像 → 人材紹介

設立当初のサービス

コンサル

組織・人事面

ガバナンス体制

組織・人事戦略

組織構造 ⇄ 人事システム

ハンズオン

JHRの目的は企業の課題解決による生産性向上にあるため、人材採用が100％の解決策とはなりません。必要なサービスを模索していくうちに伴走型支援サービスにたどりつき、その改良を加えていくうちに、事業ドメインは一気に多角化していきました。

5　サービスによる人材紹介の実績

　経営課題を明確にし、適切なコンサルティング等を経て、必要な人材要件を決めていくというJHRの伴走型支援サービスによる人材紹介では、給与水準が維持されるという結果が出ています（図表2－7）。

　地域企業の給与水準は「東京の7～8割」といわれることが多くありますが、JHRの実績においてはそのラインにまでは落ちませんでした。経営人材に関しては経営革新のための「投資」であるという経営者の理解を促進することで、給与テーブルとは異なる報酬が実現しました。また、後にも述べますが、経営人材の地方転職の場合は、住居費用の負担や車の貸与といった条件が付加されることも数多くあります。それらは上記の年収変化には反映されていません。都会と地方の物価の差なども考慮に入れると、実質的な年収アップであると考えられます。

　経営課題を明確にして求めるミッションを明確にした人材要件を設定することで、人材側の反応もよくなります。より優れた候補人材に出会うこと

図表2－7　JHRの人材紹介（地方転職）による年収変化

前職時代の平均 **854万円** ▶ 決定年収の平均 **846万円**

（2020年6月JHR事業終了時点）

で、経営者側は例外的な報酬を払ってでも採用したいと考えるようになります。経営幹部のポジションにおいては、年収というのは「作って」いくものであり、給与水準を当てはめるものではないということがわかります。

また、前職の年収別にみると、低い年収帯ほど、地方転職によって待遇面の向上を勝ち取れているのに対し、1000万円以上では下がっています。生活するには十分な年収をすでに得ているため、報酬を多少下げてでもやりがい

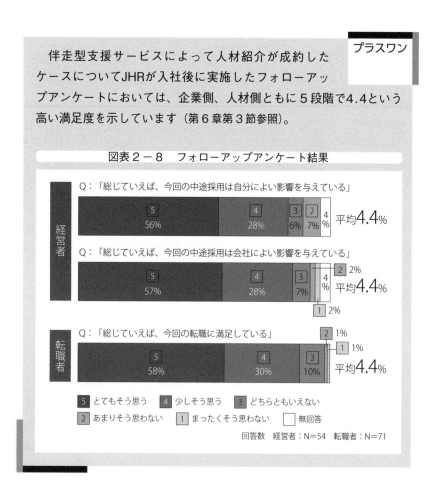

図表２－８　フォローアップアンケート結果

を求めるケースが、他年収帯より多いためです。逆にいえば、この層に対しては、大胆なオファーを検討できるということにもなります。

伴走型支援サービスによる展開例①（図表2－9）

　伴走型支援サービスが機能した事例を三つ紹介していきます。

　伴走型支援サービスの本質は、経営者がもつ課題認識が的確であるかを客観的に判断することにあります。ある時、「そろそろ引退」と決意した経営者からの相談がありました。60代も半ば。ふとみると社内には後継者となりうる人材がいない。かといって、会社は好調であり、黒字廃業にするわけにはいかない。後継者問題は日本中で深刻です。

図表2－9　企業風土に合わせ管理系人材の要望に対し営業系人材を紹介したケース

管理系に強い後継候補

製造業
- ●売上　□10億未満　■10～50億　□50～100億　□100～500億　□500～1000億　□1000億以上
- ●従業員数　■100人未満　□100～500人　□500～1000人　□1000人以上

求める人材
そろそろ引き際なので、後継者の紹介を。
管理系に強い人材がほしい

- ●社長になるのであれば、企業風土的に誰もが認める存在でなくてはならない
- ●「管理系ではなく営業系の人材を採用して実績を認めさせてから後継者にすべき」（by JHR）

営業系人材を提案

紹介人材
営業企画部長
大手メーカー出身で企業経験もあり

経営者としては、自らが引退した後も、残りのメンバーで現場は十分に回ると考えました。というよりも、そう思ったからこそ、引退しても大丈夫だと考えたのでしょう。今後、業容が拡大し、事業としてさらに進んでいくイメージはもっています。ただ、それにともなってさまざまな課題が生まれることもわかっています。そうなると、後継社長に期待することは「これから起こりうるさまざまな問題に対処できる人、つまりは管理系の人材」となります。

要望を聞いたコンサルタントは、企業の経営面の把握に加え、現場にも立ち入って企業風土も調査しました。なるほど、この会社は現場の動きに活力があり、前に進んでいく環境にある。ポテンシャルも高いし、後継社長はやりがいがありそうだ。

「でも、待てよ」。

コンサルタントが抱いたのは、この現場の強さこそが、後継社長にとって強みにもなり、逆風にもなるのではないかという感覚でした。事業をグイグイ進めていく強さをもつ社員を引っ張っていくためには、相応の強さが必要になります。つまりは、誰もが納得する実績が。

わかりやすい実績ということであれば、営業系の人材ではないか。本部長クラスで採用し、その人材に実績をあげさせて、納得のうえで後継社長とするほうがよいのではないか。そう考えたのです。

このことを率直に経営者に話し、協議した結果、営業系の人材を探すということで合意を得られました。折しもこの企業は、アジアへの進出を考えているところでした。ほどなくして、アジアで駐在歴があり、現地で起業したこともある人材を見つけることができました。経歴が証明する、企業風土に立ち向かっていける強さとともに、前職では同業種で海外進出部門を担当した経験も備えていました。「また経営者としてやりたい」という意欲も強くもっており、状況に見合った人材を紹介することができました。

伴走型支援サービスによる展開例② (図表2−10)

　2番目にみるケースは、利益こそ出ているものの、売上が減少し続けている電子部品製造業の案件です。なんとか状況を打開するため、右腕として活躍してくれる人材を、という相談が寄せられました。

　「副社長」「右腕」を求める相談にありがちなのは、その人物に何をしてほしいのか（つまり、どんな人材が必要なのか）が明確には決まっておらず、自らの忙しさを全方位的に軽減してもらいたいという要望です（P.74プラスワン参照）。地域企業に関しては、その状況での人材探しは困難といわざるをえず、仮に採用に至っても、入社後のトラブルが予想されます。

　そういうことをよく認識しているコンサルタントは、この企業の経営者に

図表2−10　海外進出の希望から国内の新規市場展開に変化したケース

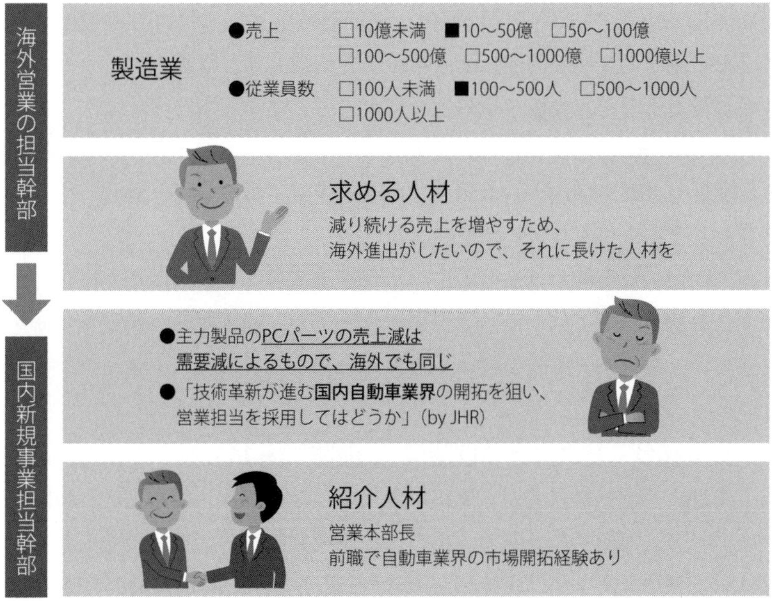

海外営業の担当幹部

製造業

- ●売上　　　□10億未満　■10〜50億　□50〜100億　□100〜500億　□500〜1000億　□1000億以上
- ●従業員数　□100人未満　■100〜500人　□500〜1000人　□1000人以上

求める人材
減り続ける売上を増やすため、
海外進出がしたいので、それに長けた人材を

国内新規事業担当幹部

- ●主力製品のPCパーツの売上減は需要減によるもので、海外でも同じ
- ●「技術革新が進む国内自動車業界の開拓を狙い、営業担当を採用してはどうか」(by JHR)

紹介人材
営業本部長
前職で自動車業界の市場開拓経験あり

対して、「売上増加」「コスト削減」「収益性改善」などいくつかの項目を提示して、より細かい要望を聞き出そうとしました。経営者の希望は、国内の状況がどん詰まりなので、海外への商流を開拓してトップラインを引き上げたい、その助けとなる人材がほしいというものでした。

同社の売上減の理由は、主取引先である国内メーカーの販売不振によるPCパーツ生産の受注減にありました。海外のメーカーなら、という望みがあったのです。しかし、デバイスの多様化により世界的にみてもPC生産は2010年代に下降線をたどっていました。唯一、元気なのはアジアのメーカーですが、人件費が高くコスト高の日本製パーツが食い込んでいくのは容易ではありません。このまま海外に打って出ても、逆に価格競争に巻き込まれて苦しくなる可能性が高い。JHRはそう分析しました。

そのような議論のなか、企業側から「自動車が高性能化するにつれて、自分たちが扱うパーツも使われているらしいが、そちらにはネットワークがない」という話が出てきました。Connected（接続性）、Autonomous（自動運転）、Sharing & Services（共有化）、Electrification（電気化）の頭文字をとった自動車の「CASE化」は世界的な流れであり、自動車メーカーなら日本の企業も十分な存在感を依然としてもっています。

あらためて業界分析を行った結果、コンサルタント側から「同じ商流開拓でも海外ではなく国内。自動車業界に強い人材を採用して、勝負してみてはどうか」という提案を行いました。

結果的に、別業種ではあるものの、自動車業界への市場開拓を経験した人材を営業部長として紹介することができました。詳細なマーケットリサーチに基づいた説得が、経営者側の態度変容を促した好例といえます。

伴走型支援サービスによる展開例③（図表2-11）

2代目オーナー経営者からSOSが入りました。日本人の食生活と嗜好の変化により、主力商品のとある食品の市場規模が縮小し、自社の売上もどんどん落ちていきました。追い打ちをかけるように、工場が火災に見舞われま

す。なんとか融資でしのいだものの、失地回復のために取り組んだ本業と離れた新事業がさらにダメージを深くしました。融資元である金融機関を通じて、JHRに人材の相談が寄せられたのです。

　現経営者は、父である先代の時代には管理系部門の責任者として働いており、事業承継後も管理系の部門をみながらオーナー社長を務めています。本人としては、なかなか経営に専念できないと感じていました。自らの代わりとなる管理系ポストとともに、トップラインを引き上げるために営業系ポストにも人材がほしいと考えていました。年間の報酬はそれぞれ500万円ずつの合計1000万円という構想です。

　JHRのコンサルタントによる調査の結果、「同社は人、物、金、事業のあらゆる領域で"先代の遺産"によって動いている」という判断となりまし

図表2－11　2人を採用する要望を1人に絞って採用したケース

| 管理&営業の幹部2人 | 製造業 | ●売上　■10億未満　□10〜50億　□50〜100億　□100〜500億　□500〜1000億　□1000億以上 |
| | | ●従業員数　■100人未満　□100〜500人　□500〜1000人　□1000人以上 |

求める人材
管理部門と営業部門に合計2人の幹部人材がほしい

●再生局面にあり、力強く牽引できる
　ターンアラウンドマネージャーが必要
●「年収500万円の2人の採用ではなく、
　有能な副社長1人に1000万円という発想を」(by JHR)

紹介人材
副社長
大手飲食の経営企画親族企業を再生

有能な副社長1人

た。前向きに動いていればよいのですが、明らかに減速の傾向がありました。このままでは先代の遺産を使い切った段階で、終焉を迎えることになります。さらには、現社長の経営者としての経験が決定的に不足していることも明らかになりました。

コンサルタントの決断は、再生領域の企業での経験に長けており、経験の不足したオーナーを助け、時には強力に牽引する「ターンアラウンドマネージャー」が必要だということでした。500万円で2人を雇うのではなく、1000万円で副社長クラスの1人を採用するべきで、その人材を中心に再生を図らなければ未来はないという分析になりました。

その結果として、大手飲食チェーンの経営企画部門で豊富なキャリアを積み、その後、経営の傾いた親族の会社に参画して立て直しを図り、負債を大きく減らすことに成功した経験を有する人材を紹介することになりました。

経営者側にとっては自らの経験不足と向き合わされるなど、耳の痛い話も多かったと思いますが、再生局面にあるという指摘を真摯に受け止め、大きな決断に至りました。

地域経済の底力を見せるとき

　新型コロナウィルスの脅威は、広範囲にわたって経済活動を止め、中小規模事業者の経営を直撃しました。そうした企業の多い地方の経済にとっても大打撃となったことは間違いありません。

　一方、コロナ前の地方の経済がどうなっていたかについては図表2−12のデータをご覧ください。一都三県、名古屋市、大阪市を「三大都市圏」とし、それ以外を「地方経済圏」とした場合、県民経済計算

図表2−12　地方経済のポテンシャル

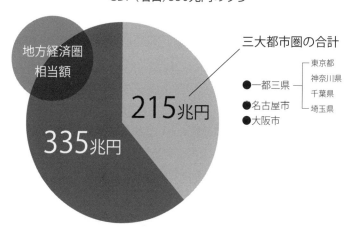

内閣府 2016年度県民経済計算

GDP（名目）550兆円のうち

地方経済圏
相当額

215兆円

335兆円

三大都市圏の合計

●一都三県 ─ 東京都
　　　　　　 神奈川県
　　　　　　 千葉県
　　　　　　 ─ 埼玉県
●名古屋市
●大阪市

が公表されている2016年においては、6割を地方経済圏が占めるという結果になっています。

JHRのスタッフが登壇するセミナー等で、地方経済圏についてのイメージを聴講者に聞くと、半数近くの人が100兆円程度ではないかと答えます。大企業が集積する三大都市圏の経済に圧倒されていると考えているのです。しかし、実際にはその3倍以上の規模の経済が地方に存在しています。こうした実数を聞いて、驚かれることがしばしばあります。地方はよく「課題先進地」と呼ばれます。高齢化問題や人材の流出など数知れない課題を抱えながら、依然としてこれだけの力をもっているのが地方経済圏なのです。

この状況においてもなお、東京への一極集中は進みました。その理由についてさまざまな解説がありますが、2015年の「まち・ひと・しごと創生」の考察を紹介します。

かつての製造拠点の海外展開や公共事業等の縮小の波が、製造業や建設業における雇用を減らしました。その労働力を、労働集約型のサービス業が吸収しました。問題は、ここでトップラインを高めないまま吸収に至ったことです。当然、労働生産性は下がり、賃金も低下します。賃金が低下すると、今度は労働力が流出します。よりよい賃金を求めて東京へと集中しました。地方はさらに厳しい状況へと追い込まれることになったのです。

さらにもう1つ、「2025年の崖」という事業承継問題が危惧されています。小規模事業者・中小企業の経営者のうち、約245万人が2025年に70歳以上に達しますが、その約半分が後継者を未定としています。中小企業庁では「中小企業・小規模事業者におけるM＆Aの現状と課題」において、現状を放置すれば2025年までの累計で約650万人の雇用と、

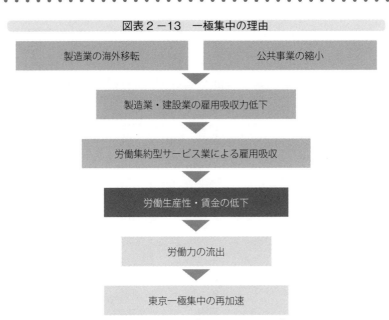

図表２－13　一極集中の理由

| 製造業の海外移転 | 公共事業の縮小 |

製造業・建設業の雇用吸収力低下

労働集約型サービス業による雇用吸収

労働生産性・賃金の低下

労働力の流出

東京一極集中の再加速

（出所）2015年11月17日 まち・ひと・しごと創生本部 地域しごと創生会議資料より

約22兆円のGDPが失われる可能性があると指摘しています。地方を直撃する問題です。

　コロナ禍は、経済活動の変容を促すことになりました。すなわち、ITを駆使したオンラインでの業務を遂行していかなければ、感染拡大の次の波が発生した場合などに経済活動を再び止めなければならなくなります。地方企業としては、オンライン化に対応していくのは簡単なことではありませんが、一方では、オンライン化が進めば地方経済が抱えていた地理的な不利を一気に解消する可能性があります。第５章で詳しく紹介するように、そうした動きの萌芽はすでにみられ、首都圏にいる優秀な人材が副業・兼業スタイルでオンラインにより地方企業をサポート

図表2-14　2025年の崖

中小企業・小規模事業者の事業承継は喫緊の課題

●2025年までに、70歳(平均引退年齢)を超える中小企業・小規模事業者の経営者は約245万人となり、うち約半数の127万(日本企業全体の1/3)が後継者未定。

●現状を放置すると、中小企業・小規模事業者廃業の急増により、2025年までの累計で約650万人の雇用、約22兆円のGDPが失われる可能性※。

●第三者承継のニーズが顕在化する経営者は今後一気に増大する可能性。

※2025年までに経営者が70歳を超える法人の31%、個人事業者の65%が廃業すると仮定。雇用者は2009年から2014年までの間に廃業した中小企業で雇用されていた従業員数の平均値(5.13人)、付加価値は2011年度における法人・個人事業主1者あたりの付加価値をそれぞれ使用(法人：6,065万円、個人：526万円)。

中小企業・小規模事業者の
経営者年齢の分布(法人)

中小企業・小規模事業者の
経営者の2025年における年齢

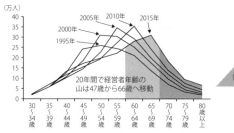

平成28年度(株)帝国データバンクの企業概要ファイルを再編加工

平成28年度総務省「個人企業経済調査」、
平成28年度(株)帝国データバンクの企業概要ファイルから推計

(出所)　中小企業庁「中小企業・小規模事業者におけるM&Aの現状と課題」より

　しているケースが増えてきています。

　禍を転じて福となす。地方経済の底力が問われる時です。

マツモトプレシジョン株式会社
（福島県喜多方市、精密機械部品加工）
代表取締役社長
松本（旧姓・沼部）敏忠さん

　当初は原価構造を明確化するための管理会計系の人材を希望していた同社に対し、JHRは「人材採用ではなくツールの導入で解決できる」という提案をしました。経営課題の解決を最優先し、必ずしも人材紹介にこだわらないJHR伴走型支援の特徴が発揮された事例となりました。同社はその原価管理システムをベースとして、念願のスマートファクトリー実現のため、IT部門の幹部人材を採用するに至りました。

——当社に相談された時に社長自身が感じていた課題を教えていただけますか。

松本　いろいろとあったのですが、ひとことでいうと、「経営的意思決定のための根拠がほしかった」ということです。

——といいますと？

松本　当社の製品は空気圧制御部品が60％、自動車部品が30％、工業用ミシン部品が10％の売上を占めていますが、では一つひとつの製品がどういう利益をあげているかということについては、大ざっぱにはわかっていても、なかなか即答できない状況になっていたと思います。

——JHRは経営課題を一緒に見極めたうえで、必要な人材像をともに考え、その結果として人材紹介に至るというのが特徴です。場合によっては、人材紹介前に財務や組織マネジメントなどのコンサルティングプログラムや、当社社員の半常駐（ハンズオン）を実施して、本当に人材採用が必要かという点を判断するお手伝いもしています。

松本　その説明をお聞きした時、腹に落ちたのでお願いしました。最初は、先ほども申し上げたように、原価構造を明確化できる人材がほしいと相談したのです。ただ、コンサルタントの方から返ってきたのは、「それについては人材を採用しなくても、コンサルティングのかたちでこちらからノウハウを提供すれば、現有の人材で内製化が可能ではないか。数字がみえていないことに起因する課題が社内にたくさんあると思うので、それらの課題のありかや優先度が明らかになってから、より適切な人材を採用したほうがいいのではないか」という提案でした。

——人材紹介にこだわらずコンサルティングプログラムで回してみるという当社らしい判断ですね。

松本 部品や取引先ごとの利益率が明確になりました。そのなかで、必要な人材は生産性をあげるためのIT化人材だと考えるようになりました。

——当初は数字に強い経営企画系の人材をイメージしていたのが、IT人材へと変わっていったわけですね。

松本 結果として首都圏で働いていたIT部門の幹部人材をご紹介いただきました。スマートファクトリーを実現したいとずっと考えているので、基幹システムの再構築とともに必要な生産データを「見える化」することで、生産性150％、200％というのを実現していきたい。そのためにはITが重要になっていきますし、会津地域はスマートシティに取り組んでいて、全国にそのモデルが展開されていくかもしれない。私たちもその旗振り役になりたいと思っています。彼には、そういう大きな仕事も待っている。地方から中小企業を変える、やりがいのある仕事があると思います。

——当社は首都圏で活躍する人材に、地方企業の経営幹部として活躍してもらうことを目標としています。経営幹部とは、経営者や後継者、そして会社を担う新しい事業や部門の責任者のことです。

松本 IT化には会社の未来がかかっています。彼には核になってもらわないと。私にいろいろな提案をしてきてほしいと思います。そうでなければ意味がない。

——東京出身の松本社長自身が、首都圏から地方の企業の経営幹部になられています。われわれの取り組んでいることの先駆者として、大変興味深く感じています。

松本 宝飾販売の上場企業で管理職として働いていましたが、義父（妻の父）である先代社長に請われて（2014年に）福島にきました。とはいっても、婿養子としてではなく、転職のつもりできました。ものを売る仕事を

ずっとしてきて、ものをつくる会社で通用するかは不安でしたが、それでも、やってやろうという気が強くありました。ものづくりで成長してきた会社だからこそ、ものを売るための自分の経験が生きるのではないかと思いました。入社後、現場の仕事をすべてやってみたりして、会社のことを理解しながら、2017年に社長になりました。

——地方企業の経営幹部というポジションについて、どのようにお考えですか。

松本 そうですね。見知らぬ土地にくることによって、自分自身が変われるという気がします。継承していく覚悟、高い志をもとうと思いました。会社のことをずっと考えるようになりましたし、現在の会社のミッションステートメントについても１年ぐらいかけて考えました。

——社長就任後に会社が変わってきた実感はありますか。

松本 社員が主体的になってきたと思います。正しい数字に基づいて判断するということが、徐々に根づいてきています。

——経営マインドが社員の間にも広がっていったわけですね。

松本 当社はもともと、東京の世田谷にあった会社ですが、そのころの従業員は住み込みで、「使用人」という言葉も使われていました。そういう文化が残っていたのは事実だと思います。社長のいうことが絶対で、考えないでそれに従う。自ら判断するという姿勢はなくなります。一方で、いわれたことを遂行する能力はとても高かったのです。規律にすぐれ、体は瞬時に動くことに慣れている。それを生かすためにも、データに基づき誰もが正しい判断ができる環境が必要だと思ったのです。

——重要な部分ですね。

松本　私はスマートファクトリーを2025年までに実現したいと考えています。IT化やICT（情報通信技術）を一気に加速させて生産性を高めていくつもり。同時に働き方改革も必要になってきます。社員には常々、地域のリーディングカンパニーであるために、地域に溶け込んでいくようにいっています。祭りや稲刈りがあれば、仕事をきちんと調整して参加しようではないかと。社員が地域に溶け込む姿をみた地域の人は、マツモトプレシジョンという会社をいいところだと親しみを感じてくれるかもしれません。

——会社と社員の未来についてイメージされていることはありますか。

松本　私が社長に就任した年に「人生100年時代」が話題となりました。70周年を迎えた当社が100年企業として続いて行くために、人づくりを進めていきたいですね。企業は結局のところ、人に尽きます。人づくりは使命だと考えています。

PROFILE

松本敏忠（まつもと・としただ）
1968年生まれ。東京都出身。大学卒業後、大手商社の100％子会社
である貴金属宝飾品事業者で社会人キャリアをスタートさせる。
2011年にJASDAQ上場の宝飾品販売会社に転職。2015年のマツモト
プレシジョン入社と同時に取締役に就任し、2016年専務取締役
に。2017年から代表取締役社長を務める。旧姓は沼部（ぬまべ）。

マツモトプレシジョン株式会社

福島県喜多方市に本拠を置き、精密機械部品の加工を手がける。
空気圧制御部品、自動車部品、工業用ミシン部品などが主力商
品。1948年に松本工業所として東京・世田谷で酒の蒸留機の製造
販売を開始。1951年にネジの製造加工を手がけたことで、部品の
製造・加工業者として本格スタートを切った。翌1952年の株式改
組により、松本機械工業株式会社となった。1973年に創業者の故
郷である会津地域からの企業誘致を受け、塩川町（現喜多方市）
に現本社が竣工。世田谷にあった経堂工場を閉鎖した。2017年6
月1日の松本（当時は沼部姓）敏忠社長就任と同時にマツモトプ
レシジョン株式会社に社名変更した。前期売上26億円、従業員180
名

第 3 章

金融機関が取り組む意義

1 伴走型支援の担い手として

　前章を読んだ段階で「これは、うちがやっていることと変わらない」という感想をもった金融機関の方も多いと思います。そのとおりです。人材を紹介するという部分を除けば、金融機関が取引先の地域企業に提供しているビジネスコンサルティングの領域に合致する部分は少なくありません。有料職業紹介事業の許認可を取得し、人材紹介ができるようになれば、JHRの伴走型サービスと同じことができるようになるはずです（図表 3 - 1 ）。

　それに加え、地域金融機関は地域企業に対する理解が深く、信頼関係もあります。数十年にわたって企業と手を取り合ってきた経験と、それに基づく事業性評価についての経験も持ち合わせています。「事業性評価は正直いって苦手であり、あまり手をつけていない」という金融機関もあるでしょう。しかし、担保に重きを置いた貸付を行ってきたなかでも、取引先の事業についてはしっかりと見続けているはずです。その経験は、自行だけでなく地域企業にとっても有益なものです。

　このように、もともと伴走型支援に近いものを提供していた金融機関に対して、2018年 3 月の金融庁の監督指針改正により、人材紹介が付随業務として認められるようになりました。

　金融機関による人材紹介は戦略的な意義も大きく、非常に大きな可能性をもっています。ここ数年で事業環境の構造変化が劇的に進み、既存の金融機関の事業モデルでは差別化がむずかしくなりました。同時に、顧客企業のいちばん身近にいるという地域金融機関の強みが、その間にフィンテック企業が入ってくることで失われようとしています。伴走型支援によりFACE TO FACEの関係を構築することは、構造変化による向かい風に立ち向かう手段となります（図表 3 - 2 ）。

　金融機関による人材紹介が始まったことで、JHRと金融機関の関係も変わってきました。付随業務として認められる以前は、金融機関から紹介を受

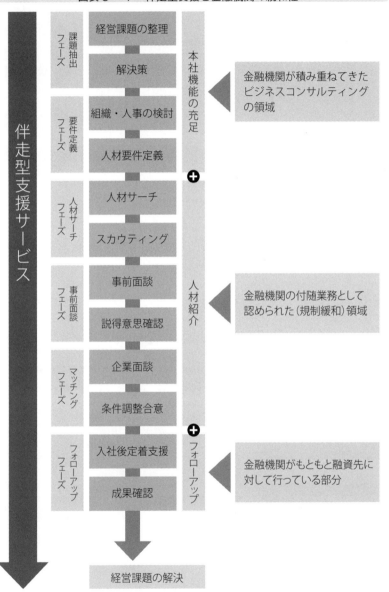

図表 3 - 1　伴走型支援と金融機関の親和性

伴走型支援サービス

フェーズ	項目	本社機能の充足 / 人材紹介 / フォローアップ

課題抽出フェーズ — 経営課題の整理 — 解決策

要件定義フェーズ — 組織・人事の検討 — 人材要件定義

本社機能の充足

金融機関が積み重ねてきたビジネスコンサルティングの領域

人材サーチフェーズ — 人材サーチ — スカウティング

事前面談フェーズ — 事前面談 — 説得意思確認

人材紹介

金融機関の付随業務として認められた(規制緩和)領域

マッチングフェーズ — 企業面談 — 条件調整合意

フォローアップフェーズ — 入社後定着支援 — 成果確認

フォローアップ

金融機関がもともと融資先に対して行っている部分

経営課題の解決

図表3-2　金融機関が取り組む戦略的意義

事業環境の構造変化

既在商業銀行モデルの
コモディティ化

差別化困難
儲からない

フィンテックなど
異業種からの参入拡大

「近くにいる」
強みが減殺

伴走型支援　＝　地域密着＆FACE TO FACE が
強みとなる事業領域

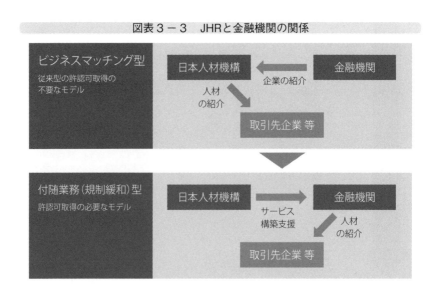

図表3-3　JHRと金融機関の関係

ビジネスマッチング型
従来型の許認可取得の
不要なモデル

日本人材機構　←　企業の紹介　←　金融機関

人材
の紹介

取引先企業 等

付随業務（規制緩和）型
許認可取得の必要なモデル

日本人材機構　→　サービス
構築支援　→　金融機関

人材
の紹介

取引先企業 等

けた取引先企業に対し、JHRが人材を紹介する「ビジネスマッチング型」し
かありえませんでした。付随業務化（規制緩和）により、金融機関が直接、
取引先企業に人材を紹介できるようになると、JHRはそのサービス構築支援
の役割も担うようになりました（図表3‐3）。

　このサービス構築支援の際には、対象としたすべての金融機関が、有料職
業紹介事業のノウハウだけでなく、JHRの実施してきた伴走型支援サービス
全体を取り込むことを選択しました。これは、金融機関の事業性評価の本質
とリンクするからこそ、だと考えています。

2　事業性評価と人材紹介事業

2018年3月30日改正

「主要行等向けの総合的な監督指針」
「中小・地域金融機関向けの総合的な監督指針」

金融機関が付随業務として人材紹介を行うことができるよう改正

【改正前】銀行が、従来から固有業務と一体となって実施することを認められ
てきたコンサルティング業務、ビジネスマッチング業務、M&Aに関する業
務、事務受託業務については、取引先企業に対する経営相談・支援機能の強
化の観点から、固有業務と切り離してこれらの業務を行う場合も「その他の
付随業務」に該当する。
【改正後】銀行が、取引先企業に対して行うコンサルティング業務、ビジネス
マッチング業務、人材紹介業務、M&Aに関する業務、事務受託業務について
は、取引先企業に対する経営相談・支援機能の強化の観点から、固有業務と
切り離してこれらの業務を行う場合も「その他の付随業務」に該当する。

　金融庁は低金利に苦しむ金融機関に対し、取引先の事業性を評価したうえ
での融資やビジネス展開をしていくよう促してきました。人材紹介をその付

図表3−4　事業性評価に積極的な金融機関の共通要件

共通要件1	銀行全体として達成したい「狙い」が明確にある
共通要件2	自行のもっている強み・リソースに基づき、事業性評価の役割を定めている
共通要件3	ビジネスモデルを具体的に定めている
共通要件4	変革の旗振り役が存在している
共通要件5	試行錯誤しながら、長期的な取組みを行っている

（出所）2018金融庁金融研究センター　ディスカッションペーパーより

随業務として認めたことで、地域金融機関の人材紹介事業参入が一気に進みました（P.63コラム3参照）。

　金融庁金融研究センターの「ディスカッションペーパー」（2018年）には、事業性評価ビジネスモデルの5つの共通要件（図表3−4）や、各地域金融機関への調査から4つのセグメント（図表3−5）が示されています。これに照らすと、JHRへの相談は「事業性評価に積極的」とされる金融機関ほど多い傾向があります。

　そもそも、事業性評価に精力的な地域金融機関がぶつかる障壁が、取引先の人材難であることが多くあります。それをどのように解決していくかを考えるとき、「自行による紹介」を検討していくという流れは、当然のようにも思えます。

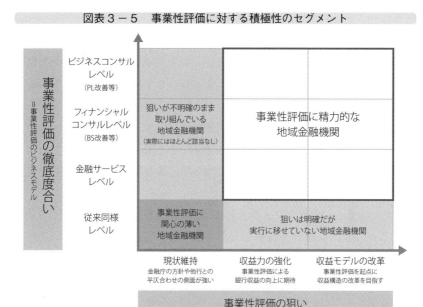

図表３－５　事業性評価に対する積極性のセグメント

（出所）2018金融庁金融研究センター　ディスカッションペーパーより

3　人材紹介事業参入の目的

　地域金融機関の人材紹介事業は、あくまでも事業性評価の延長線上にあるべきだと思います。事業性評価をいっさいなしにして、人材の紹介料だけをビジネス化するということは、ありえないのではないでしょうか。地域企業のあり方を考えるという金融機関の本分を尽くすための手段として、人材紹介事業を行うというのが基本線であるはずです。

　それならば、これまでと何が違うのかという疑問も生まれます。これまでも人材についての相談を受け、ビジネスマッチング形式で人材紹介会社へと

つないでいた金融機関もあったでしょう。

　自行で人材紹介事業を手がけるメリットはなんなのか。いくつかの金融機関へのヒアリングにおいて明確だった第一のメリットは「企業側との信頼の醸成に寄与する」というものでした。企業側からすれば、よく知らない人材紹介会社からではなく、普段から付き合いのある金融機関から直接紹介してもらえるという安心感があります。金融機関側にも、自行から紹介することにより、企業側に一定の関与をすることができます。同時にこれまで行員の出向によって行ってきたような部分について、より専門性の高い人材をアサインしていけることになります。

　また、もう一つの大きなメリットは「地域企業から本音を引き出せる」ということでした。融資を前提とした面談では、「自社に問題はない。だから、融資してもらえれば確実に成長できる」ことばかり強調し、課題部分を見せたがらないのに対し、人材紹介を前提とした場合には経営者サイドと直接対話できることが増え、本音ベースの課題も明確になるケースが多くなったという声がヒアリング先の全行から聞かれました。

　また、営業支店の意識変革が起きたという金融機関もありました。これまでも取引先の人材の相談に乗っていたものの、本部が把握していた数は年間十数件にすぎなかったところ、自行からの紹介が可能になったことで、その十倍の数の人材ニーズがあがってくるようになったのだそうです。おそらくは、自行が本格的に取り組むことにより、企業の人材ニーズへの感度が大きく向上したものと考えられます。

4　参入形態の検討

　何を目的とするかによって、参入の形態を検討します。「形態」とは何なのかについて、図表3－6によって説明します。

　これまでの「ビジネスマッチング型」は事業性評価の結果、人材採用が解

決策となった場合に、人材像の組立て以降を提携する人材紹介会社にバトンを渡すというパターンでした。付随業務として認められて以降は、さらに深いところまで相談に乗ることができます。

　もっとも、深くまでといっても、自行が何を目的とするかによって、どこまでやるかが変わってきます。一般の実務者（労働者）層の紹介まですべて担い手数料を稼ごうということであれば、最深部まですべて自行でやるというかたちになるでしょう。しかし、いまのところ、こういう金融機関はないのではないかと考えられています。

図表３－６　金融機関による人材紹介サービスの主要な形態

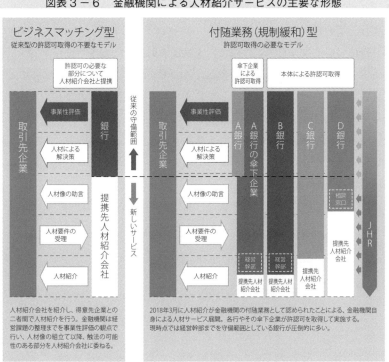

前節まで述べたとおり、事業性評価の延長のもと、経営課題の解決を目的とする場合には、経営幹部までの層の人材紹介を手がけ、実務者層については人材紹介会社にビジネスマッチングとして依頼するというのが、金融機関における「最深」ではないでしょうか。図表3－6の右側にあるＡ行とＢ行がそのパターンになります。違いは、Ａ行が傘下企業、Ｂ行が本体で有料職業紹介の許認可を取得しているというところです。

　Ｃ行は「人材要件の受理」までを行います。つまり、企業側と人材要件を一緒に整理したうえで、企業側から最終の人材要件を受け取り、その人材探索に強い人材紹介会社を選んでビジネスマッチングを行うというパターンです。最後の部分の探索については人材紹介会社の専門性が上であるという判断をしたうえで、その人材紹介会社の選択までは関与していくというものです。もちろん、Ａ行やＢ行のパターンにおいても、案件によってはＣ行のように行う場合があります。

　Ｄ行については人材相談の際に、人材像の助言まで行うパターンです。これまでのビジネスマッチングの形態に近いですが、許認可を取得することで人材相談のグレーゾーンをなくしています。人材紹介事業者として、人材市場を把握したうえでの相談も可能となるので、旧来のビジネスマッチング以上に踏み込んだ議論が可能になります。

　自行の人材紹介事業の目的によって適切な形態は何か。しっかりとした議論に基づき参入形態を決めていく必要があります。

第一地銀の 73%が有料職業紹介の 許認可を取得見込み

　地域金融機関による人材紹介事業への参入は加速度的に進んでいます。2020年 3 月末時点で、公表情報を基にJHRが調査したところ、地方銀行（第一地銀）の73%にあたる43行が有料職業紹介事業の許認可について取得する見込み（取得済みか取得申請中）でした。第二地銀は33%にあたる13行が取得見込みとなっています。

　2019年にJHRが第一地銀、第二地銀に対し郵送式アンケートによる調査を行ったところでは、同年 6 月末時点で第一地銀はまだ38%にあたる24行のみだったので、 9 カ月の間に倍増したことになります。第二地銀は昨年調査では21%（ 8 行）だったので、こちらも1.5倍増となります。もはや人材事業は、第一地銀にとっては当たり前の、第二地銀にとってもそれほど珍しくないサービスとなろうとしています。

　許認可取得ずみの60行は41都道府県にわたっており、ほとんどの地域で金融機関による人材紹介サービスが提供されるようになろうとしています。2018年 3 月の付随業務化から金融機関による人材紹介の波は一気に広がっています。

図表 3 － 7 　地方銀行、第二地銀の参入状況

	地方銀行 （64行）	第二地方銀行 （39行）
2019年 6 月末時点 ※当社実施アンケート結果	24行 （38%）	8行 （21%）
2020年 3 月末時点 ※公表情報を基にしたJHR調べ ※許可申請中の金融機関を含む	47行 （73%）	13行 （33%）

株式会社大森淡水
（宮崎県宮崎市　鰻専門商社）
代表取締役 **大森伸昭**さん

　地方の中小企業の悩みの一つとして、管理職に対して昇進に合わせた研修や教育環境を用意できないということがあります。これまでの業務をもったまま、経験のないポジションに昇進することが少なくありません。首都圏企業での経験をもたらし、悩み深い管理職の「救世主になってくれている」という人材紹介の事例を紹介します。

——会社は成長著しいですね。

大森 父が創業して私が2代目なのですが、一族企業を守っているというつもりはまったくありません。私は契約している生産者さんと一緒に地域のうなぎ産業や文化を守っているつもりでいます。そのために会社として伝統、イノベーション、生産性向上というサイクルを繰り返して進んでいかなければなりません。働き方や業務管理もそのつど、確立していく必要がありました。「うなぎに合わせた会社」をつくってきたことが、いまにつながっていると思います。

——その「うなぎに合わせた会社」に、当社から経営幹部の核となる人材を紹介させていただきました。

大森 救世主になってくれていますね。

——救世主とはどういうことでしょう。

大森 当社で管理職についている人は、生産であったり営業であったり、会社にとって重要な業務を担当してきた人です。都会の大きな企業であれば、主任、係長、課長など徐々に昇進していきますし、管理職になる前に教育を受けられます。それまでやってきた仕事のバトンを渡す相手も育てられるでしょう。しかし、地方の中小企業では、それまでの業務をもったまま管理職となります。研修等を十分に受ける時間はありませんし、単純に仕事量も増えてしまいます。みな悩みを抱えています。そのなかに、首都圏の企業で営業・経営企画・人事総務などの豊富なキャリアをもった人がきてくれた。すぐに頼りにされるようになっています。

——JHRの特徴は、企業と一緒に経営課題を整理して、必要な人材像を考えるというものですが、当初はどのような課題をおもちでしたか。

大森 先ほども話したように、管理職としての勉強もしないまま、それまで

の仕事をかかえて管理職になるというのは、能力という点でも業務量という点でも、本人にとってつらいものです。一般の社員からみれば、「悩んでいるみたい」「夜遅くまで苦労しているようだ」「あんなに大変なら管理職になんかつきたくない」ということになってしまいます。そんななかで、会社と社員の助けになる人を採用したいと思っていました。JHRとの話合いの結果、営業・経営企画・人事総務の旗振り役を探すことに落ち着いたのです。

——採用の決め手を教えてください。

大森　首都圏の会社で、人事や総務、営業などの豊富な経験がある人を紹介していただきました。面談の際、受け答えを急がないところが大変気に入りました。賢そうにしないというか、ひと呼吸置いて、考えをまとめてから言葉を発する。「この人はきっとイエスマンにはならないな」と感じました。やってくれると思ったのです。

——将来について、どのようなビジョンをおもちでしょうか。

大森　父が50歳過ぎでスパッと退いて、30歳過ぎで私が社長、弟が副社長になりました。それから10年、二人三脚で父のDNAを引き継いでいくとともに、一緒に起業した（株式会社）鰻楽（まんらく）で飲食や販売の事業も進めてきました。しっかりと会社の基盤をつくり、私もスパっと退いたのちは、大好きなバスケットを存分に楽しみたいと思っています。

——そのためには、やらなければならないことがたくさんありますね。

大森　今回採用した人はまだ入って間もないですが、これまで当社にはいなかったタイプで、社員から頼られていていろいろ引き受けているようです。とてもいいことですが、一人では回らなくなる。課題を一つ一つ解決して、組織をより強くしていきたいと思っています。

——首都圏からの採用に積極的な大森社長のような方がいらっしゃる一方で、地方の企業の経営者や採用担当者のなかには、都会の企業で働いている人にどうやって魅力を伝えればいいのかわからないという人が多くいます。特に、経営幹部の採用となると、首都圏でも転職先に困らないような人にきてもらうことになるわけです。どのようなことを伝えていけばいいと思われますか。

大森 当社のような会社であれば、財務諸表を把握、自分でコントロールができて直接影響を与えられる仕事を任されます。取引先のある大きな商社の人とお話しすると、そういうところは感じられないようです。こうした仕事にやりがいを感じてもらうことが重要だと思います。「鶏口牛後」の言葉ではないですが、「100人程度の会社ですが、殿になって自分が培ってきたものを発揮してみませんか」と伝えるようにしています。それに、今回、ご紹介いただいた方のように、首都圏で人事、総務、営業など多方面で豊富なキャリアをもつ人材は、なかなか地方にはいないです。そういう人材は首都圏にいるとき以上の報酬をもらってしかるべきだと考えています。

——地方だから給与は下がって当然という考えが多いなか、地方だからこそ給与を上げるべきというのは新鮮に映ります。

大森 長い間、中国や台湾産のうなぎとの価格競争をしてきました。卸業者にキロ数百円で売るというのを続けてきたのです。いまはその数十倍で取引できる場合もあります。宮崎と鹿児島で技術的な革新があり、おいしいうなぎを安定して供給できるようになったおかげで、価値が上がっています。ビジネスチャンスがあります。生産性を数％改善できれば、売上は飛躍的に増えるのですから、必要な人材に対してお金を払うのは惜しいと思いません。

——うなぎと人材の可能性は、まだ大きく広がっていますね。

大森 うなぎに関しては、何かズルをすると、必ず不利益になります。うち
の従業員もみな、うなぎに首ったけで、うなぎの話ばかりしている。こう
いう会社はなかなかないのではないかと思います。うなぎは人を育ててく
れます。うなぎに首ったけの人を、もっともっと仲間にしていきたいと
思っています。

PROFILE

大森伸昭（おおもり・のぶあき）

1975年生まれ。宮崎県出身。大学卒業後、父が社長を務める株式
会社大森淡水に入社。5年目に弟の龍太郎氏とともに株式会社鰻
楽（まんらく）を起業し、ブランディングやレストラン事業な
ど、より多角的なうなぎの流通システムの確立に取り組んだ。
2009年に父の引退とともに大森淡水の代表取締役社長に就任し、
現在に至る。

株式会社大森淡水

1967年、大森仁史氏（伸昭現社長の父）が創業し、1980年に法人
として設立された。成鰻の仕入販売、シラスの買入販売のほか、
加工販売、飼料販売などを手がける。宮崎、鹿児島などの生産者
と契約し、全国を商圏としている。2009年に長男の伸昭氏が代表
取締役社長、次男の龍太郎氏が代表取締役副社長に就任した。現
在は、7万平方メートルを超える自社敷地「うなぎの里」内で、
養殖・卸販売・蒲焼加工品製造および卸販売・関連会社「株式会
社鰻楽」による飲食店の運営など、6次産業化をしているうなぎ
の専門商社となっている。

第 **4** 章

事業性評価を
いかに生かすか

1 企業が求めていること

　地域金融機関が顧客企業に対するコンサルティング機能を発揮して、企業の経営改善等に向けた取組みを最大限支援していくことは、金融庁の監督指針のなかでも求められていることです。

　実際、金融庁が実施した全国の中小企業へのアンケート（2019年）によれば、事業性評価を通じて経営課題の共通理解の醸成ができている金融機関とは取引継続意向が高いことがわかりました（図表4−1）。

　しかし、実際は過去1年間金融機関から提案された内容は「資金繰りの相談、融資の提案」が最多の64％で、コンサルティングなど「経営改善支援

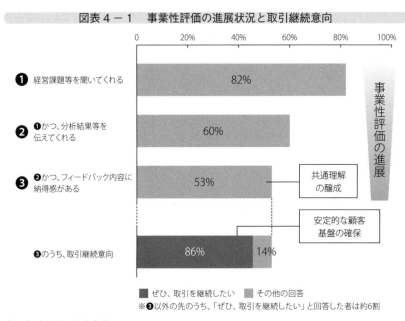

図表4−1　事業性評価の進展状況と取引継続意向

（出所）金融庁　中小企業アンケート2019より

サービス」は27％にとどまっています（図表４－２）。まだ多くの地域金融機関は顧客企業に対して融資以外の経営改善支援等に取り組めていない現実がわかります。地域の中小企業が金融機関に求めるサービスは多岐にわたっており、経営人材の紹介ニーズも存在します。経営人材紹介事業は顧客企業に対する経営改善支援ソリューションとして成長していくものです。

　受けたいサービスの中身について聞くと、取引先と販売先の紹介という実利面を除けば、事業性に対する相談であり、経営人材の紹介も12％にも上りました（図表４－３）。前章でも取り上げたように、取引先企業の人材ニーズは潜在的なものを含め、非常に大きいと思われます。

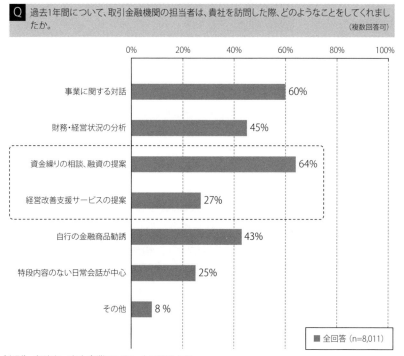

図表４－２　金融機関の担当者による訪問時の取組内容

Q　過去1年間について、取引金融機関の担当者は、貴社を訪問した際、どのようなことをしてくれましたか。
（複数回答可）

- 事業に関する対話　60%
- 財務・経営状況の分析　45%
- 資金繰りの相談、融資の提案　64%
- 経営改善支援サービスの提案　27%
- 自行の金融商品勧誘　43%
- 特段内容のない日常会話が中心　25%
- その他　8%

■全回答（n=8,011）

（出所）金融庁　中小企業アンケート2019より

図表４－３　金融機関から受けたいサービス

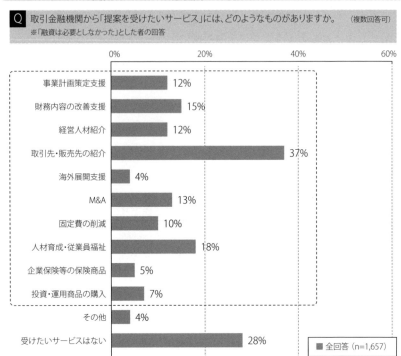

Q 取引金融機関から「提案を受けたいサービス」には、どのようなものがありますか。　（複数回答可）
※「融資は必要としなかった」とした者の回答

事業計画策定支援	12%
財務内容の改善支援	15%
経営人材紹介	12%
取引先・販売先の紹介	37%
海外展開支援	4%
M&A	13%
固定費の削減	10%
人材育成・従業員福祉	18%
企業保険等の保険商品	5%
投資・運用商品の購入	7%
その他	4%
受けたいサービスはない	28%

■ 全回答（n=1,657）

（出所）金融庁　中小企業アンケート2019より

　企業アンケートから明らかになるのは、資金の相談もさることながら、「事業そのものを知ってほしい。それを相談したい」というものでした。コロナウィルス禍による経営環境の激変により、相談内容はさらに多様になると思われます。資金繰りの相談に加え、ニューノーマルな時代に立ち向かっていく地域企業に、どのように貢献していくのか問われることになります。

2 事業を知る、診立てる

　JHRが取り組んできたことも、まさに「企業の事業を知る」ところにあります。企業から人材紹介について依頼があった時、まずは初回の面談までに事業の「診立て」を行います。「診立て」については、2014年の「金融モニタリングレポート」にある概念図（図表4－4）に近いかたちで行っています。すなわち、金融機関による事業性評価と同じものです。

　JHRが作成している書式はP.236「JHRの診立て資料」を参照してください。掲載テンプレートすべてを作成するのではなく、議論のために必要だと思われる部分を抜粋して作成しています。この準備をすることによって、企業側からよい感触を得られることが多く、一定以上の信頼関係のもとで話合いをすることができます。

図表4－4　事業性評価についての概念図

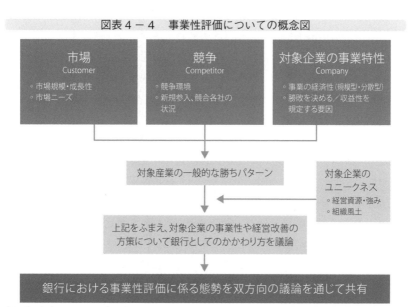

（出所）金融モニタリングレポート2014より

　最初の面談、あるいはそれ以前の問合せの際に、「営業部長」という要望がある場合には、相応の注意が必要になります。

　「うちの商品はいい商品。売れないのは営業が悪いから」と自社製品に対するプライドがそうさせているところがあります。しかし、よくよく検討してみると、そうではないことが多くあります。商品そのものはよくても、生産段階で多くのコストがかかっていて価格競争力がない場合には、むしろ生産管理側の人材が必要です。市場ニーズが反映されていない商品となるとさらに深刻で、こういうケースではどんなに優秀な営業人材でもトップラインを上げるのはむずかしいでしょう。売るために無理な価格競争に飛び込んでいくことで企業にとって致命傷になる場合もあります。

　さらに危惧されるのは、もしその状況で採用した営業担当がスーパーマンのような手腕で売上を伸ばすことができたとしても、基本的にはその人の能力に依存した「属人的解決策」となってしまうということです。そのようなスーパーな人材は引く手あまたで、いつまで会社にいてくれるかわかりません。属人的な解決策をとったぶん、その人材の退職によって、さらに大きな穴が開くことになります。

　同様の注意が必要なのは、P.39の事例でも紹介していますが、「副社長」という要望です。どのような部門に長けた副社長なのか具体的な活用イメージまで示されていれば問題ありませんが、よくあるのは「忙しい自分のコピーがほしい」という心理が反映されたかたちでの要望です。副社長のミッションが明確化されずオーナー経営者をアシストをしていく業務では、人材の積極性が奪われ満足度も下がり、実力を発揮できないまま無為に過ごす可能性が大きくなります。

　こうした誤りをなくすためにも、診立て資料などにより正確な情報を伝え、本当の経営課題を整理する必要があります。

3 人材相談からの派生

　金融機関の行う人材紹介事業は、事業性評価に基づいて行われるべきであることはこれまで何度も強調してきました。とすれば、取引先企業の事業性を高めていくためのサービスである人材紹介事業は、金融機関が有する他のサービスと共存することによって価値が高まります。

　図表4－5は、ある金融機関内において、人材の相談が何に発展したか、もしくは発展させたいかについて整理したものです。新規の融資先（純新規）のほか、メインバンクの変更を防げた（防衛）などの資金に関する根本的な部分もあれば、人材の課題を通じて経営全体の相談に乗ったことが企業年金につながったという例や、自行グループ内にあるサービス組織の利用につながったという例もあります。それぞれの実績について一定の係数を設けて合算すれば、人材紹介事業のKPIについて、件数や手数料以外に設定することもできます。以下、他サービスに派生した3例を紹介します。

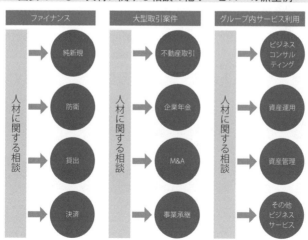

図表4－5　人材に関する相談の他サービスへの派生例

人材相談からの派生のバリエーション①（図表４－６）

とある経営者からあった相談は、現在の業績は堅調だが、ワンランク、ツーランクレベルを上げていくために、生産性を高めたいというものでした。そのために生産管理に長け、社内を指導・改革していける人材を紹介してもらえないかというものでした。

たしかに、取引先との関係性は非常に強く、競合先となりそうな業者もほとんどない状況です。技術的にニッチであることもあり、新規の参入も少ないと考えられ、さらに多くの企業から受注を見込めるのではないかという状況にありました。生産性を高めて生産量を増やすことは、たしかに業績のアップにつながりそうです。

しかし、一つの大きな問題がありました。現在の工場は十分な広さがあるとはいえません。現状のままであれば問題はそれほど大きくはなさそうです

図表４－６　融資ニーズへ

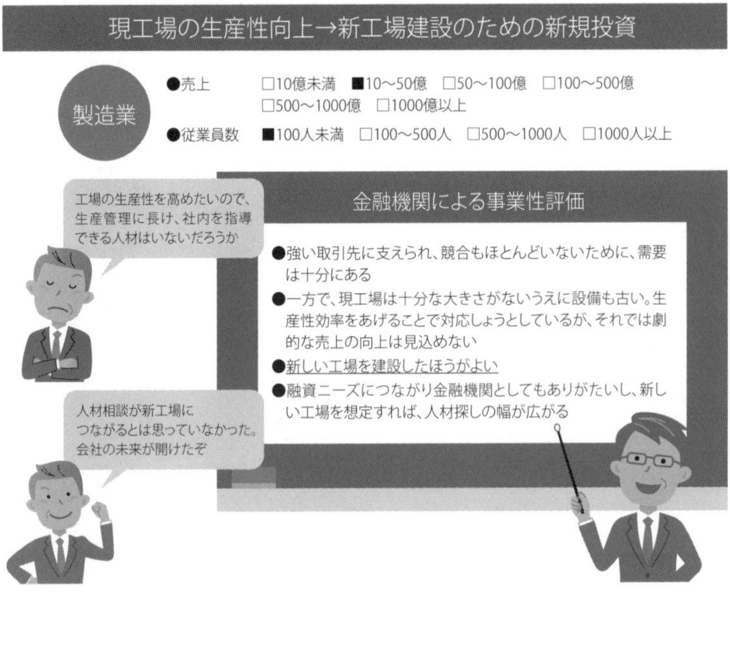

現工場の生産性向上→新工場建設のための新規投資

製造業

●売上　　□10億未満　■10〜50億　□50〜100億　□100〜500億　□500〜1000億　□1000億以上

●従業員数　■100人未満　□100〜500人　□500〜1000人　□1000人以上

工場の生産性を高めたいので、生産管理に長け、社内を指導できる人材はいないだろうか

人材相談が新工場につながるとは思っていなかった。会社の未来が開けたぞ

金融機関による事業性評価

●強い取引先に支えられ、競合もほとんどいないために、需要は十分にある

●一方で、現工場は十分な大きさがないうえに設備も古い。生産性効率をあげることで対応しようとしているが、それでは劇的な売上の向上は見込めない

●新しい工場を建設したほうがよい

●融資ニーズにつながり金融機関としてもありがたいし、新しい工場を想定すれば、人材探しの幅が広がる

が、RPAの導入にも不向きですし、このままの状態で有能な人材を入れたとしても、期待されるほどの生産性向上は見込めないのではないかという分析に至ったのです。

そもそも、こうした人材を獲得するのは非常にむずかしい状況にあります。それでも、一般的な人材紹介会社であれば、とりあえず人材探しに動くしかありません。有料職業紹介は全権受諾が大原則であり、むずかしいと思いながらも探す前に断るということはできないからです。

ここで金融機関ならではの強みが発揮されることになります。現在の工場で生産性をわずかばかり高めたとしても、総量はそれほど上がりません。さらには、参画してくれる人材を見つけるのもむずかしそうです。それなら、もっと広く新しい工場を建てるのはどうか。大きくしたとしても受注は十分に見込めそうで事業性としては明るく、大きな融資ニーズが生まれます。人材探しという点においても、旧工場の生産性向上よりも新工場建設と新しい設備の導入ということのほうが、人材側のやりがいも大きそうで幅が広がりそうです。

経営者サイドも、これまでもずっと新工場については検討していたものの、なかなかタイミングがつかめないところがありました。金融機関に人材相談をしたことで、このままでは人材獲得がむずかしいということを実感したことに加え、金融機関から融資への申し出があったことで「会社の未来が開けた気持ちがした」ということでした。

人材相談からの派生のバリエーション② （図表4－7）

高齢のオーナー経営者から、「売上が下降中」という相談がありました。経営者側は、商品に自信をもっており、売ってくれる人間が必要で、とにかく優秀な営業がほしいというのが要望でした。

しかし、それはオーナー独り善がりでした。金融機関によるヒアリングや分析の結果、残念ながら売上の低迷はオーナーの経営判断と、それに依存（従属）する企業の体質に原因があるのではないかというものでした。商品

は比較的若年層が使うものであるのに、高齢オーナーのアイデアをベースに商品ラインアップが形成されていました。周りはそれに疑問をもちながらも、オーナー経営者に対してものを言うことはなかなかできなかったのです。

　金融機関としては、この状況で優秀な営業担当が入ったとしても売れることはないだろうし、競争力のない製品で販路開拓を進めるとすれば、それはすなわち勝算のない価格競争に巻き込まれることになるだろうという分析を行いました。

　この会社にとってすぐに必要なのは、市場ニーズを商品に反映させることです。それができるマーケティング人材を入れることが最重要となります。さらには、現在のオーナー依存体質を改めなければ、企業として前に進むことができません。高齢ということも考慮し、オーナーには子息への事業承継

図表4－7　事業承継へ

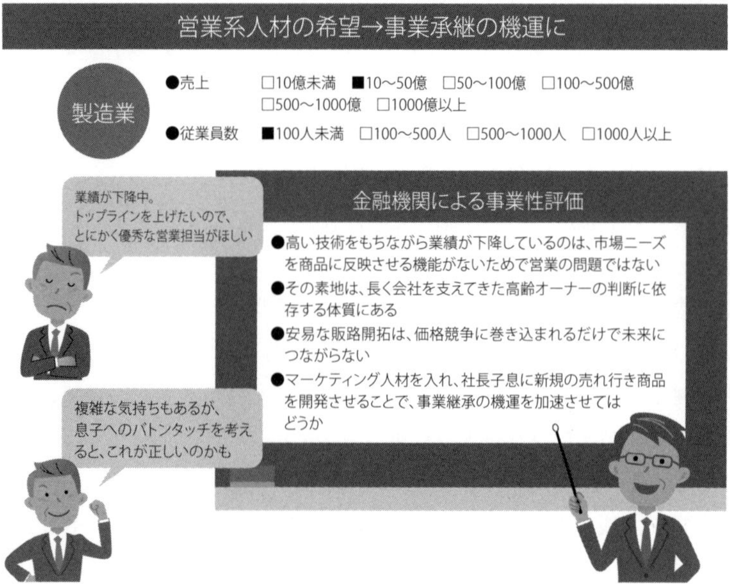

営業系人材の希望→事業承継の機運に

製造業

●売上　□10億未満　■10〜50億　□50〜100億　□100〜500億　□500〜1000億　□1000億以上

●従業員数　■100人未満　□100〜500人　□500〜1000人　□1000人以上

業績が下降中。トップラインを上げたいので、とにかく優秀な営業担当がほしい

複雑な気持ちもあるが、息子へのバトンタッチを考えると、これが正しいのかも

金融機関による事業性評価

●高い技術をもちながら業績が下降しているのは、市場ニーズを商品に反映させる機能がないためで営業の問題ではない

●その素地は、長く会社を支えてきた高齢オーナーの判断に依存する体質にある

●安易な販路開拓は、価格競争に巻き込まれるだけで未来につながらない

●マーケティング人材を入れ、社長子息に新規の売れ行き商品を開発させることで、事業継承の機運を加速させてはどうか

を考えてもらうことになりました。

　ただ、子息という立場だけでの承継では、これまでオーナー中心に進んできた組織の求心力が失われてしまう可能性があります。金融機関としては、子息をサポートするマーケティングに強い人材を採用し、ヒット商品を生み出して子息が業績をあげることで、社内に文句をいわせない体制とすることを提案しました。これもまた、一般の人材紹介会社ではむずかしい、融資先金融機関ならではの組織風土を把握したうえでの提案です。

　オーナー側も事業承継については常日ごろ考えていたこともあり、複雑な気持ちではあったでしょうが、金融機関から提案されたマーケティング人材採用のプロジェクトを進めるということになりました。金融機関側も、ずっと温めていた事業承継に対する提案を人材相談を機にできたことが大きなメリットとなりました。

人材相談からの派生のバリエーション③（図表 4 - 8 ）

　成長を続ける製造業企業からの相談です。取引先はどこも大手企業であることが強みにあります。課題は、安定してかつ大規模なオーダーに応えるための、技術者の確保です。

　課題認識は金融機関も同じでした。営業の基盤はしっかりしており、技術者が確保できれば、まだまだ伸びそうです。しかし、人手不足の時代、技術系の人材の採用は本当にむずかしくなっており、人材紹介は非常に厳しい戦いを強いられることになりそうです。

　しかし、ここで金融機関の強みが発揮されることになります。取引先を丁寧に洗い出してみると、事業承継に悩みを抱える、ほぼ同業の企業が存在したのです。そちらの企業は技術者を多く抱えているものの、事業承継に加えて営業面の強化にも課題がありました。

　金融機関としての結論は明白でした。双方の課題を解決できるのは、M＆Aしかありません。人材相談からM＆Aを提案された経営者側は、もともとM&Aによる拡大展開を考えていましたが、具体的にイメージできていな

かったということでした。金融機関から相手先企業名まであげた提案を受けたことで、より積極的な拡大戦略を志向するようになりました。

　もちろん、金融機関の提案を実現に移していくためには、買われる側の企業の同意をとっていくことは大きな課題となります。そのためにも、デューデリジェンスやPMI（M&A後の統合プロセス管理）について明確な戦略をつくり、相手の理解を得ていかなければなりません。

　したがって、いまこの段階で必要なのは、M&Aに関するサービスであるということになりました。事業性評価によって戦略を切り替えたことで、金融機関側の人材紹介事業においても大きなパラダイムシフトが生まれました。もちろん、M&Aの実行において優良な資金ニーズも生まれることになり、金融機関にとっては有益な案件となります。

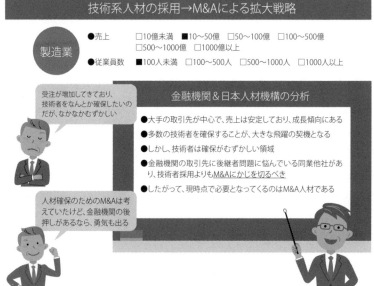

図表4－8　M&Aへ

技術系人材の採用→M&Aによる拡大戦略

製造業

●売上　　□10億未満　■10〜50億　□50〜100億　□100〜500億
　　　　　□500〜1000億　□1000億以上

●従業員数　■100人未満　□100〜500人　□500〜1000人　□1000人以上

受注が増加してきており、技術者をなんとか確保したいのだが、なかなかむずかしい

人材確保のためのM&Aは考えていたけど、金融機関の後押しがあるなら、勇気も出る

金融機関＆日本人材機構の分析

●大手の取引先が中心で、売上は安定しており、成長傾向にある

●多数の技術者を確保することが、大きな飛躍の契機となる

●しかし、技術者は確保がむずかしい領域

●金融機関の取引先に後継者問題に悩んでいる同業他社があり、技術者採用よりもM&Aにかじを切るべき

●したがって、現時点で必要となってくるのはM&A人材である

最大のキラーコンテンツは経営者の言葉

経営課題を議論していくなかで経営者の思いを聞くことになりますが、都心人材を地域企業に引き寄せるという点においても最大のコンテンツとなるのは、まぎれもなく「経営者の言葉」です。オーナー企業の場合は、特に必要です。縁故採用がほとんどの地域企業の場合、これまで「ほしい」と思う人材をスカウトした経験もなく、人材採用のためにどのような態度をとればいいかわからないという経営者もいます。参考のため、JHRの実例から4例を紹介します。

Aさんは有名企業（大手企業）で海外に駐在するユニット長という人材です。P社のオーナー経営者は後継者と考えている社長子女の右腕としてAさんがふさわしいと考え、また、本人も地域企業の経営に参画することに積極的でした。しかし、Aさんの夫人はAさんが現在の企業を辞めることに反対しているため、態度を保留していました。「この人材だ」とほれ込んだP社の経営者は、何カ月にもわたってAさんにラブコールを送り続けました。その結果、夫人も理解を示すようになり転職が実現しました。

図表4−9　海を隔てたラブコール

機械器具 P社（売上40億円／従業員数100人）

○現経営者と子女（後継者）の右腕人材を希望
○大企業から人材を採用したことがなかった

Aさん	大手電機 海外駐在 事業ユニット長	P社 顧問（3カ月） → 常務取締役

オーナーの胸打つ行動

妻の反対で断念しかけていたが、海外にいる自分に社長が何カ月も連絡をし続けてくれて、最後は妻の理解を得られた。

Q社の創業オーナーである社長は、子息が社内にいるものの、会社の成長のために外部から新社長を迎えることを希望していました。白羽の矢が立ったのが、大手流通企業の執行役員を務め、子会社の社長も務めていたBさん。まだ若く、このままいけばさらに昇進していく可能性もありました。そんなBさんを"口説き落とす"ことになったのは、オーナーの「あなたにきてほしい」というひと言でした。後継者がほしいのではなく、あなたがほしい。そんな真摯な声がBさんの心に届いたのです。

次の例は「抜擢」の例です。後継社長を探していた経営者は、JHRから示されたリストのなかで、経営者経験者ではなく大手企業の中間管理職の人材に「後継社長候補」として目をつけました。事前面談の際には地方転職への悩みを吐露していた候補人材でしたが、「あなたならできる」という経営者の言葉に胸が震えたそうです。

図表4－10　真摯な訴え

流通業 Q社（売上200億円／従業員数1,000人）
○子息がいるが、外部の後継経営者を希望

Bさん　大手流通 執行役員　→　Q社 代表取締役 社長

オーナーの胸打つ行動
懐の深いオーナーから「社長というポジションを埋めたいのではない。私はあなたにきてほしい」といわれ感激した。

図表4－11　中間管理職を抜擢

精密機器 R社（売上10億円／従業員数50人）
○近い将来に後継者となる経営者を希望

Cさん　大手建材 グループ長（課長級）　→　R社 取締役（後継経営者）

オーナーの胸打つ行動
中間管理職の自分に、将来の社長という話がきて、驚くとともに、いままで経験したことがないほどのやりがいを感じた。

最後は大手企業での経理担当としての中間管理職としての業務にマンネリを感じていた人材に対するオーナーの言葉です。「あなたのキャリアならば、うちの会社を動かせます」と次期役員のポストを用意。経営に対する自分の貢献を実感できる役割を示された人材は、地方転職を決断しました。

図表4－12　やりがいのオファー

倉庫業 S社（売上60億円／従業員数200人）

○ 将来の役員として、経営を担える人材を希望
○ 当初は大企業や首都圏人材に懐疑的だった

Dさん　│ 大手機械 経理部長 │ → │ S社 経営企画室長（次期役員） │

オーナーの胸打つ行動
大企業での仕事に何か物足りなくなっていた自分に、責任ある立場と自分の貢献を実感できる仕事を用意してくれた。

株式会社ナベヤ
（岐阜県岐阜市、治具メーカー）
代表取締役社長 **岡本知彦**さん

　戦国時代に創業された治具メーカーの同社は、伝統の技術にいか
に付加価値を見出していくかを経営課題とし、「技術のわかる営
業」という新しい部署の新設を決めました。メーカーから、顧客
ニーズを先取りして提案するソリューションカンパニーへ。時流へ
の適合を繰り返し460年もの長きを生き抜いてきた同社は、再び未
来を切り開くための変貌を遂げようとしています。

——創業から500年になろうかという企業のトップとして、プレッシャーをお感じになることはありますか。

岡本　そういう立場でのプレッシャーというのはないです。500年を自分が生きるわけではないので。自分がやっている期間というのは、35歳で社長になってからの25年間です。そのかわりに、社員と社員の家族を守っていくというプレッシャーは他の社長さんと変わらないと思いますね。

——ホームページを拝見すると、人材育成への意欲があふれていました。

岡本　鋳物屋ですから、技能職がベースなんです。技能職である以上、人を育てるということは、遠い昔からやってきたことです。中小企業は大企業より人を大切にして育てていかないといけないわけで、代替えはいません。うちは素材から精密機械加工まで、非常に長い工程を社内でもっていますから、社内生産活動のなかで付加価値をつけていくことが必要です。工作機械では生み出せない、人の力が必要なのです。

——JHRの紹介による人材を受け入れていただいた経緯を教えてください。

岡本　これからの企業の将来を担っていくような優秀な人材、特に技術系人材を得ることはわれわれ中小企業には容易ではありません。もう一つは、時代の流れが非常に速いなかで、自前で人を育てていくということも当然大切ではありますが、即戦力の優秀な人材を日本全国から集めることもまた、すごく重要です。たとえば、東大卒の優秀な学生がうちにきてくれたとして、—そんなことはまずないんですけれども—モノになるまで5年はかかると思いますから。

——新しい人材はどのような効果を生んでいるでしょうか。

岡本　生産・技術と営業をリンクする営業技術という新しいポジションを担当してもらっています。技術面のわかる営業、その逆もそうですが、そう

いう人材が必要とされてきています。また、彼にはこれからの切削加工系工作機械用治具で求められていく、「自動化・工程集約化・工数削減」を狙った新製品開発を担当してもらっています。そして、今年からは開発部門の部長に就任しました。将来的に幹部として会社を引っ張っていけるよう、強いリーダーシップを身につけるよう、話をしています。

——採用前に心配事はありましたか。

岡本 それはありません。JHRのサービスはきわめてプロセスを重視するものだったので、コツコツと一貫して丁寧かつ一生懸命やっていただきましたし、そのあたりが安心感につながっていました。

——歴史が長い会社ゆえにものづくりへの強い熱意や製品への愛着心、愛社精神をもった人材が多いと思います。そういう人材を使いながら、一方で外部から人材をとって、そこで刺激を与えつつ環境に適応していくというのはある種ハイブリッドなかたちですよね。

岡本 会社の経営理念を共有することが絶対に必要です。うちの会社でいうと、価値創造、堅実経営、時流適応。この三つを経営幹部にはよく理解をしてもらって、時代背景のなかで必要な人材をとろうと思っています。たとえば、IoTなど、生産現場の効率化はもっともっと飛躍的に進んでいくはずだが、それに対応した制御設計やエンジニアリングの提案ができる人がいまの社内にはいない。そういった人材を採用しようというコンセンサスを社内でつくりました。また、ナベヤの企業理念や方針から始まっていまの事業内容、将来ビジョン、製品戦略も含めて人材機構の担当の方と議論を深めていきました。そのプロセスがある意味大切です。そうでないとすれ違いが起こります。

――どんな人材が地方の中小企業にマッチすると思いますか。

岡本 真面目で嘘をつかず一生懸命やる人。あとはコミュニケーション能力のある人。それが前提じゃないですか。中小企業だからこそ、仲間を裏切らず、コミュニケーション能力が高い人じゃないと。そういうところだと思います。

――地方企業だからこその悩みというのはありますか。

岡本 当社というよりも岐阜全体のことでいうと、ほんの数年前と比べても、採用することが大変になってきています。2020年度の岐阜の有効求人倍率は1.93倍にもなったそうで、優秀な人材の採用はむずかしい状況にあります。

――副業・兼業というのが、今後のカギになるかもしれません。たとえば、CIO（最高情報責任者）や生産現場の改善等の担当者は、必ずしもフルタイムである必要はないのではないでしょうか。

岡本 プロジェクト制を採用できる業務について考えられると思います。プロジェクトの完遂を目指して1週間に1回、進捗管理をしていく。また、自分も現場に入って当事者となって社員たちと膝を突き合わせてPDCAを繰り返していくことが重要だと思います。これからリニア中央新幹線ができてくると、東京から名古屋まで40分。そこから岐阜まで30分です。そうなるとそういう働き方が、いまの働き方改革の流れのなかで、能力のある人の、もしくは豊富なキャリアや、知見をもつ人の働き方として十分にありうる。地方の企業側にとっても、メリットは大きいと思いますね。JHRが取り組まれているとおり、時流に応じて人材をどう活用していくか、地方の中小企業こそもっと考えなければいけないところにきていると思います。

PROFILE

岡本知彦（おかもと・ともひこ）
1960年生まれ。岐阜県出身。慶應義塾大学卒業後、29歳の時に第
十五代岡本太郎衛門氏（現会長）の娘婿として、岡本・ナベヤグ
ループに入社。95年に35歳でナベヤ社長に就任した。在任中に
M&A等により岡本・ナベヤグループは7事業者に拡大。現在はナ
ベヤのほか、株式会社岡本、株式会社ナベヤ精機の社長を兼務す
る。

株式会社ナベヤ
1560年（永禄3年）創業の岐阜県岐阜市の鋳造メーカー。時代の
ニーズに合わせながら発展を遂げ、日本の産業を支え続ける。特
に、切削系工作機械用の治具メーカーとしては国内トップクラス
のシェアを誇り、あらゆる分野の大手メーカーより信頼・評価を
獲得。自社ブランド「ERON」をもち、経済成長著しいアジアへの
進出を強化するなど、世界を視野に入れた展開も本格化している。

第 5 章

地域企業と人材を
つなぐ注目の動き

1 金融機関系の人材ソリューションカンパニー

　金融機関の人材紹介事業参入そのものが新しい人材マーケットの動きですが、本章では、注目される動きについて説明していきます。

　前章でも少し取り上げましたが、傘下企業（もしくは関連企業）として、人材紹介業とビジネスコンサルティング機能を併せ持つ（つまり、伴走型支援サービスを提供する）人材ソリューションカンパニーをもつ金融機関が増えています。

　北洋銀行が2017年11月、JHRが子会社として同9月に設立していた北海道共創パートナーズ（HKP）の株式の49％を取得し、人材ソリューションを銀行のサービスラインアップに加えたのはエポックメーキングな出来事でした。金融機関による人材紹介の"解禁"は翌春に実現することになりますが、同行はその前年にJHRからの人材紹介を前提とした人材ソリューションに着手していたのです。

　HKPはJHRのもつ伴走型支援サービスのノウハウと、北洋銀行がもつ顧客基盤を加えて着実に成長。2019年3月にはそのサービス展開により、北洋銀行は内閣府特命担当大臣（地方創生担当）表彰を受けました。先駆性や創意工夫が認められ、『地方創生に資する金融機関等の「特徴的な取組事例」』に採択されたのです。

　2020年4月には、北洋銀行がJHR保有分の残りの株式を取得し、HKPは北洋銀行の完全子会社となりました。

　付随業務化されて以降、2019年5月に第四北越フィナンシャルグループの第四北越キャリアブリッジ、7月に山口フィナンシャルグループのYMキャリア、10月に青森銀行のあおもり創生パートナーズ、2020年1月に仙台銀行の仙台銀キャピタル＆コンサルティング、4月に岩手銀行のいわぎんコンサルティングなどが相次いで立ち上げられました。

　別会社ではなく銀行本体で有料職業紹介の許認可を取得した金融機関で

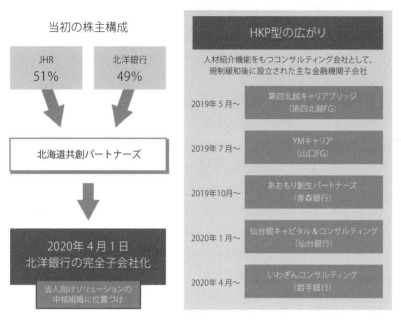

図表5−1　北海道共創パートナーズとHKP型の拡大

当初の株主構成

JHR
51%

北洋銀行
49%

北海道共創パートナーズ

2020年4月1日
北洋銀行の完全子会社化

法人向けソリューションの
中核組織に位置づけ

HKP型の広がり

人材紹介機能をもつコンサルティング会社として、
規制緩和後に設立された主な金融機関子会社

2019年5月〜　第四北越キャリアブリッジ
（第四北越FG）

2019年7月〜　YMキャリア
（山口FG）

2019年10月〜　あおもり創生パートナーズ
（青森銀行）

2020年1月〜　仙台銀キャピタル＆コンサルティング
（仙台銀行）

2020年4月〜　いわぎんコンサルティング
（岩手銀行）

　も、同様の機能を行内に付加する取組みが活発化しています。事業性評価を
ベースとしたビジネスコンサルティング＋人材紹介という「伴走型支援のコ
ンセプト」は、徐々に金融機関にとって不可欠なものになろうとしていま
す。

2　副業・兼業

　令和はもしかすると副業・兼業の時代となるかもしれません。政府が副
業・兼業の推進を明確に押し出すようになったのは、2017年3月の「働き方
改革実行計画」が端緒でした。「副業や兼業は、新たな技術の開発、オープ

ンイノベーションや起業の手段、第2の人生の準備として有効」とし、人材側のメリットとして打ち出されました。それに基づき、2018年1月に厚生労働省が「副業・兼業の促進に関するガイドライン」を作成しモデル就業規則の改訂などを行いました。その後徐々にではありますが、副業・兼業を解禁する企業が増えてきました。

　一方、副業・兼業は地域企業が都心人材のサポートを受けるためのソリューションとして優れているとも考えられるようになってきました。政府による経済指針「骨太の方針」（2019年6月）のなかに、「特に、疲弊が進む地方には、経営水準を高度化する専門・管理人材を確保する意義は大きい。一方、人生100年時代を迎える中で、大都市圏の人材を中心に、転職や兼業・副業の場、定年後の活躍の場を求める動きは今後更に活発化していく。これら2つのニーズは相互補完の関係にあり、これらを戦略的にマッチングしていくことが、今後の人材活躍や生産性向上の最重点課題の1つである」という象徴的な記述があります。

　こうした方針を受け、「まち・ひと・しごと創生」戦略の第2期（2019年12月）では、「地域を越える副業・兼業に伴う移動費について支援を行う」という具体的な推進策も示されています。1人当たり年間50万円を上限とし、片道1万円以上の移動費の半分を助成する制度です。

　一般の人材紹介会社においては、原則として正社員としての入社に伴う成功報酬が収入源であるため、副業・兼業に対しての取組みはむずかしい部分があります。しかし、取引先企業へのソリューション提供を主目的となる金融機関の人材紹介においては、副業・兼業の浸透が大きなメリットとなる可能性もあります。

副業・兼業による支援実例①（図表5－2）

　いくつか事例を紹介していきます。最初は、ある水産系加工メーカーの例です。人材に関する相談は、事業面の課題の克服という部分でした。5～8月のウニの漁期以外は閑散期となる水産ベンチャーX社が、年間を通して平

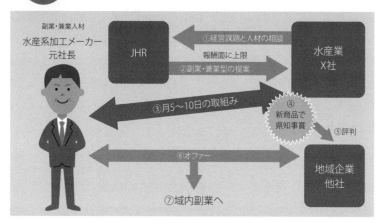

図表５－２　閑散期の課題に挑む商品開発

地域の評判となり、他社からもオファー

水産業
- ●売上　■10億未満　□10～50億　□50～100億　□100～500億　□500～1000億　□1000億以上
- ●従業員数　■100人未満　□100～500人　□500～1000人　□1000人以上

副業・兼業人材
水産系加工メーカー
元社長

JHR

①経営課題と人材の相談

報酬面に上限
②副業・兼業型の提案

水産業
X社

③月5～10日の取組み

④新商品で県知事賞

⑤評判

⑥オファー

地域企業
他社

⑦域内副業へ

準化した工場稼働を実現すべく、新製品を開発できる人材を求めました。

　X社は規模の小さな事業者でしたが、明確なビジョンと事業成長へ強い意欲をもっていました。ただし経営者の期待するクラスの人材を正社員として採用するほどの財務的な余裕はありませんでした。そこでJHRからの提案により、月５～10日の副業・兼業で人材を入れることになりました。水産系加工メーカーで代表を務めていたキャリアをもつ人材は、わずか数カ月のうちに県知事賞を受賞する商品をつくるなどめざましい活躍を見せました。これが地域内で評判を呼び、他社からもオファーを受けて域内副業につながることになりました。

副業・兼業による支援実例②（図表５－３）

　次は老舗製造業に対する取組みの例です。当初、オーナーサイドは中期経

営計画を強力に推進する役として副社長を希望していました。しかし、オーナーには子息がおり、ある大企業での修業を終えて同社に戻ってくる予定になっていました。

　JHRはこの子息の存在に注目し、フルタイムの副社長ではなく、副業・兼業型の幹部人材を提案しました。人材は、中期経営計画の推進とともに、子息の家庭教師という役割を担うことになりました。二人三脚による取組みで社内に経営企画室を創設。これまで年長者で構成される経営会議からのトップダウン色が強かった商品開発フェーズにおいて、積極的に若手を抜擢。その商品が大ヒットを生みました。テレビCMの展開や海外販路開拓なども手がけ、結果としては副業・兼業人材と子息の2人で、当初求められていた副社長役を務めたことになりました。

図表5－3　子息の起用と若手の抜擢

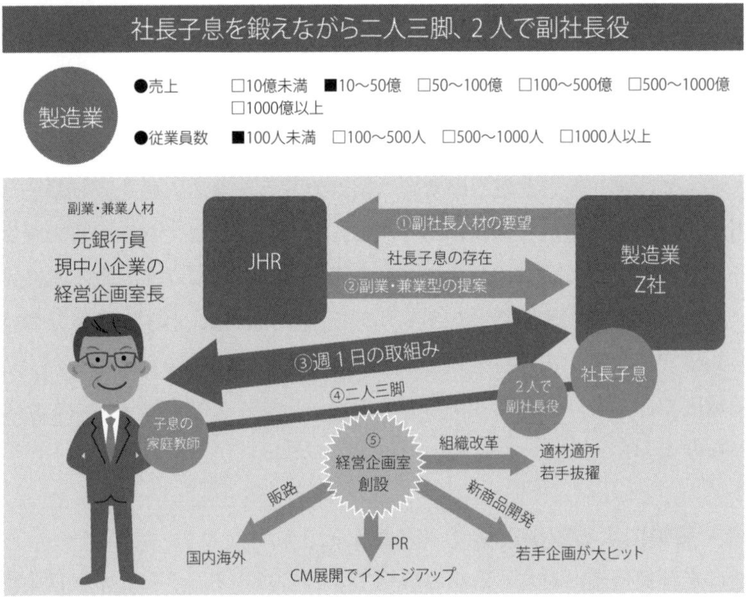

社長子息を鍛えながら二人三脚、2人で副社長役

製造業

●売上　□10億未満　■10～50億　□50～100億　□100～500億　□500～1000億　□1000億以上

●従業員数　■100人未満　□100～500人　□500～1000人　□1000人以上

副業・兼業人材
元銀行員
現中小企業の
経営企画室長

JHR

製造業
Z社

①副社長人材の要望
社長子息の存在
②副業・兼業型の提案

③週1日の取組み

④二人三脚

子息の
家庭教師

2人で
副社長役

社長子息

⑤
経営企画室
創設

組織改革

適材適所
若手抜擢

販路

新商品開発

国内海外

若手企画が大ヒット

PR

CM展開でイメージアップ

　上記２例はJHRの伴走型支援での展開例ですが、JHRが創設した人材マッチングメディア「Glocal Mission Jobs」（P.103参照）においても、プロフェッショナル人材戦略拠点や地方の人材事業者等とのコラボレーションにより、副業・兼業による取組みが展開されています。

図表５－４　経営課題の副業・兼業人材

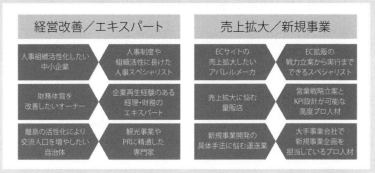

　次ページに２つの事例とその応募状況を紹介しています。ある和菓子メーカーが月10万円の予算で海外流通のための越境ECの構築を募集した件では31件もの応募があり、その応募者の年収の平均は769万円でした。年収を能力の指標としているわけではないですが、700万円を超えるハイクラス層の応募が相次ぎました。経歴的にも申し分のない越境ECのスペシャリストがそろい、企業側が「選ぶことができない」と悲鳴をあげたほどでした。

　離島の活性化プロジェクトに対しても、月３万円の報酬体系に対して、平均年収800万円を超える層から17件の応募がありました。副業・兼業においては月数十万円の報酬の案件が、意外と苦戦することがある半面、数万円から10万円という案件に、ハイクラスの人材

の応募が殺到することが珍しくなくなってきました。数十万円の案件に取り組むほどのリソースはないが、地域やその企業の活性化に協力したいという層が増えていることを実感する現像です。

図表 5 − 5　副業・兼業案件に対する応募事例

●事例 1

和菓子メーカー
（従業員数100人未満）

報酬10万円/月

「中国アリババに進出して販路拡大をしたい」
「越境ECに詳しい方に中国進出プロジェクト推進を依頼したい」

掲載 6 週間

応募数：31応募

● 平均年齢　48.3歳
● 平均年収　769万円

応募者例

- ●海外ECサイトの日本部門に5年勤務。海外市場、越境ECに精通
- ●大手ビールメーカーの海外支店長など海外事業12年間の経験後、ワイン販売会社に出向し副社長
- ●越境EC企業への商品供給を担うwebマーケティング企業の代表取締役
- ●海外の飲料メーカーにて現地法人設立〜業務推進まで担当のCOO
- ●Eコマース業界10年のエキスパート、メディア事業の総括部長
- ●化粧品メーカーの海外営業部にて東南アジア等で越境EC実務経験あり
- ●中国向けEC販路拡大、プロモーションなどを手がけるフリーランス

●事例2

**離島の活性化／
宿泊施設開設サポート**
（従業員数100人未満）

報酬 3 万円/月

「離島の交流人口増加を目的に施設運営に関するアドバイスやSNSを活用した情報発信等」

掲載 2 週間

応募数：17応募

● 平均年齢　49.0歳
● 平均年収　807万円

応募者例

- ●大手IT企業や流通企業でカスタマーサービスやSNS運営を担当、現在は個人事業主
- ●クールジャパンでの観光振興経験を有する。交通系企業を複数経験
- ●観光プログラムの企画開発販売など地域×新規事業開発のプロ、会社代表
- ●主に地方自治体の広報支援や企業広報戦力の立案や実行を担当。現在は、外資の戦略コミュニケーション（PR,広報）のコンサルティング会社でディレクター

3 地方大学による人材定着事業

　JHRが取り組んできたいくつかの人材ソリューションのなかで、高い効果を発揮したのが、地方大学による人材定着事業でした。地方（国立）大学は、その地域における圧倒的なプレゼンス、バリューがあります。地域の知を集積してきた伝統があり、そもそも地域貢献の使命をもっていました。近年においては、産学連携や教育の進歩・発展の機会（実務家教員の獲得）なども課題とされていました。このような環境のもと、JHRと地方大学が協働して取り組んだのは以下のような枠組みでした。

【基本的な仕組み】
　　○地方大学と地域企業が連携して受け入れる
　　○首都圏人材は、期間限定で大学の客員研究員となる
　　○客員研究員は、週3〜4日、地域企業に赴き、自らの知見を活かすかたちでの業務に取り組む
　　○残りの週1〜2日は、大学の用意する教育プログラム（ゼミ）に参加

図表5−6　大学プログラムの基本的な枠組み

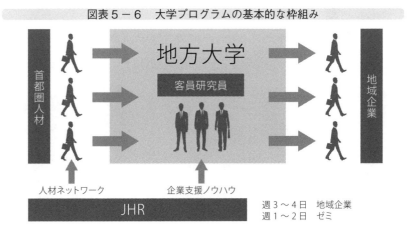

し、不足する知見を補う
○プログラム終了後、期間内の評価に基づき、企業側の雇用や大学の教員
　採用につながる可能性がある

　つまり、リカレント教育と融合させたかたちで、都心人材に「客員研究員」という肩書とともに、地域企業支援というミッションを与えるというものです。都心人材は"自らの知見を活かして地域の活性化に取り組むこと"には興味があるものの、"見ず知らずの地方企業に赴くこと"に対してはハードルがあります。これに安心感やメリットを与える仕組み、"お試し期間"のようなセーフガードとなる枠組みが必要であるとのことで考えられたのがこのフレームです。地方大学を"ベースキャンプ"とし、まずは期間限定の副業・兼業スタイルで取り組み、期間終了後には支援先企業への転職のほか、大学教員として残る可能性など"出口"も用意します。
　JHRでは、テストケースとして2018年度、信州大学との間で取組みを行い、10の枠に対して105人が応募。9人がプロジェクトに参画し、そのうち7人が転職や業務委託などで企業への"定着"を果たすという実績をつくれました（図表5−7）。

図表5−7　大学プログラムのモデル開発

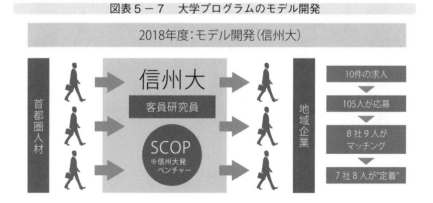

2019年度は金沢大学で「観光」に特化したかたちで実施。石川、富山の金融機関が取引先企業をプロジェクトに紹介するかたちで参画するなど、金融機関にとっても価値のあるシステムであることを実証しました。前年度の信州大学のモデルの水平展開を実証するという意義もあり、信州大発のベンチャーである特定非営利活動法人SCOP（地域シンクタンク）がノウハウの移転を目的に参画するなど、今後の拡大に向けた体制もとられました（図表5－8）。

　2020年度からは文部科学省が「出口一体型地方創生人材養成システム構築事業」として制度化し、全国での展開を行っています。

　この事業は、地方大学と人材紹介免許を保有する地域金融機関が連携し運営することも可能です。この事業を地域金融機関が取組むことには、以下のような意義（メリット）があると考えています。

図表5－8　大学プログラムと地域金融機関の連携の試み

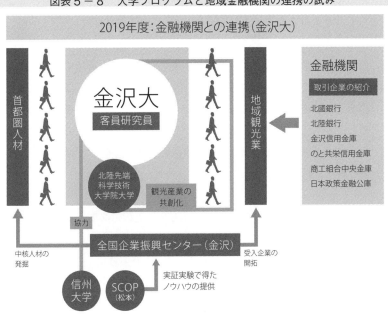

① 大学カリキュラムをテーマ化することで、地域産業への面的支援が可能
  ● 金沢大学では「観光産業」とし、宿泊業をはじめ飲食店、タクシーバス
    事業者、そしてIT企業などが参加。研究員の横連携による事業連携も
    企図し運営を行い、実際プログラム終了後企業間同士の連携が始まって
    います。

② 大学カリキュラム運営期間に中期経営計画を策定、ブラッシュアップ等
  に伴走することも可能
  ● 信州大学では「100年企業創出PRGM」とし、この先の未来洞察をふま
    えた業界や事業環境と現状とのGAP分析を行い事業戦略を策定しまし
    た。地域金融機関の方がゼミアシスタントとして、研究員と企業経営者
    の中間に入り伴走支援をすることも可能です。

③ 本事業の研究員人材募集に関する費用対効果は高く、研究員マッチング
  からもれた人材を今後の人材紹介DBとしての活用も可能。
  ● 信州大学・金沢大学での研究員募集の１人当たりコストは1000円～2000
    円程と、一般的な幹部人材募集コストの1/10程度の費用ですみます。こ
    れはSNS等での地域でのユニークな企画を発信していることが大きな理
    由ですが、応募者の多くが、地域での新たなキャリア形成を志向してい
    ることから、プログラムマッチング終了後に新たな地域での案件を紹介
    することも可能です（個人情報の取扱い規定を整備したうえで実行する必
    要はあります）

　大学連携事業の運営プロセスと各プロセスにおける必要なケイパビリティ
は大まかには図表５－９のとおりです。
　地域金融機関がこの事業に参入する場合、「企業募集」「ミッションテー
マ・人材要件設定」「人材募集」「企業・人材のマッチング」そして「企業・
人材のフォローアップ」を受け持つことが可能です。

図表 5 − 9　大学プログラムのプロセス

プロセス	ポイント	ケイパビリティ
企業募集	●単なる人手不足解消ではなく、人材により自社の経営課題を解決し、さらなる成長や変革に加え、地域を活性化したい志の高い経営者を発見できるか	ネットワーキング力 経営者の見極め力
ミッションテーマ人材要件設定	●経営者と対等に経営課題に関する議論ができ、その解決に向け、外部人材のミッションテーマ・人材要件を設定できるか	コミュニケーション力 ビジネスコンサルティング力 人材コンサルティング力
人材募集	●都市部中核人材を集めるメディア、人材データベースを保有できているか	都心人材へのリーチ力
企業・人材のマッチング	●優秀なビジネスパーソンと対等に会話ができ、その人材の魅力や能力の見極めができ、企業経営者へのマッチングのナビゲートができるか	ビジネスコンサルティング力 人材コンサルティング力
大学プログラム運営	●当該大学プログラムに参加する人材・企業側への提供価値を考慮したプログラム設計に加え、メンタリング、人的ネットワーク支援、生活サポート（住居・交通など）体制を構築できるか	サービス設計力 プロジェクトマネジメント力 地域内ネットワーク力
企業・人材のフォローアップ	●第三者として、両者に公平な立場で入り、企業ミッションの達成に向け、不具合の早期発見、早期解決できるサイクルを構築できるか	ビジネスコンサルティング力 コミュニケーション力

　一般的な人材紹介と基本的なプロセスは同様ですが、一つひとつのプロセスの中身が異なる点に注意が必要です。この内容については、大学連携事業立上げマニュアル（「地域大学による社会人研究員制度を活用した地方創生プログラム事業構築マニュアル」）をJHR公式サイト（https://jhr.co.jp/）で公表していますので、地域内でコンソーシアムまたはプロジェクトを立ち上げる際の参考としてください。

4 観光人材マーケット

　2010年代に劇的な変化を遂げ、そして2020年のコロナ禍による壊滅的な打撃を受けたのが観光業界です。2013年に初めて年間1000万人を超えた訪日観光客数は、3年後の2016年に2000万人、さらに2年後の2018年に3000万人を突破しました。政府も従来の観光協会とは異なるマーケティング機能を有する観光地域づくり法人（DMO）の各地への設立と自立を目指すようになりました。

　JHRは親会社の地域経済活性化支援機構（REVIC）とともに、地域活性化のために観光を重視し、観光事業者が専門人材を確保できるように努めてきました。まだまだわが国では希少な「観光人材」の幅を広げるため、副業・兼業を含めた幅広い人材登用を提案し、DMOなどのサポートを行っています。

　急成長する観光マーケットの一方で、観光人材マーケットも伸びてきています。当初は旅行のアレンジを行うことのできる旅行会社出身者がDMOなどの中核となっていましたが、徐々にマーケティングをはじめとした他の特性が望まれるようになってきました。それに伴い、さまざまな業種から観光業へと転身する流れが生まれています。

　一方で、近年は観光客が多過ぎることによるオーバーツーリズムなどの問題も浮上し、そのバランスをとるための知見を有する人材も求められるようになりました。ところが、新型コロナウイルスの感染拡大による大ダメージにより、そのオーバーツーリズムの問題もいったん棚上げせざるをえない状況となりました。コロナショックからいかに回復していくのかという、きわめて大きなスケールの課題に対処できる人材が求められています。

5 メディアサイト

首都圏等で活躍する人材が地域の企業へ目が向かない大きな理由として、情報が入ってこないということがあげられます。地域企業の求人を目にすることがあるとしても、どのような企業がどんな課題を抱え、どのようなミッションをこなす人材を欲っしているかということまで感じられず、現在よりも低い水準の給与条件をちらっとみて興味を失ってしまうということがほとんどです。最悪なのは、地域企業側が幹部人材を求めているのに、人材会社側が給与条件だけをみて「その給与では首都圏から幹部人材は獲得できない。実務者（ワーカー）層にしてはどうか」と、本末転倒の求人に仕立ててしまう場合です。いわば市場だけをみて、企業側をみていないわけです。「伴走型支援」の逆を行く求人が仕立てられ、それがネット上にあふれ、結果として地方への意欲を削いでいることも事実としてあります。

図表5－10　地方転職に関する情報の非対称性の正体

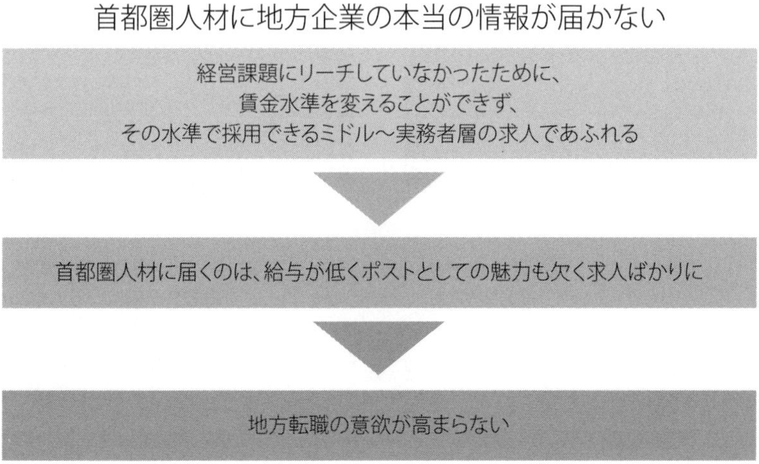

首都圏人材に地方企業の本当の情報が届かない

経営課題にリーチしていなかったために、
賃金水準を変えることができず、
その水準で採用できるミドル～実務者層の求人であふれる

首都圏人材に届くのは、給与が低くポストとしての魅力も欠く求人ばかりに

地方転職の意欲が高まらない

こうした状況を変えるため、JHRはインターネットメディアを運営してきました。一つ目は、地域企業、すなわち地方で働くことそのものの魅力を伝えるためのメディア「Glocal Mission Times（GMT）」で2017年4月に開設、二つ目が、地域企業と実際にマッチングが可能な「Glocal Mission Jobs」（GMJ）で2018年12月に開設しました。

GMTは開設以来、順調に成長を続け、わが国最大級の地方創生系メディアと評価されるようになりました。さらに、地方に関心があるGMTのユーザー層をベースとして、「地方企業×幹部求人」に特化したメディアとしてGMJがリリースされました。大手転職サイト内にも地方企業や幹部求人のコーナーはあるものの、「地方企業×幹部求人」に特化したサイトは類をみないものでした。GMJは全国各地のプロフェッショナル人材戦略拠点とも

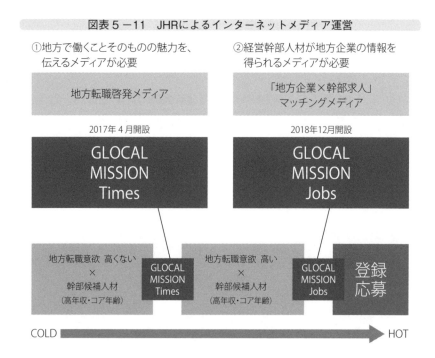

図表5−11　JHRによるインターネットメディア運営

緊密に連携し、特に副業・兼業のユニークな求人で話題となることもあります。1求人に対する応募数が平均4.0を超えれば優良サイトとされるなか、5.0に迫る数字をマークし続けており、高い意欲をもったユーザーに支えられています。

GMTおよびGMJは、2020年6月末の事業終了に伴い、株式会社みらいワークスに譲渡されました。引き続き、啓発・マッチング一体型のメディアとして地方転職（副業・兼業を含む）を下支えしていく予定です。

都心人材を地域企業に誘導するために
伝えること

　本書のなかで、たびたび「都心人材を口説く」という表現が出てきます。地域の企業に行くことに対する心理的な障壁は、本章のデータが示すとおり以前と比べて、ずいぶんと下がってきているようです。金融機関による取引先企業の幹部としての紹介であれば、心理障壁はさらに下がるということも紹介しました（P.13プラスワン参照）。

　それでもなお「地方に住むことには興味はあるけど、地域企業には興味がわかない」という考えをもつ人材に思考の転換を促すためには、どういう手があるでしょうか。その1つとして、JHRでは候補人材に対して、"地域の中小企業で働くことで得られるキャリアは何か"を明確化して伝えるようにしています。

┃ 以下、JHR代表の小城武彦が都内のビジネスパーソンを対象に行った
┃ 講演内容を抄録したものです。

　　私は、人材のキャリア形成という点において、地域企業の経営幹部として働くことは大きな成長の機会になると思います。私自身の経験に基づく話ですが、地域の中小企業で働くことで、ビジネス上の手腕、特に経営技量は飛躍的に向上すると思います。いまでは大きくなりましたが、当時はまだ大阪のベンチャーだったカルチュア・コンビニエンス・クラブ（TSUTAYA）で増田オーナーのもとで働き、自分の力は大きく伸びたと実感しています。

　　図表5−12は、ビジネスネススクールの講義などでよく示すものです。大企業と地域の中小企業の仕事を対照的に比較しています。分業が進んで

いる大企業と異なり、中小企業では規模が小さいがゆえに事業全体が視野に入ります（「統合」）。ステークホルダーの顔と名前もほぼ一致するだけでなく（「顔が見える関係」）、顧客、社会との距離も近いため、顧客・社会の反応をヴィヴィッドに感じることができます（「手触り感」）。地域の中小企業の大半は非上場会社です。だからこそ、四半期決算の数字に縛られることなく「長期」的な視点で事業

図表 5 −12　大企業と中小企業の仕事比較

大企業	中小企業
分業	統合
匿名性	顔がみえる関係
距離感	手触り感
短期	長期
競争	共創
ワークライフバランス	ワークライフ融合

＝
事業の原型

を展開することが可能になります。厳しい社内競争にさらされるというよりは、仲間とともに価値を創造していく職場環境であり（「共創」）、通勤時間15分、20分程度の職住接近のためワークライフバランスをあえていう必要もないでしょう。「ワークライフ融合」ともいえる環境で仕事をすることができます。

　私は、この地域の中小企業こそが「事業の原型」だと考えています。大企業も昔は、そうだったはずです。だから、地方転職を悩んでいる方には、「一度、事業の原型に身を置いてみませんか」と話しています。

　こうした特徴をもつ地域の中小企業の経営幹部職、「右腕」の仕事はリアリティーにあふれています（図表5−13）。まずは「経営のリアリティー」。会社の経営資源全体を正確に把握できますので、それをふまえた実現性の高い事業戦略を練ることが可能です。そしてハンズオンで実行の指揮を執ることになります。顧客や競合が常に近くにいますから、反応をダイレクトに感じることができます。事業戦略の実行の担い手である従業

図表5－13　右腕の仕事とは

経営のリアリティー	意思決定のリアリティー
●顧客・競合の近さ、反応の速さ ●可視化された経営資源 ●従業員の息遣い、家族の気配 ●売上から純利益まで一気通貫 ●BS、PL、CFの意味	●社内調整：オーナーのみ ●自分の意思決定で事業が動く ●責任の明確さ： 　「言い訳」の介在余地なし ●成功・失敗の白黒明確

　員もすぐそばにいます。彼ら彼女らがどのように働いているのか、どんな家族がいるのかといった人間的な営みもみえてきます。規模が小さいため、売上から純利益まで見通せるだけではく、自分が決めた戦略によって、財務諸表がどう動くのかがリアルにみえることになります。

　もう一つは「意思決定のリアリティー」です。社内調整はほとんどオーナーのみであり、そこさえクリアできれば自分自身の意思決定で事業全体を動かすことができます。言い方を変えると、自分一人の意思決定で事業全体が動いてしまうのです。したがって、責任は明確に自分自身にあることになります。大企業のように、何人もの上司の決裁をとり、さまざまな部署が介在して進める仕事とはまったく異なります。言い訳が介在する余地はありません。白黒が明確につき、成功・失敗はすべて自分が背負うことになります。当然ですが、その分やりがいは段違いです。

　もう一つ、これまでみたこともないロールモデルに出会えることも大きな魅力です。いうまでもなく「オーナー」という存在です。地方企業のオーナーの多くは、事業、雇用だけではなく、地域経済をも背負っています。金融機関からの借入れに個人保証を入れているケースも多く、多大なリスクを背負いながら事業をけん引しています。よく、テレビなどで中小企業のオーナー社長が朝早く出社して、たった一人で工場や店舗を掃除している姿をみたことがあると思います。なぜオーナーは社長なのに自ら掃

除をするのでしょうか。大企業ではまずありえない光景だと思います。理由は明確です。オーナー社長にとって、工場や店舗は「自宅の居間」なのです。心血を注いでつくった工場や店舗を掃除するのは、まさにわれわれが自宅の掃除をするのと同じことなのです。人をみる眼力の鋭さ、リスクをとるときの殺気立った迫力など、人生をかけて事業をつくってきた人ならではの凄みを感じながら多くを学ぶことができます。サラリーマンとは大きく異なる経営者の姿をみることになるのです。一生に一度、こうした経験をすることは大企業に勤めるビジネスパーソンにとっても、大きな意味をもつのではないかと私は考えています。

　都心人材に地方企業を紹介するとき、私はこのような少し強い言葉を使います。

　「東京の歯車ではなく、地方の心臓になりませんか」

　地域の中小企業のオーナーの右腕として、企業経営の真剣勝負に挑むこと。それは、まさに「心臓」になることなのです。

　地方の心臓になるということは、自分が活躍すれば、企業は間違いなく成長し、地域をよりよくできることを意味します。「自分の活躍＝企業の成長＝地域の発展」。この恒等式は、首都圏の企業では成立しえないものです。この点も地方企業のオーナーの「右腕」という仕事の醍醐味だと思います（図表5－14）。

図表5－14　右腕の醍醐味

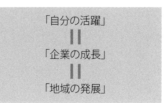

心臓になる経験

経営技量の飛躍的UP

「自分の活躍」
＝
「企業の成長」
＝
「地域の発展」

株式会社鈴木栄光堂
（岐阜県大垣市、製菓業）
代表取締役CEO **鈴木伝**さん

推進しているM＆A戦略とともに、経営人材採用に積極的に取り組んでいる同社は、お菓子の輸出において10％を超えるシェアを誇る伝統ある製菓業者で、現社長の曽祖父が築いた"栄光"の時代の復活を目指しています。採用した経営幹部が一定の成果を出したら、グループ内の別会社や別部署にローテーションさせることで、さらなる底上げを目指す人材活用ビジョンを鈴木CEOに話を聞きました。

——海外進出のために必要な人材を、当社から紹介しました。

鈴木 非常にありがたかったですね。ベトナムでの展開を任せられる人を探していて、いい方を紹介していただきました。彼は数字をきっちりと追うことができる。現状分析と目標設定が明確で、自分が何のためにベトナムに行っているのかということをよく理解してくれている。そもそも、うちのような地方の企業では、海外展開が前提の新卒採用ということはありえません。お菓子全体の輸出が300億円ぐらいといわれていて、そのうち1割強の30億円が当社なのですが、そうした海外展開やM＆Aなどの際に、自社の育成だけでは追いつきません。当然、外部からの人材を採用するということになります。

——社員のなかで、外部人材に対する抵抗感のようなものはなかったのでしょうか。

鈴木 そもそも私自身が東京で会社員をしていました。大学を卒業後にニチメン（現双日）で働いた後、18年前に家業であるこの会社に入りました。弟（憲治郎取締役）も三菱商事で働いた後の中途入社です。

——東京などで活躍している人を採用する際に、気をつけていることはありますか。

鈴木 岐阜の人間は我慢強いところがあるので、辞めないですし、地元の人材のいいところはたくさんあります。ただ、新しいアイデアとか、そういったものに対しては、地方はどうしても鈍いところがあるように思います。岐阜でお菓子の商品開発をするのと、青山（東京）でやるのとでは、やはり違います。こっちでインターネットで調べてというのと、街中がお菓子であふれているところでやるのでは、どちらがいいかということですね。

——都会の人材ならではの部分ですね。

鈴木 それに、新しい血を入れるのですから、ぶっ飛んだ人のほうがいいと思います。普通の人は、こちらにもいますから。

——貴社がそういう都会の人材を引きつけられているのはどうしてでしょうか。地方のオーナーの皆さんの悩みの一つに、東京の人材を採用したいけど、どうやったらきてくれるのかわからないということがあります。

鈴木 うちの事業は、"比較的どこにもない"ものなんです。「ニッチトップとイノベーションでオンリーワンになる」ということを会社の理念に掲げています。やりがいのある分野に映ると思いますし、きてもらったらしっかりと任せることも伝えます。よそがやらないことを一緒にやりませんか、そこが面白いですよと。そうした戦略の説明がいちばん大事なのではないでしょうか。

——私もこれまで全国各地の企業に紹介をしてきた経験上、オーナーが戦略を明確に伝えることこそが、最強のキラーコンテンツであると思っています。

鈴木 もう一つ、立地も重要です。岐阜は東日本にも西日本にもアクセスがしやすい。物流を考えても、東西どちらにも同じようなサービスが提供できる。地方ですからいろいろとコストも抑えられますし、地方企業だからこその優位性もあるんです。

——今後の採用プランはどのようにお考えでしょうか。

鈴木 M＆Aを1年に1社と決めていて、その際には社長候補となる人材を採用する必要性が生まれると思います。ただ私は、採用した人材に（M＆Aをした）その会社だけをやらせるという気はありません。5〜6年、そこで経営をやってもらって、本社に戻すとか他の会社をやらせるとか、そ

ういうことを考えています。経営がその人に依存するような、属人的な体制になってしまうのが嫌なのです。大企業だとそういうところはないでしょうが、中小企業だとえてしてそうなってしまう。私はそういうところが嫌ですし、ローテーションをすることで、会社の力も高まっていくと思います。

——M&Aごとに経営幹部人材が増えていくわけですね。

鈴木 もっといえば、自分自身についても同じです。自分はさっさと引退して、より仕事ができる人に譲るというのが一つの理想です。それはたとえば、弟とかでなくてもいいと思っています。優秀な右腕がいますから。

——本当に素晴らしいビジョンですね。オーナーでありながら、創業家よりも会社の将来を優先するのは、なかなかできることではありません。しかし、そうなると、鈴木家の伝統の継承はどうなっていくのでしょうか。

鈴木 鈴木栄光堂は、2代目の経営者にあたる曽祖父の時がいちばん大きかったと思います。曽祖父が会社組織にしたので、初代社長ということになります。「ゼリコ」というブランドもそれなりに知られていました。その後、会社としては縮小してしまったのですが、17年前にこの会社に入ったとき、曽祖父の時代のようにしようと思ったのです。私が入ったときに社員5人だった会社が社員300人レベルまで大きくなったし、曽祖父へのコミットとしてはこれで十分かなと思っています。私で経営者として5代目で、鈴木家（当主）としては10代目ですが、もしかしたらもう、鈴木栄光堂はなくてもいいのかもしれません。パブリックカンパニーにしていかなければならないと思います。株式会社なのだから、やがては上場ということもあるでしょうし。

——そこまでのお考えをおもちだとは、驚きました。

鈴木　お菓子の業界は、明治さんを除けば大手も中堅も同族企業がほとんどです。でも、そういうのも徐々に変わっていくと考えています。そうした環境を含めて、会社のステージごとに、必要な人材は違ってきます。それは自分も同じですから、会社が必要とする人材が経営を担うべきです。当社の海外事業の部署などは15人中5人が中国人です。ベトナム人も採用しようと思っています。彼らが幹部に育つことだってありますし、国籍さえも関係ないと思います。

　言い方は悪いかもしれませんが、社長を好きでやっているわけではないので、自分の地位にこだわるつもりはまったくありません。会社が成長すること以外に大事なことはありません。優秀な人材に後を任せたら、まったく他のことをやってみたいと思っています（笑）。

鈴木伝（すずき・ゆずる）

1968年生まれ。岐阜県出身。慶応義塾大学卒業後、ニチメン（現双日）に入社。鉄鋼などさまざまな商品取引に携わる。2002年に家業である鈴木栄光堂に入社。04年に専務、08年に代表取締役社長、19年に代表取締役CEO（会長）に就任した。積極的な海外展開とM&Aによって、同社の成長をけん引する。鈴木家10代目当主で鈴木栄光堂の経営者としては5代目にあたる。

株式会社鈴木栄光堂

1877年、尾張藩士であった鈴木亀三郎が、岐阜・羽島より大垣に移り創業した製菓メーカー。1933年に会社として設立され、初代社長に鈴木傳七氏（現社長の曽祖父）が就任した。戦前は「ゼリコ飴」で知られた。クレーンゲーム等の景品用菓子の製造では最大手。2008年イーグル製菓（大阪）、15年シャンボール（大阪）、16年東京どりいむ（東京）、17年千秋庵総本家（北海道）などを子会社化しM&A戦略で成長を続ける。海外展開にも目を向け、国産菓子輸出額300億円のうち1割強を同社が占める。「平成29年度輸出に取り組む優良事業者表彰」では農水省食料産業局長賞を受賞した。

第 **6** 章

実行マニュアル

図表6－1　実施フェーズとステップ

フェーズ	対象	ステップ		
課題抽出フェーズ	企業	伴走型支援サービスの本質を説明・共有	状況および経営課題の把握・共有	最重要戦略としての外部経営人材の採用

➡ 企業との間で、課題の優先度と人材活用の具体的イメージを醸成する

| 要件定義フェーズ | 企業 | 候補となる人材像をイメージする | 人材の採用・活躍のイメージを醸成する | 要件を満たす人材群を診立てる |

➡ 入社後活用策・処遇等・口説き方等のついて、経営者の認識を深める

| 人材サーチフェーズ | 人材 | 人材データベースの確保およびアクセス | 有望候補の抽出（リストアップ） | 候補人材への初回連絡（スカウティング） |

➡ 都心人材候補の母集団が形成されており、地方転職可能性を選択肢として認識している

| 事前面談フェーズ | 人材 | 基本条件のすり合わせ | 重要なミッションの担い手としての役割を強調 | 地方企業への転職に関する懸念事項の早期解消 |

➡ 不安・疑問を含む意思決定条件が整理され、候補者の応募意識が確立されている

| マッチングフェーズ | 企業 人材 | 初回面接の演出 | 微妙な意識変化の把握および対応 | 双方の理解と合意 |

➡ 議論をベースとした協業意識が、企業と候補人材の間で確立されている

| フォローアップフェーズ | 企業 人材 | 入社後にギャップが生じないような準備活動 | 経営人材参画後の早期解決状況のモニタリング | PDCAサイクル化 |

➡ 状況がモニタリングされ、リピート等、次につなげる機運が生まれている

前章までに明らかにしたとおり、金融機関による人材紹介サービスは事業性評価結果に基づき人材要件が定義され、これを満たす人材を求めていくことになると考えられます。JHRが「伴走型支援」と呼んでいるこの形態における業務フェーズおよびステップについては、図表６−１のように整理されます。すなわち「課題抽出」「要件定義」「人材サーチ」「事前面談」「マッチング」「フォローアップ」という６フェーズによって構成されます。本章では、フェーズごとに３つのステップを解説します。

(1) 課題抽出フェーズ

経営者と議論を深めながら経営課題の把握に努め、解決策の重要オプションである経営人材の採用を提案していきます。

企業経営者が語る自社の経営課題は抽象的・観念的であることが多く、外部の第三者が客観的に理解することは大変むずかしいものがあります。それは外部から人材を招く必要がある場合においても同様です。

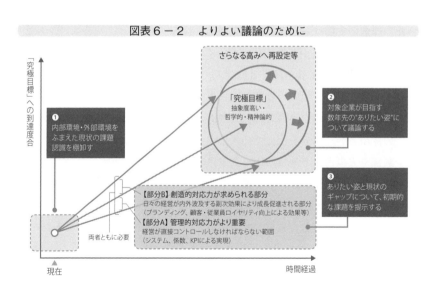

図表６−２　よりよい議論のために

そこで初期段階では、金融機関は客観的に対象企業の状況の把握に努めながらも当面のニーズを聴取し、仮説でかまわないので経営課題と対応について準備し、経営者との対話に臨むようにしましょう。

対話を続けながら"真の経営課題"に接近・理解し、共有することが大切です。そのうえで当該の経営課題に対して、経営人材を外部から招くことが解決に有効なオプションであると考えられる場合には積極的に提案します。

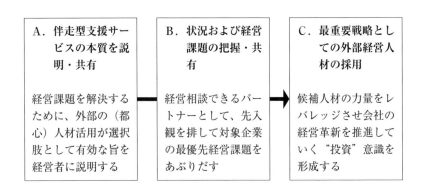

Ａ．伴走型支援サービスの本質を説明・共有

経営上の課題解決や革新を行っていくうえで、外部の（都心）人材活用が有効であるという理解を経営者に対して促進するステップです。P.31図表2－4などを用いて他の一般的な人材事業者との違いを強調していくとともに、経営課題解決のための人材採用であるという点、コストではなく投資としての採用という部分を伝えていきます。大企業には普通に備わっている経営企画部や人事部など地域の中小企業においてはなかなか望めない「本社機能」について、専門的な視点で補完するとともに、それらを一身に担っている経営者の負担を軽減するものであることを訴求します。エグゼクティブ（経営幹部層）に限定した人材紹介であること、また地方企業に都心人材を紹介して新しい流れを生み出すビジネスであることを強調して伝えていきます。

図表6-3　本ステップのポイント

アクション	伴走型支援サービスと一般的な人材紹介サービスの違いを説明する	外部経営人材採用が現実的な選択肢であることを実例等から訴求する
具体例	●一般的な人材紹介会社で行われているサービスと比較し、本サービスが経営課題の解決を目的とした「課題解決型人材紹介」であることを説明する。(参考資料【P.31図表2-4】) ●大企業には普通に備わっている経営企画部や人事部など地域の中小企業においてはなかなか望めない「本社機能」について、専門的な視点で補完するとともに、それらを一身に担っている経営者の負担を軽減するものであることを訴求する。 ●エグゼクティブ(経営幹部層)に限定した人材紹介であること、また地域企業に都心人材を紹介して新しい流れを生み出すビジネスであることを強調して伝える。	●紹介事例を用いて、人材紹介までのプロセスや紹介後の企業の成長(生産性向上の可能性)などを説明し、手触り感を醸成する。 ●これまで都心人材と地方企業をつなぐ手段がなかったことをふまえ、つながることによる効果を強調する。 ●都心人材の採用が選択肢として考えられるかどうかを確認する。

　都心人材の採用について現実感がもてない経営者も多くいます。紹介事例を用いて、案件紹介までのプロセスや紹介後の企業の成長(生産性向上の可能性)などを説明し、手触り感を醸成することも必要です。これまでは都心人材と企業をつなぐものがなかったかもしれないが、金融機関による人材紹介によってそれが可能になっていることも強調します。

　一般的な人材紹介会社は、基本的にはマッチングビジネスで、その段階で成功報酬を得ることでビジネスとして一応の完結を迎えます。しかしながら、金融機関の人材紹介においては明らかにそれでは不足です。紹介することが目的ではなく、それによる経営課題の解決が目的の"課題解決型人材紹介業"であることの理解を促進する必要があります。そのためには、金融機関だからこそさまざまなバックグラウンドの人材紹介会社との連携が可能であり、案件の難易度な特異度(社長案件等)に応じてフレキシブルな人材紹介が実施できることを説明していきます。

　繰り返しとなりますが、最も重要なことは、経営革新のための幹部人材採用においては、可能な限りトップに近い経営陣と話をするということです。オーナー企業であればオーナーと向き合わなければなりません。そうでない立場の役職員の場合、経営面の課題と対処することには前向きであっても、自分の地位を脅かす人材の採用にはどうしても及び腰となりがちです。実際にあったことですが、組織面の整備が課題という企業において人事部長と話合いになり、部長をサポートできる課長クラスの採用ということでまとまりました。しかし、後日、融資関連の担当である同社の経理部長から「オーナーが会いたがっている。人事部長には内密に」という連絡があり、オーナーとの面会において「人事部長の部下ではなく、その上司として人事経験が豊富な人材を役員として迎えたい」という希望が伝えられました。オーナーは組織面の課題の原因が人事部長の力量にあると分析しており、その上に人事担当役員を迎えることで改革を進めたいと考えていたのでした。決定権者は誰なのかを把握し、話を進めていかなければなりません。

B．状況および経営課題の把握・共有

　経営相談できるパートナーとして、対象企業の最優先経営課題をあぶりだします。経営課題に関する議論を続けながら、経営課題の"仮説"や初期的な優先度づけなどを行います。先入観を排して対象企業の最優先経営課題をしっかりと明確化します。

　経営課題から議論を始め、最重要課題のあたり（仮説）をつけ、複数出てくるものと予想される課題の初期的な優先度づけを行うという作業が必要です。過去の業績の推移や市場の見通し等、これまでの対象会社の状況が議論を通じて共有し、ベースとなる認識をそろえます。直面している困難、今後

図表６－４　本ステップのポイント

アクション	企業の状況を客観的に把握し、経営課題について仮説を準備する	現状把握に加えて「将来ありたい企業像」を議論する
具体例	●過去の業績の推移や市場の見通し等、これまでの対象企業の状況を共有し、議論を通じてベースとなる認識をそろえる。 ●直面している困難、今後積極的に推進しなければならないこと等、経営者の課題認識を幅広く拾い上げ、どんなことでも受け止められる相談相手のポジションを担う。 ●顧客・競合・製品、営業活動・内部管理等、得られた経営課題認識を大まかに分類し、どこから手がけるべきか、自分なりのあたり（優先度付け）を仮説としてつくる。	●ベンチマークとなる他社の事例（課題設定と解決策）等を通じて、経営者に対して「会社としてあるべき姿」を考える議論へと導く。 ●あるべき姿を考えつつ、それをふまえた場合の経営課題の優先順位（自らの仮説）を提示し、優先度の高い課題のイメージを少しずつ経営者と共有する。 ●重視する課題にメドをつけながら、会社として解決策への"投資"という概念を"繰返し"語り、人材採用ではなく課題解決のためという議論の流れをつくる。 ●課題への対処を任せられるという観点から、必要な人材は現場の実務担当者ではなく、「幹部人材」であることを"繰返し"語る。

　積極推進しなければならないこと等、経営者の課題認識を幅広く拾いあげ、なんでも投げかけられる相談相手のポジションを確保することも、人材の紹介においては重要です。顧客・競合、製品、業務活動、内部管理等、得られた経営課題認識を大まかに分類、どこから手がけるべきかの自分なりのあたり（優先度づけ）を仮説としてつくり、対象会社の社長以外の人材等ともディスカッションを行って、自分なりの仮説を初期的に検証していきます。

　状況分析のみではなく、"ありたい姿（将来）"も議論します。たとえば、ベンチマークとなる他社の事例（課題設定と解決策）の紹介などを通じて、経営者と、会社としてのあるべき姿を考えてみるような議論へと導きます。あるべき姿を考えつつ、それをふまえた場合の経営課題の優先順位（自らの仮説）を提示し、どこが優先度の高い課題かのイメージを徐々に経営者と共有していきます。重視する課題にメドをつけつつ、それを解決するための会社としての"投資"を行うという概念を（繰返し）語り、人材ではなく課題

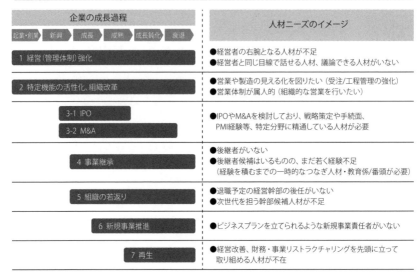

図表6-5 企業の成長と人材ニーズ

企業の成長過程	人材ニーズのイメージ
起業・創業　新興　成長　成熟　成長鈍化　衰退	
1 経営（管理体制）強化	●経営者の右腕となる人材が不足 ●経営者と同じ目線で話せる人材、議論できる人材がいない
2 特定機能の活性化、組織改革	●営業や製造の見える化を図りたい（受注/工程管理の強化） ●営業体制が属人的（組織的な営業を行いたい）
3-1 IPO 3-2 M&A	●IPOやM&Aを検討しており、戦略策定や手続面、 　PMI経験等、特定分野に精通している人材が必要
4 事業継承	●後継者がいない ●後継者候補はいるものの、まだ若く経験不足 　（経験を積むまでの一時的なつなぎ人材・教育係/番頭が必要）
5 組織の若返り	●退職予定の経営幹部の後任がいない ●次世代を担う幹部候補人材が不足
6 新規事業推進	●ビジネスプランを立てられるような新規事業責任者がいない
7 再生	●経営改善、財務・事業リストラクチャリングを先頭に立って 　取り組める人材が不在

解決ドリブンの議論の流れをつくっていきます。課題への対処を任せられるという観点から、必要な人材は現場の実務担当者ではなく、"幹部人材"であると（繰返し）伝えていくことも、認識の離齬を防ぐ効果があります。

プラスワン

　金融機関の人材紹介をサポートしていくなかで散見されたことがいくつかあります。一つ目は、経営課題のヒアリングがまるで「尋問」のようになってしまいがちということでした。手元のディスカッションペーパーにばかり目をやり、それを埋めることに必死で会話がまったく盛り上がらず、将来のビジョンを共有できたつもりでもそれが夢やミッションからはほど遠い「ノルマ」のような印象になってしまっていたこともありました。二つ目はその逆で、人材紹介に関する説明に終始してしまうというところです。この場合でも、冒頭では経営課題の確認はしているものの、その

内容がきわめて浅いまま人材の話に移ってしまいます。金融機関側の担当者が、まだ始まったばかりの人材紹介事業を軌道に乗せようと（場合によっては人材事業単体で利益を出そうと）、何とか人材紹介に話題をもっていこうとしているのが見て取れるケースがあります。そもそもの目的は何であるかを考えれば、経営課題の整理を徹底しないことなど考えられません。

C. 最重要戦略としての外部経営人材の採用

経営課題解決を実現していくための必要な知見・経験・力量等を有する外部人材の採用を、戦略的な「投資」として位置づけ、実行について議論することが大切です。目標に対する過去・現在・未来の時間軸を意識させます。

候補人材の力量をベースとした事業の成長をイメージしてもらい、会社の経営革新を推進していく意識を形成していきます。優先経営課題の解決効果を説き、そのための採用であることを共有します。ありたい姿を一緒に描き、将来の会社に対する期待感や、働くことのやりがい・楽しみを従業員へ植え付けるような未来を見据えた議論を行います。ありたい姿を実現させるうえで、近視眼的な目線でなく中長期（将来）を見据えた人材投資（育成）を強調します。オーガニックな成長に加えて、M&Aやアライアンスによる成長加速の選択肢もありうることや、これまでに経験したことのない変革のストーリーを、過去の課題解決事例等を交えながら伝えていきます。いままでのやり方からの脱却を強調し、社長と同じ視座でありつつも異なる考え方で経営方針の会話ができる人材の重要性をアピールします。

外部人材採用においては、経営者に自社の直面する課題を語らせ、その認識が表層的なものではなく、市場や事業環境等の変化に基づいたリアリティのあるものかどうかで本気度を見極めることが必要です。

経営者自身の語り口から、会社を動かしていくコミット力や熱量の高さ（社内意見に流されすぎないかどうか等）を確認します。経営改革への本気度

アクション	外部経営人材採用を あるべき姿に向かうための 「投資」と位置づける	意思決定者における当該「投資」の 必要性の認識・本気度を確認する
具体例	●「ありたい姿」を一緒に描き、将来の会社に対する期待感や、働くことのやりがい・楽しみを従業員がイメージできるような未来を見据えた議論を行う。 ●「ありたい姿」を実現させるために、近視眼的な視点ではなく、中長期的に将来を見据えた人材投資・育成を強調して議論を続ける。 ●オーガニックな成長に加えて、M&Aやアライアンス等による成長加速の選択肢もありうることや、これまでに経験したことのない変革のストーリーを事例等を交えて伝える。 ●経営者と同じ視座に立ちつつ異なる考え方で経営方針の会話ができる人材の重要性をアピールし、従来の人材採用から脱却し、外部から人材を採用する"人材投資"を促す。	●経営者に自社が直面する課題を語らせ、その認識が表層的なものではなく、市場や事業環境等の変化に基づいたリアリティのあるものかどうかで本気度を見極める。 ●経営者の語り口から、会社を動かしていくコミット力や熱量の大きさ（社内意見に流されすぎないかどうか等）を見極める。

が感じられない、あるいは外部人材へのアレルギーが過度に強いような場合は、案件をペンディングする判断が必要です。

プラスワン

　大口の融資先だからといって、いわゆる「ヨイショ」に終始してしまい、経営課題の深淵にいっさい触れずに帰ってくるということは絶対に回避すべきです。相手の現状を持ち上げ、現在の延長線上に都合のよい未来と人材像を並べていくようでは、たとえイメージを共有でき、話が盛り上がったとしても、解を見つけたことにはなりません。現状の延長線上の人材採用は、ほとんどが「補充」です。気をよくした相手から「そのうち定年を迎える経理部長の後任」などの"受注"を得られるケースは確かにありま

すが、そこに金融機関だからこその人材紹介という強みを見つけることはできません。もちろん、融資の継続のための施策として、そのような立ち振舞方が必要な場合もあるでしょう。しかしながら、金融機関ならではの人材紹介とは何かを常に求め、時には相手の耳に痛い経営課題にしっかりと踏み込むことが、この企業を成長させ、さらに大きな融資先となっていくために大切であることも、忘れるべきではありません。

(2) 要件定義フェーズ

「解決すべき経営課題×採用すべき経営人材」について経営者とともに具体的かつ現実的なイメージを構築していきます。外部の（都心）幹部人材登用が着地点であることを念頭に、人材・企業側双方の状況を的確に把握しつつ、「課題×人材」の答えを求めていきます。

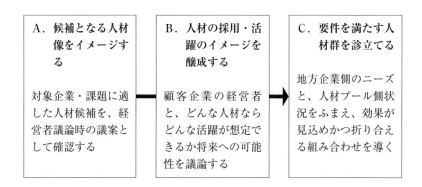

A．候補となる人材像をイメージする

対象企業・課題に適した人材候補を、経営者議論時の議案として確認する

B．人材の採用・活躍のイメージを醸成する

顧客企業の経営者と、どんな人材ならどんな活躍が想定できるか将来への可能性を議論する

C．要件を満たす人材群を診立てる

地方企業側のニーズと、人材プール側状況をふまえ、効果が見込めかつ折り合える組み合わせを導く

前節で抽出した課題の解決プロセスこそ、重要度の高い企業戦略の遂行そのものであり、そこに外部から招く経営人材の参画が必要になると考えられます。整理した課題を解決するために、どのようなキャリア・スペックの人

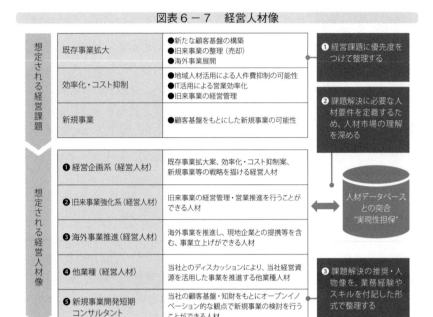

図表6－7　経営人材像

想定される経営課題	既存事業拡大	●新たな顧客基盤の構築 ●旧来事業の整理（売却） ●海外事業展開
	効率化・コスト抑制	●地域人材活用による人件費抑制の可能性 ●IT活用による営業効率化 ●旧来事業の経営管理
	新規事業	●顧客基盤をもとにした新規事業の可能性

❶経営課題に優先度をつけて整理する

❷課題解決に必要な人材要件を定義するため、人材市場の理解を深める

想定される経営人材像	❶経営企画系（経営人材）	既存事業拡大案、効率化・コスト抑制案、新規事業等の戦略を描ける経営人材
	❷旧来事業強化系（経営人材）	旧来事業の経営管理・営業推進を行うことができる人材
	❸海外事業推進（経営人材）	海外事業を推進し、現地企業との提携等を含む、事業立上げができる人材
	❹他業種（経営人材）	当社とのディスカッションにより、当社経営資源を活用した事業を推進する他業種人材
	❺新規事業開発短期コンサルタント	当社の顧客基盤・知財をもとにオープンイノベーション的な観点で新規事業の検討を行うことができる人材

人材データベースとの突合
"実現性担保"

❸課題解決の推奨・人物像を、業務経験やスキルを付記した形式で整理する

材が望ましいかを決めること（人材要件の定義）は、一見すると当然に思えます。しかしながら、地域企業においては縁故での採用がかなりの割合を占めており、まずは人材を採用したうえで何の仕事をさせるか決めるというケースが多くあります。こうした企業は経営課題を起点とした人材要件定義について不慣れであり、往々にして何でもできるスーパーマンのような人材要件が示されます。

　これを防ぐためには、どのように活躍してもらいたいのかをより具体的にイメージしてもらうことが大事で、その人材が市場に存在しているか、条件面において採用が可能かなどを総合的に考えながら決めていく必要があります。

　将来の目指す姿をふまえ、企業としての課題全体をとらえるとき、どのよ

うな人材がいればどのような経営効果を発現できるかを議論します。同時に人材データベースとの突合を行い、実現性を確認します。

A．候補となる人材像をイメージする

経営者との議論を通じて、求める人材像をイメージし、該当人材の対象企業への転職可能性を見極めます。会社の状況や解決すべき経営課題等に鑑み、求める人材の要件や人物像を明らかにしていきますが、求める要件が多いほど、また高度なほど人材確保はむずかしくなるため、あらかじめ現実的であるかどうかを意識しておくことが必要です。

そのためには、対象企業の業種や状況をふまえ、あらかじめ候補人材例を調べておくことが必要です。あくまでも設定した経営課題を軸として、課題解決が可能と思われる人材のキャリア（経験年数や必要なスキル）から、初期的な人物像仮説を構築して討議に臨みます。

図表6-8　本ステップのポイント

アクション	対象企業の業種や状況からあらかじめ候補となりうる人材像を初期の段階で確認する	可能性を広く模索するため、決め打ちはせずに広く議論を行う
具体例	●あくまで設定した経営課題を軸として、課題解決可能な人材要件（経験年数や必要なスキル）から、初期的な人材像について仮説を構築して討議に臨む。 ●上述の仮説を叩き台としながら、経営者の意図を汲み取りつつ業界特有の経験やスキル等の条件面を聞き出し、人材要件を固めていく。 ●対象企業の報酬体系や給与水準を確認しながら、だいたいの給与水準を考慮し、双方の乖離状況を認識する。 ●都心人材を受け入れる場合、どのようなポジション・待遇にするべきか、あらかじめ方向性を議論しておく。	●対象企業で活躍できそうな候補者のスキル・経歴や、過去の業務経験・キャリア等のキーワード（外すことのできない要件）について提案するスタイルで臨む。 ●候補者の母集団を一定数確保するため、人材要件の幅を絞りすぎない。最低限譲れないポイントを明らかにし、数点に絞って要件定義を行う。 ●対象企業側に都心と地方の給与水準の違いを認識してもらい都心人材の採用における投資費用がある程度必要になることを伝え、初期段階で給与のレンジについて議題にあげる。

それをベースに、経営者の意図を汲み取りながら、業界特有の経験やスキル等の条件面を聞き出し、人材要件を固めていきます。該当企業の報酬体系や給与水準を確認しながら、（都心）人材のおおむねの給与水準を考慮して、双方の乖離状況を認識していきます。

プラスワン

人材の活躍をイメージするために、５年後や10年後の会社の日常空間を想像してもらう手法は非常に有効です。その時の幹部は誰と誰で、どんな会話としていて、部署等の組織はどうなっていて、売上はどれくらいで、どのような社屋で、どんな顧客がいて…などを考えていくことで、「あっ、そういえばこのポジションがいない」ということに気づきます。そして、そこに入ってくる人がどんな人で…と想像を発展させ、イメージを醸成していきます。

B．人材の採用・活躍のイメージを醸成する

顧客企業の経営者と、どんな人材ならどんな活躍が想定しうるかの、"こんな人材がいたら"というテーマなどを設定し将来への可能性を議論します。あくまで企業が直面する課題解決のための人材要件定義を強調し、推奨する候補者のスキル・経歴や、過去の業務経験・キャリア等のキーワード（外すことのできない要件）について提案を行うスタイルで臨みます。候補者の母集団を一定数確保するため、人材要件の幅を広げすぎず、また細かく絞りすぎず、最低限譲れないポイント数点をクリアにしてから要件定義づけを行っていきます。企業が将来目指している絵姿のイメージを共有したうえで、都心人材を採用する場合には、そのための投資費用（地方企業の給与水準との違い）をある程度の幅をもたせたうえで企業側に認識してもらい、給与のレンジを初期段階で議題にあげていきます。

図表6−9　本ステップのポイント

アクション	対象企業への転職可能性、および訴求・説得時の必要事項等を類推する	重視すべき人材の要件項目を準備し、共有する
具体例	●都心人材を口説き落とすための、経営者が認識する企業のアピールポイント（業務内容、社風、生活環境等）を会話のなかから聞き出しておく。 ●勤務形態の柔軟性（週末に帰省する旅費・交通費の支給、平日のホテル住まいの容認等）をあらかじめ検討・提案し、都心人材の転職ハードルを引き下げる。 ●組織体制の柔軟性（新しいポジションの創出、新部署の立上げ等）の可能性をあらかじめ確認し、都心人材の負担を引き下げられる工夫を検討しておく。	●企業の社風や従業員と相性のよさそうなキャラクターのイメージ（愛嬌がある、活発的・精力的、リーダーシップがある、社内にはいないような風格等）を共有する。 ●候補者に期待する役割・責任（たとえば、経営幹部なのかプレイングマネージャーなのか等）について明確にする。 ●都心人材の採用ハードルを下げるため、極端ではあるが平日はホテル住まいで週末には都心の自宅へ帰宅する等のオファーを視野に入れる。 ●以上をもって大枠の検討方向性をそろえていく。

　仮に地方企業に都心人材を呼び入れるというような場合には、"口説き落とす"ための企業のアピールポイント（業務内容、社風、生活環境など）を把握することも必要です。どのようなポジション・待遇にするべきかに加え、勤務形態の柔軟性（週末帰省する旅費・交通費支給、平日のホテル住まいの容認等）をあらかじめ検討・提案して、都心人材の転職ハードルを引き下げることや、組織体制の柔軟性（新しいポジションの創出、新部署の立上げ等）の可能性をあらかじめ確認して、社内の軋轢や都心人材の地方勤務への精神的負担を引き下げられる工夫なども検討します。

プラスワン

　前に「ヨイショ」営業の弊害について言及しましたが、一方で候補者への"口説き文句"は、経営者が勢いよく語った言葉のなかにあることが多くあります。注意深くそういうワードを拾い、候補者に伝えられるようにしておくことも、地方に人材を呼び寄せるためには有効です。

C．要件を満たす人材群を診立てる

いよいよ、候補人材群の提示を行っていきます。その際に"落としどころ"を考慮しておくことが重要です。"課題解決"ドリブンでの人材採用であるというところから逸脱することなく、過去のキャリアに着目した候補人材群として検討を進めていきます。企業側の認識する固定観念に縛られず、いままでとは異なる採用方針であることを強調し、幅広い視点や切り口から候補人材群の特定・絞り込みを行っていきます。人材市場を考慮しつつ、企業側からの期待値を高めすぎないように配慮し、最初から人材要件を固めすぎないかたちの数点のキーワードで合意形成を促します。あらかじめ、人材市場の状況（どういう人材がどのくらいいるのか）を確認しつつ、母集団を意識しながら社長とコミュニケーションをとり、議論を先延ばしにしないようにします。

一方で、対象企業の側で準備すべきことにも着手します。特に都心人材を採用する場合には、前述のとおり、従来の人事制度からは外れた高い処遇や

図表6－10　本ステップのポイント

アクション	落とし所を考慮した、人材セグメントを決める	都心人材と地方企業の考えるギャップを理解してもらう
具体例	●"課題解決"のための人材採用であるという理解を徹底して、即戦力として活躍できるかのキャリアに着目した候補人材群を形成する。 ●経営者の認識する固定観念に縛られず、いままでとは異なる採用方針であることを強調し、幅広い視点や切り口から人材セグメントの特定を行う。 ●現実性を考慮して、対象企業からの期待値を過度に高めないように配慮し、最初から人材要件を固めすぎないよう、複数のキーワードを掲示する。 ●以上をもって大枠の検討方向性をそろえていく。	●採用過程において、イメージギャップを極力減らすため、都心人材のおおよその給与水準（地方企業と比した高い処遇）や、責任あるポジションの用意が求められることを認識してもらう。 ●居住費（宿泊代等）や社用車貸与費、移動交通費等、通常の採用にはない費用が発生することを伝える。 ●既存従業員との軋轢が発生する可能性があることを前もって伝え、必要に応じて新チーム体制や新たなポジションの確保を提案する。

責任あるポジションの用意などが必要になります。居住費（場合によっては
ホテル宿泊代）、社用車貸与、移動交通費などの通常の採用では発生しないよ
うな特筆する費用の存在を伝達しておきましょう。既存従業員との軋轢が多
少なり発生する可能性があることを前もって少しずつ伝え、必要に応じて新
チーム体制の開設や新たなポジションの確保が必要になることをあらかじめ
言及しておきます。

　経営課題に紐づいた人材要件をしっかりと定義して
おくと、サーチの際に生じる「上ぶれ」（想定以上のス
ペックをもった人材が市場に存在すること）に対して、しっかりと反応
できます（一方で、「下ぶれ」への反応は慎重である必要があります）。こ
れまで主力事業への依存が強かったある企業が、将来のために本気で
新規事業を立ち上げることになりました。国内にあまり参入例のない
事業への挑戦です。幸いその分野に長けた技術者はすでに社内に擁し
ているため、当該事業の新規部署の部長を務められる人材を探すこと
になりました。国内においてユニークな事業ですから、人材探しは困
難を極めますが、大手企業の役員寸前という立場の人材を見つけるこ
とができました。部長クラスで採用するにはハイスペックで、必要な
報酬も想定をはるかに上回りました。しかし、オーナーの判断は明快
でした。「会社の将来のためには新規事業が必要で、ブルーオーシャ
ンに飛び込んでいきたい。そのためには、彼のような人材が必要であ
る」。古参の役員を説得してナンバー２にあたる副社長のポストと報
酬を用意し、文字通り「招聘」するかたちで人材の確保に成功したの
です。状況によって判断を変えることは必要ですが、いわゆる行き当
たりではなく、前提となる経営課題の解決という大原則に基づいて行
うべきであることはいうまでもありません。

⑶ 人材サーチフェーズ

　採用すべき経営人材候補にとっての案件意義や目的等を整理し、興味関心を得られるように工夫してアプローチしていきます。数多くの人材紹介会社が人材市場に存在していることをふまえ、初期のコンタクトで確実に興味を引くようなアプローチを重視して候補者にあたります。

　通常この段階までは、だいたい経営者とも候補者の人材イメージが共有されていますが、実際に探索を始めると、だんだんとズレが生じてくることがあります。まず利用する人材データベースごとに個性があり、対象となる階層レベル（経営人材、実務層、担当者等）や登録時の必要記載項目・自由記載内容等がそれぞれ違っています。それを理解したうえで、候補者にコンタクト（スカウティング）する際には案件概要を合理的に、そして事実に基づき魅力的に伝達する必要があります。

　これを的確に行うには、前段までの準備が大切であることをあらためて実感するでしょう。担当として対象企業の経営状況や将来像等を理解・共有できて初めて、候補者に対して本案件の意義や目的、魅力等について伝えることができます。

A．人材データベースの確保	B．有望候補の抽出（リストアップ）	C．候補人材への初回連絡（スカウティング）
地方企業にて、経営幹部としての活躍が見込めるような人材層をもつデータベースへのアクセスを確保する	ざっくりとした候補人材洗い出しと、うち有望な候補の選別を、効率的に実施する	候補者をイニシャルコンタクトで捕まえるための効果的な接触の方法を詰める

134

A．人材データベースの確保およびアクセス

　地方企業にて、経営幹部としての活躍が見込めるような人材層をもつデータベースを確保します。人材データベースにはそれぞれ特徴・特性があり、案件による使い分けの必要性が生じます。それぞれのデータベースの利用条件を確認し、アクセスが可能となるように登録などを行っておきます。

　検索の際には、データベースの最大限の活用のためにいくつかの点を勘案して"サーチ設計"を行います。まず、課題解決に必要となるスキル面と経験面（ポジション）のキーワードを定義し、初期スクリーニング（選別）はさほど条件を固めずに幅広く行うことがコツです。検索ヒットが少ない場合には、定義するキーワード・条件を変えて繰り返し実施しながら傾向を掴んでいきます。給与水準のレンジ（社内規定）を企業側とのディスカッションで聞き出しておき、必要に応じて検索キーワードに盛り込みます。

図表６−11　本ステップのポイント

アクション	人材データベースごとの特徴・特性を認識・理解しながら、案件により使い分ける	サーチ条件の設定等、人材データベースの効果的な活用を図る
具体例	●候補者のサーチにおいては、外部の人材データベースを使用するが、それぞれの特徴を押さえて使い分ける。高いポジション（エグゼクティブ層）をサーチする場合、登録者の年収帯が比較的高い「ビズリーチ」からサーチし始める。またミドルマネジメント層の場合には「エン・ジャパン（ミドルの転職）」など、他の人材データベースを併用することもある。 ●人材紹介業未経験者は、適切な研修やOJT（実地研修）を受け、人材データベースの具体的な使い方や人材市場を理解する（どの業種にどれくらいの人がいるかの感覚）。	●課題解決に必要なスキル面と経験面（ポジション）のキーワードを定義し、初期スクリーニングはさほど条件を固めず幅広く行う。 ●検索ヒットが少ない場合には、定義するキーワード・条件を変えて繰り返し実施しながら傾向をつかむ。 ●給与水準のレンジを対象企業とのディスカッションで聞き出しておき、必要に応じて検索キーワードに盛り込む。 ●地方転職意思を簡易的に把握するため、希望勤務地、地方および地方大学出身者を軸にサーチを設計する。

地域企業への都心人材の採用のケースにおいては、地方転職意思の有無を初期段階で把握するため、希望勤務地、地方出身者、地方大学出身者などの点を検討していきます。希望勤務地に地方県を記載している場合、地方企業への転職のハードルが低いことが予想されます。希望する県に含まれていない場合でも、首都圏での勤務を希望している人材を説得するよりは、可能性が大きいと考えられます。また、仮に首都圏企業への転職希望者でも、出身地や出身大学のある縁故地への転職であれば考慮される場合があります。単純な条件検索ではなく、可能性についていかに考えていけるかという「想像力」が、地方企業向けのリストづくりにおいては求められます。

B．有望候補の抽出（リストアップ）

　有望候補を抽出するにあたり、まずは"機械的に"条件を入力してスクリーニングできた候補者を一覧表にします。この一覧表を「ロングリスト」と呼び、これが一つの基準になります。抽出できた候補者のうち、年齢や希望年収等を考慮して、イメージする条件から外れる候補は除外します。過去の経験に基づき、さらに、企業風土に合わなさそうな候補者は初期段階で除外します。たとえば、上場企業の幹部経験者や外資系企業で活躍していたキャリア人材は十分な能力をもちながらも、マルチタスクを期待される中小企業にあわない可能性などが考えられます。

　次にピックアップした人材のプロフィールを詳細に読み解き、有望候補を今度は"選択的に"抽出します。プロフィールから読み取れる業務経験の"質"を想像しながら、企業の課題解決に貢献できる人材かを見極めます。キャリアの変遷から、どういった志向で過去転職してきたのか、また今回転職しようとしている理由について、候補者の興味・関心事を想像していきま

図表6−12　本ステップのポイント

アクション	客観的なキーワード・条件による検索を実施して、候補者群を抽出する	選出された人材の特性等を推測し、有望候補をさらに選択しながら抽出する
具体例	●人材データベースに条件を入力してリストアップされた候補者を一覧表にして比較検討できるようにする。 ●上場企業の幹部経験者や外資系企業で活躍していた人材などは、地方企業の風土に合わない可能性があるので、それを留意したかたちで選考を進める。	●候補者のプロフィールから業務経験の"質"を想像しながら、企業の課題解決に貢献できる人材かを見極める。 ●キャリアの変遷から、どういった志向で過去転職してきたのか、また、候補者の興味・関心事などから、今回転職しようとしている理由について想像を働かせる。 ●プロフィール・レジュメの構成の仕方、表現方法、言葉遣いから、候補者の特徴を読み取る。 ●プライベートな側面から人柄・人となりをイメージし、対象企業の社風と合いそうなタイプか想像を働かせる。

す。プロフィール・レジュメの構成の仕方、表現方法、言葉遣い（選び方）から、候補者の特徴（構造化力、文章力）を読み取ったり、仕事以外のプライベートな側面から人柄・人となりをイメージし、企業の社風とあいそうなタイプかどうかという想像力を働かせることも必要になります。

プラスワン

　かつては、各人材会社固有の情報、仕様であった「人材データベース」はオープンプラットフォーム化が進み、誰もが利用しやすいようにつくられています。人材紹介事業者を介さず、企業自身が人材データベースにアクセスしてスカウトする「ダイレクトリクルーティング」さえも存在しているくらいです。したがって、金融機関の関係者が人材データベースにアクセスし、リストをつくっていくことは、それほどむずかしいことではありません。というよりも、人材データベース側からすれば、それがむずかしいことであってはならないのです。人材紹介業には、このサーチを専門に

している「リサーチャー」が存在し、市場にいる人材を的確に把握しています。誰もが容易に利用できるようになった人材サーチにおいて、専門のリサーチャーが強みにしているのは、どのような人材スペックならどの程度で市場からいなくなる（つまり転職が決まるか）ということを把握し、その前に囲い込んでいくタイミングと策を熟知していることです。こうした状況下では、企業側を含めた優れた「反射神経」が必要で、そのためにはやはり、経営課題をしっかりと整理し、サーチの段階で判断が下しやすい体制をつくっておかなければなりません。

C．候補人材への初回連絡（スカウティング）

候補者との初期のコンタクトの段階で"取り込む"ための効果的な接触の仕方をつくり込んでいきます。感覚的・瞬間的に候補人材の目を引くような工夫を考えます。

候補人材に対する初回接触においては確実に相手の興味を喚起するように以下のような内容を盛り込み、幹部候補としての期待を適切に伝えるようなコミュニケーションをとります。

○感覚的・瞬間的に候補人材の目にとまるようなハード面の工夫を行うこと、注目されやすい求人情報、インパクトある記載メッセージ
○候補者に対し、案件の魅力が必要十分に伝わるようなコンテンツを形成する
○求人の背景・ストーリー
○候補者に連絡をした理由

テクニック論となりますが、キーワードによる初期スクリーニングで、リストアップできた候補者のボリューム（総量）に応じて、スカウトメールで興味喚起するべきか、事前面談で口説き落とすべきかを判断します。

図表６－13　本ステップのポイント

アクション	候補人材数によって スカウトメール文面を工夫する	候補者に将来の自身と 企業の成長イメージを伝え、その中心に 候補者が存在することを強調する
具体例	●人材データベース検索で、要件を満たしリストアップできた候補者の数に応じて、スカウトメールにおける狙いが変化し、文面も変わってくる。 ●人材要件を満たした候補者が少ない場合、1名でも多くの候補者からのメール返信を得ることに注力する。そのために、スカウトメール内の情報をあえて少なく、かつあいまいにして、候補者の関心を引く。そして、メールの送付元が地域金融機関であり信用できる組織であることを強調する。 ●人材要件を満たした候補者が多い場合、候補者の数を集めることに注力するのではなく、より本気度・関心度の高い候補者からのメール返信を得ることに注力する。そのために、スカウトメール内には案件の詳細（ポジション・ミッション・給与・勤務地・企業風土など）をできる限り記載する。これによって返信のあった候補者は、本気度・関心度が高く、さらには企業選考通過確度が高くなる。	●対象企業の目指す姿や成長ストーリーを簡潔に説明し、出回り案件ではない非公開の厳選された求人情報にある魅力を前面に押し出す。 ●なぜ自分にオファーがきているのか（多数の候補者から選出された）が文面から読み取れるようにする。 ●候補者の経験・スキルが、対象企業が目指す姿を実現させるために必要とするものと適合していることを伝え、経営幹部として責任あるポジションで活躍できることを強調する。

　候補者が少ない場合、スカウトメールで興味喚起することを優先します。金融機関による人材紹介であること、非公開求人を扱っていることなど、限定した情報のみを記載し、「もっと知りたい」と思わせ候補者の好奇心を煽ることが有効な場合があります。候補者が多い場合、スカウトメール文面に案件の詳細（ポジション・ミッション・給与や地方勤務等）を記述、候補者の特徴・特性に合わせた丁寧なメールを送信したうえで、候補人材がどこに反応して返信してきたかを判断して絞り込む方法もあります。パソコンよりスマートフォンで求人情報を確認する候補者が多いため、スマートフォンの画面でみやすい見出しや文字数など工夫しましょう。

はじめまして。

株式会社○○○○の□□と申します。

弊社○○○○は、主に経営幹部ポジションを紹介している人材会社です。

> ①送り元として信用されている機関（企業）であることを強調する

（-中略-）

> ②企業のあるべき姿や成長ストーリー（ミッション）がわかるような記載

四国某所の地域活性化を図るために某上場企業オーナーが私財を投じて推進しているプロジェクトがございます。

自然との共生、世界への発信をテーマに当該地域がもつ普遍的な価値を最大化させるコンテンツの創造を含め、「奇跡の村を創る」というビジョンのもと、積極的な事業推進を行っております。

ご当地名産品の農業法人、加工～流通小売～外食の事業会社、宿泊事業等々、ここ数年間で着実にかたちになっておりますが、今後は、認知度や集客の向上に必要不可欠となるキラーコンテンツの創造段階（プランあり）に入るタイミングであり、さらにプロジェクトの規模が大きくなると同時に投資額も向う数年で数十億円規模となる見込みです。

これまでオーナー筆頭に各専門家と共同で全体のグランドデザインや事業計画策定および事業開発、資金調達や経営管理等を総合的にマネジメントして参りましたが、COO／CFO（オーナーの右腕）として機能頂ける方が必要となっております。

しかしながら、認知度向上や集客、アクセスの整備、採算性の追求、地域の方々や自治体も巻き込みながらの事業推進は、安易なものではありません。事業創造や経営を行ううえでのハードスキルや事業を成功へ導く情熱を兼ね備えた人材を招聘できればと考えております。

勤務地：東京＆四国某所

> ③ポジションに加え、スカウトの理由、求められる役割・業務経験から、当事者の"主役感"を醸し出す

以上、何卒よろしくお願い申し上げます。

プラスワン

　人材側が複数のデータベースに登録している場合においては、同じ人材にスカウトメールを送ってしまうケースがあります。それ自体はよくあることではありますが、興味喚起に必死になりすぎて「あなただけ」という内容のメールをどちらにも送ってしまった場合には、信頼を損ねるケースがあります。データベースごとに事前に把握できる個人情報には差があるため、特定がむ

ずかしい場合はありますが、可能な限り同一人物に複数のメールを出さないよう心がけましょう。できれば、主力データベースを決めておくことが、こうしたトラブルを避けることにつながります。

⑷　事前面談フェーズ

　企業側との面談の前に、人材事業者として候補者と直接会って話すことを本書では「事前面談」と呼んでいます。候補者に対し、経営革新の主役として期待されているというプラス印象を伝えることで候補者の意識を高め、また地方転職ならではのマイナスを早期に払拭するコミュニケーションに努めます。

　候補者に対して、対象企業が外部の都心人材をなぜ採用しようとしているのか、背景や目的を十分に説明し、共感を得ることが大切です。そのうえで、対象企業の将来あるべき姿に向けて経営課題を解決するという、重要なミッションを担う中心的役割として期待されていることを訴求しましょう。

　同時に、候補者が抱く地方企業への転職時の懸念点等を早期に解消すべく、緊密にコミュニケーションを図り、情報提供を行うことも意識しましょう。

A．基本条件のすり合わせ	B．重要なミッションの担い手としての役割を強調	C．地方企業への転職に関する懸念事項の早期解消
ポジション・ミッション・給与の基本条件の打診を初期段階で行って人材候補をスクリーニングする	数多いる候補の一人ではなく、"幹部としてあなたが必要"というトーンで対象人材と接触する	候補者が感じがちな、地方への転職ならではの悩みについて、先回りしてつぶす

A．基本条件のすり合わせ

まずは候補者に対象企業が外部人材採用する背景や目的を伝え、基本的な待遇などの求人条件を伝えましょう。その時点で候補者の応募の可能性を見定めます。

ポジション・ミッション・給与の基本条件の打診を初期段階で行って人材候補をスクリーニングしていきます。転職登録の背景を確認、候補者の有望性を把握します。転職をしようと思ったきっかけを皮切りに、紹介案件に対する興味・関心、現在の仕事に対する考え方を聞き出し、候補者が対象企業で活躍できそうなイメージを描けるか、会話のなかから初期的なスクリーニングを行います。"いつまでに転職をしたいのか"、候補者の希望時期と転職に対する本気度を推し測り、案件の取捨選択を並行して実施します。ざっくばらんな会話を通して、候補者の話しぶりから物事の考え方や、ストーリー構築、説明の仕方などのコミュニケーション能力を評価しつつ、紹介案件先の社長とは相性があいそうかという別軸の観点からも観察していきましょ

図表6−15　本ステップのポイント

アクション	転職希望の理由を確認し、紹介案件への応募の可能性を把握する	ポジションやミッション、給与等の基本条件について、候補者のもつ水準や許容範囲を把握する
具体例	●転職動機を入口として、紹介案件に対する興味・関心、現在の仕事に対する考えを聞き出し、候補者が対象企業で活躍できそうかイメージし、会話のなかから人物像を探る。 ●いつまでに転職をしたいのか、候補者の転職に対する本気度を推し測り、初期的なスクリーニングを行う。 ●候補方の話しぶりから物事の考え方や、ストーリーの組み立て方、説明の仕方などのコミュニケーション能力を評価しつつ、経営者と相性が合うかどうかという観点からも観察する。	●候補者の現年収と、希望する給与水準について確認を行う。 ●ポジション、ミッション、給与について特に重視するポイントを明確にする（許容できる範囲を確認する）。 ●紹介案件の内容と候補者の希望を比較して、乖離している点の有無と今後調整が必要になるポイントを把握する。 ●給与水準に関して、福利厚生（車両貸与や交通費支給など）地方勤務に伴うコストをふまえた付帯条件を打診しながら、候補者にとっての譲れない条件を把握する。

う。

　次いで、ポジション・ミッション・給与の基本条件に関する"水準感"を把握していくと同時に、乖離がありそうな場合は"妥協点"についても探っていきます。候補者の現年収と、希望する給与水準について確認を行い、ポジション・ミッション・給与について特に重視するポイントを明確にしていくことが基本中に基本です。そのなかでどこで折り合えるのかを見つけていく必要があります。都心人材の採用ということであれば、給与に関しては福利厚生（車両貸与や交通費支給など）や、地方勤務に伴うコストも考慮したうえで、候補者の譲れない条件の確認を行うことも重要です。

B．重要なミッションの担い手としての役割を強調

　経営人材案件は対象企業にとってきわめて重要な戦略オプションです。ここまで対象企業からヒアリングしたことや担当者の仮説等をふまえ、候補者に対してこの採用の重要性を的確に情熱をもって伝えるようにしましょう。

　数多いる候補の一人ではなく、"幹部としてあなたが必要"というトーンで対象人材と接触することが有効な手段となります。つまり、"ヘッドハンティング"色を打ち出し、候補者の承認欲求を喚起していくことです。

図表６−16　本ステップのポイント

アクション	「ヘッドハンティング」色を打ち出し、候補者の応募意欲を喚起する	対象企業について、候補人材を参加させた「成長ストーリー」として語る
具体例	●候補者に転職する理由（現職で抱えるギャップ等）を上手に引き出しながら、候補者が特に重視しているポイント（ミッション、ポジション、給与）を把握し、アプローチするポイントを探る。 ●紹介案件のこれまでのストーリー・背景を伝達し、なぜ都心人材が必要になったのか、今後どのような成長方針を描いているのか、定量的・定性的な資料やデータも含めて説明を行う。 ●対象企業の経営課題を解決するために、候補者が培ってきた経験・スキルが、客観的に適合していることを伝え、候補者の承認欲求を刺激する。 ●実際に対象企業が直面している課題を候補者に提示し、「あなたの経験に基づくと、どのようなアプローチができるか」を考えるきっかけを与え、当事者意識を醸成させる。	●対象企業の目指す姿・あるべき姿（成長の方向性）、および実現に至るまでのマイルストーンとプロセスを語る。 ●対象企業の目指す姿と現在置かれている状況のギャップを見える化し、当面実施すべき施策と中長期的なストーリーを説明する。 ●対象企業の経営者の"熱意（想い）"や"覚悟"などの人物像について、率直な感想を候補者に伝え、よりリアルにイメージしやすい状況をつくる。 ●候補者に期待されるスキルや経験を、企業の成長ストーリーと照らし合わせ、どのように活かされるのか、合理的かつ手触り感をもって伝える。

　候補者に転職する理由（現職における状況）を語らせながら、候補者が特に重視しているポイント（ミッション・ポジション・給与）を把握し、アプローチの訴求ポイントを探ります。紹介案件のこれまでのストーリー・背景を伝達し、なぜ都心からの人材が必要になったのか、今後どのような成長方針を描いているのか、定量的・定性的な資料やデータも含めて説明を行いましょう。紹介する地方企業の経営課題を解消するために、候補者が培ってきた経験・スキルが、客観的に適合していることを伝え、公開されていない案件についてのヘッドハンティングであることを前面に出していきます。実際に企業が直面している課題を候補者に提示し、"あなたの経験に基づくとどのようなアプローチをとるべきか"を考えさせ、当事者意識を醸成するようにします。

　対象企業概要を、候補人材を交えた"成長ストーリー"仕立てで伝えてい

くことも主役感の演出には重要です。紹介企業の目指す姿・ありたい姿（成長の方向性）、および実現に至るまでのマイルストーン・プロセスについて言及します。企業が目指す姿と現在置かれている状況のギャップを見える化し、当面実施すべきアプローチと中長期的な方向性のつながり・ストーリーを説明していきます。経営者の"熱意（想い）"や"覚悟"も加味された人物像について、率直な感想を候補者に伝え、よりリアルにイメージしやすい状況に仕立てます。そして、候補者に期待されるスキルや経験を、企業の成長ストーリーと重ね合わせ、入社後どのように活かされるのか、リアリティーをもって伝えていくことが必要です。

プラスワン

　JHRコンサルタントの多くが経験していることは、最初から給与面に絞って話をしてくる人材は、ほぼ採用に至らないということです。伴走型支援に基づく人材採用は、経営課題の解決に資する人材を求めているため、採用する企業側の経営状況に興味をもち、抱えている課題を受け止め、それに対して自らがどう役立てるのかを考えられるタイプでなければ、なかなかうまくいきません。給与ではなくミッションに共感してくれる人材を優先することが必要です。

C．地方企業への転職に関する懸念事項の早期解消

　どんなに仕事や役割に魅力を感じても、長年なじんだ環境から離れるとなると不安がつきものです。後から辞退の原因とならないよう、早め早めに地方への転職についての懸念を洗い出し、不満や悩みの解消を図りましょう。

　候補者が気にするような企業の特徴（業務に係る不安事項・懸念事項）をあらかじめ確認しておき、候補者からの質問に答えられるような準備をしておきます。総じて、候補者が今後のキャリアを地方企業に委ねる重大な決定を行うにあたり、失敗を極力避けるためにも、会社との相性（社長の人柄、社

アクション	類似事例からのアドバイスを提供し、ノックアウトファクターを検証する（受諾 or 辞退の決め手）	地方転職のハードルとなりうる懸念事項を可能な限り早期に解消する
具体例	●事前面談の場では、候補者からの質問に対して即回答し、案件への興味を途切らせず、また、できるだけ回答を持ち帰る状況を避けるため、事前に想定される悩みをリスト化しておく。 ●地方転職予定者が共通して抱く問題点や過去の類似案件で問題になったこと、また候補者が不安に思ったこと等を会話のなかに交えながら、一般的によくあることだというアドバイスを行う。 ●事前面談を通して、候補者がよりリアルに対象企業を理解していく過程のなかで、候補者の興味・関心（反対に不安事項）を客観的に判断し、継続してフォローアップすべき候補者かを見極める。	●候補者が気にするような企業の特徴（業務にまつわる不安事項・懸念事項）をあらかじめ確認しておき、候補者からの質問に答えられるような事前準備をしておく。 ●候補者は今後のキャリアを地方企業に委ねるという重大な決定を行う。失敗を極力避けるためにも、会社との相性にまつわること（経営者の人柄、社内の雰囲気など）をできるだけ細かく情報提供し、入社後の自分の姿をイメージしやすくする。 ●その地域での生活慣習や、対象企業で勤務する際に業務上気をつけなければならないことを整理して候補者に伝えるなど、転職のハードルを下げる工夫を行う。

内の雰囲気など）をできるだけ細かく知りたいものです。積極的に情報提供し、働くイメージの醸成に努めましょう。特に都心人材を採用する場合には、地方企業勤務の生活慣習、業務上気を付けなければならないことを棚卸して、インプットを増やすことで転職のハードルを下げる工夫を行う必要があります。

プラスワン

　候補者との面談後、対象企業向けに候補者の魅力を最大限に伝えるため、候補者の"課題解決能力"や"企業との相性"をまとめた「推薦資料」を作成することで成約率を高めることが可能です。①候補者の業務内容・プロフィール、②過去のキャリアやスキル、③経営課題解決に活かせるポイント、④候補者の人となりや推薦理由などをわかりやすくまとめていきます。巻末に見本（P.248）を掲載していますので、参考にしてください。

⑸　マッチングフェーズ

　企業側と候補者を引き合わせ、選考を経て合意に達するまでのフェーズです。事前面談フェーズ同様に不安なポイントを解消するために、中立的な緩衝材のポジションで調整することが求められます。双方にとって納得できる選考過程と採用を実現し、会社経営にとっての大きな決断へのプロセスであるため、より踏み込んだ要望調整が必要となる場合があります。

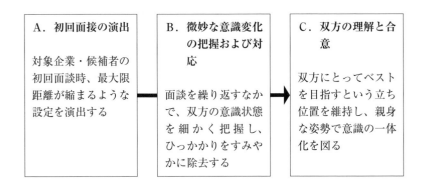

A．初回面接の演出	B．微妙な意識変化の把握および対応	C．双方の理解と合意
対象企業・候補者の初回面談時、最大限距離が縮まるような設定を演出する	面談を繰り返すなかで、双方の意識状態を細かく把握し、ひっかかりをすみやかに除去する	双方にとってベストを目指すという立ち位置を維持し、親身な姿勢で意識の一体化を図る

　必要とされる人材と採用目的はそれぞれの案件によって異なるため、推薦、書類選考、各面接、代表者等による最終面接といった各ステップで、双方の目的を実現するうえで最良の機会となるよう事前に設定等を工夫・検討します。

　たとえば、新規製品戦略の立案実行を遂行する中心人物の採用という目的であれば、対象企業側が目指したい姿や制約事項等を事前に示し、そのうえで入社後の候補者にイニシアティブをとってもらうことを想定した事業プランについて企業側がプレゼンテーションを行うことも有効でしょう。経営者自身がこれを行えば、なお効果的と思われます。このように、選考過程の内容自体も目的実現に向けて柔軟に設計し、提案していくことが求められます。

A．初回面接の演出

　対象企業・候補者の初回面談時、最大限距離が縮まるような設定を演出します。案件の性質・タイプ（再生案件、成長案件）と候補者の転職進捗（他社をふまえた）を考慮して、その時々に応じた最適な面談プロセスを企業側に提案します。候補者側には、事前に想定される質問（特に社長が気にしているポイント）をアナウンスして、ミスコミュニケーションが生じない対策を講じます。企業が抱えている経営課題の主要論点を明確に示しておくことで候補者には初期的な見解を考察してもらい、転職先としての"筋の良し悪し"を客観的に判断するよう仕向けることも必要です。

　通常の面談のほか、たとえば、候補者のリーダーシップやロジカルシンキング（問題解決能力）を見極めるため、プレゼンテーション形式の面接にす

図表6－18　本ステップのポイント

アクション	初回の面接設定のパターン化と、最適と思われる形態の選択	初回面接における主要な論点の想定と、面接後の進行についての検討・提案等
具体例	●案件の性質・タイプ（再生案件、成長案件）と候補者の転職進捗（他社をふまえた）を考慮して、その時々に応じた最適な面談プロセスを対象企業側に提案し、候補者へ早めに内定を出す等、入社意向醸成を図ることを意識する。 ●入社してほしい候補者に対して、対象企業側の本気度（誠意）をアピールするため、初回面接から経営者が出席するなど、面接をアレンジして、スムーズなプロセスの演出を行う。 ●候補者のリーダーシップやロジカルシンキング（論理的思考能力）を見極めるため、プレゼンテーション形式の面接にする等の提案を行うことで、面接方法を柔軟に切り替え、双方が納得する場を設定する。 ●候補者側には、事前に想定される質問（特に経営者が気にしているポイント）を伝え、誤解が生じない対策を講じる。	●特に、対象企業が抱えている経営課題の主要論点を的確に伝え、候補者には初期的な見解を考察して発表してもらう。その内容をもって経営者は自社への適性を客観的に判断する。 ●いままで社内にいないタイプの候補であるケースでは、経営者との相性はどうか、また互いの能力を補完し合いながら経営課題の解決に取り組めるかなどの視点を選考に加える。 ●次の面接担当者を、経営幹部とするか、それとも現場責任者クラスとするのか、候補者の入社後の役割を考慮しながら、アレンジする。

る等の提案を行うことで面接方法を柔軟に切り替え、双方が納得する場をつくるということも考えられます。一般の選考ではなく、幹部の採用であるということを考え、適切なかたちは何か十分な検討を行います。

いままで社内にいない人材タイプである場合には、社長とウマがあうか、また互いの能力を補完し合いながら経営課題解消のストーリーが描けるか等を想像しながら検討を進めてください。好感触が得られた場合には、当初予定していたプロセス（数次の面接等）を切り上げてでも、候補者へ早めに内定を出す等の積極策も検討します。

プラスワン

　地方企業においては、選考時に会食を設定するというケースがあります。地方ならではの付き合いを重視する企業においては、会食やいわゆる「飲みの席」での振る舞いを重視する場合があります。特に役員を採用するケースにおいては、社を代表して地域の人々と付き合っていくために、その部分の能力も必要であると考えることも少なくないでしょう。候補者側が、会食や飲み会を苦手とするのであれば、そのような企業体質のところに飛び込んでも不幸なだけですし、また、酒癖等に問題があって選考に大問題が生じたケースもありました。間に立つ人材事業者としては、対応がむずかしいところですが、このような可能性も含めて事前に候補者と話し合いを行っておくことが必要です。

B．微妙な意識変化の把握と対応

　面接を意味あるものとするためには、会話が発展するような進行や面接の後のフォロー、次回の面接設定など、さまざまな配慮が必要です。特にあいまいな不安や課題感がある場合は速やかに把握し、解決を目指すよう努めましょう。

図表6－19　本ステップのポイント

アクション	双方向コミュニケーションの 深度と頻度等の調整	誤解・伝達不足等を回避する フォローアップの継続的実施
具体例	●対象企業と候補者の面接に同席して、双方の魅力をニュートラルなポジションにより伝達するサポートを行いつつ、会話が発展するように適切なコミュニケーション項目（あらかじめ用意していた議案）などを小出しにする。 ●面接後には、双方が感じている懸念（不安が生じた事項）に対して、速やかに電話、メール（場合によっては双方へ直接個別面談）でヒアリングを実施して、ギャップの所在を把握する。 ●双方の採用・転職に対する"熱量"を冷めさせないため、顔を合わせたコミュニケーションをとりながら、親身になって相談に乗る。	●漠然とした不安をリストアップして、あいまいな表現のなかからも言語化するように心がけ、具体的にどこのポイントがネガティブな感覚に起因しているのか特定することにより、リカバリー策を打ちやすくする。 ●双方の"橋渡し"としての第三者的なポジションをうまく活用しながら、常に"私ならこう思う（こう考える）"という発言を行うことで、お互いの距離間を少しずつ近づけるような情報を適宜提供していく。 ●ひっかかりが生じている（生じそうな）場合には、速やかに解消に向けた面談のセッティングなどにより、懸念材料を早めに摘む。

　双方向コミュニケーションの深度と進度をコントロールします。一方または双方が"様子見"のような状況に陥った場合、それを素早く感知していく必要があります。面接に同席して、双方の魅力をニュートラルなポジションにより伝達するサポートを行いつつ、会話が発展するように適切な（あらかじめ用意していたテーマについて）コミュニケーションを行い、前に進めます。面談後には、双方が感じている懸念点（不安が生じた事項）に対して、速やかに電話、メール（場合によっては双方へ直接個別面談を行い）でヒアリングを実施して、イメージギャップの所在を把握します。双方の"熱量"を冷めさせないため、顔を合わせたコミュニケーションを心がけます。

　ミスコミュニケーションを防ぐため、あいまいな不安感・課題感を棚卸しして、あいまいな表現のなかからも言語化するよう心がけ、具体的にどこのポイントがネガティブな感覚に起因しているのか特定することにより、リカバリー策を打ちやすい状況を創出します。双方の"橋渡し"としての第三者的なポジションをうまく活用しながら、常に"私ならこう思う（こう考える）"

という発言を行うことで、お互いの距離間を少しずつ近づけるような情報を
適宜提供していきましょう。

　新しいチャレンジをしたいが、現職において抱えて
いるプロジェクトのために踏み切れないという人がい
ます。JHRの実例において、副業で現職のプロジェクトを続けること
を容認したうえで、転職するかたちをとったことがあります。手持ち
のプロジェクトを投げ出さないという責任感が転職の決断に影響を与
えているのであれば、両立できる方法を考えることで解決につながり
ます。辞められる側の企業にとっては複雑な感情もあるでしょうが、
それでも、継続中のプロジェクトを投げ出されないことは大きな救い
です。受入れ側企業においては、そこまで強い責任感をもった人材を
採用できるわけですから、多少の副業は容認しても、自社の仕事に対
しても強い責任感をもって遂行してくれるはずです。

Ｃ．双方の理解と合意

　選考のための面談はいわば対象企業と候補人材の相互理解のための協働
ワークといえます。双方の緩衝役としてのポジションを保ち、中立的に代理
人としての役割を担います。齟齬が生じないよう対応・手順には留意しま
しょう。　双方にとってのベストを目指す立ち位置を守り、親身な姿勢で意
識の一体化を図ります。つまり、「双方に等距離でなるべく近く接する」と
いうことになります。協働ワークとして互いに寄り添うスタンスを再度確認
しあい、当事者双方の緩衝役として、共通理解を促すポジションを確立する
ことで、ざっくばらんな会話（本音で語りあえる）ができる関係性構築を目
指します。当事者間のコミュニケーションに溝ができそうな場合には、客観
的な意見で不安要素を払拭し、アピールポイントを強調することを意識し

アクション	双方に等距離でありながら、可能な限り近い距離で接する	案件成約までに必要な対応・手順について常に確認し、修正等が必要な場合には速やかに対応し共有する
具体例	●共同ワークとして互いに寄り添った位置づけを再度確認し合い、当事者双方の緩衝役としてのポジションを確立する（共通理解を促す）ことで、ざっくばらんな会話（本音を語り合える）ができる関係性構築を目指す。 ●当事者間でコミュニケーションに溝が生じた場合には、客観的に意見を述べたり（不安要素を払拭）、アピールポイントを強調することを意識して"代理人"としての役割を適宜発揮する。	●当事者双方の納得感を醸成するために、面接回数の増減を柔軟に調整しつつ、入社予定時期から逆算したスケジュールを見積もる。 ●当事者双方の周囲を納得させるためには相当の時間がかかることをあらかじめインプットしておき、熱量が冷めないようなコントロールを意識したコミュニケーションを取り続ける。 ●雇用契約書を締結することを念頭に、どういったポイントを入念にケアすべきか、逆に入社後でも対応が可能な条件なのか等、当面のアウトプット（ゴール）を想定しながらコミュニケーションを取る。

て、"代理人"としての役割を適宜発揮します。

　案件の成就までに必要なリソース・手順の見積りも常に行っていきます。当事者双方の納得感を醸成のために、面接回数の増減を柔軟に調整しつつ、入社予定時期から逆算してスケジューリングします。当事者双方の周囲を納得させるために相当の時間がかかりうることを、あらかじめインプットしておき、熱量が冷めないようなコントロールを意識したコミュニケーションをとり続けましょう。今後締結することになる雇用契約書の内容を念頭に、どういったポイントを入念にケアすべきか、逆に入社後でも対応が可能な条件なのか、など当面のアウトプット（ゴール）を想定しながら進めていきます。

プラスワン

　地方企業の経営革新に資する人材紹介においては、経営者（オーナー）と候補者の2人だけでは決められないことも多くあります。特に、企業側においては古参役員の存在、候補者側においては家族の存在を忘れることはできません。JHRでは古

参役員の確認や、家族の説得なども含めてサポートしてきました。オーナー経営者の決断が古参役員の反対によって覆ることはなくても、この古参役員の理解を得ないまま入社した社員が大きな困難を抱えることは想像に難くありません。一方、家族の理解を得ないままの地方転職はありえないでしょう。いずれの場合も、直接的なコンタクトでなくてもかまわないので、気配りをみせていくことが必要です。過去にあったケースでは、「候補者の方が○○取締役に会いたがっていた」ということが耳に入ることで古参役員が親近感を抱いたケースや、経営者が候補者に対して家族と一緒にいるタイミングで電話をかけ続けたことで、家族も安心したというケースがあります。ファミリー色の強い地方企業だからこそ、周囲への配慮を欠くことはできません。

⑹ フォローアップフェーズ

　金融機関が行う人材紹介においては、当初設定した課題解消の視点（組織全体の意識変容）で企業の継続した成長をサポートするビジネスパートナーとしての立ち位置が重要です。単なる経営人材の紹介で終わらせるのではなく、入社後の活躍を通じた対象企業の成長までをフォローすることが必要です。一般の人材会社が人材の入社後もフォローアップし続けることはむずかしいところがあり、下手をすると越権ととられかねませんが、金融機関の場合はむしろ、人材紹介後にいかに経営課題が解決され、想定したとおりに事業性が高まったかを確認していくことこそ本務といえます。

　経営人材案件に限らず、企業と個人が出会い、目的に向かって協働するにはさまざまな事象を解決していく必要があります。特に個人においては、社内の雰囲気、人間関係、各種業務ステップ、期待される事項への対応、受入れ側関係者の目線・評価等、新たな対応・受容が求められます。相互の認識

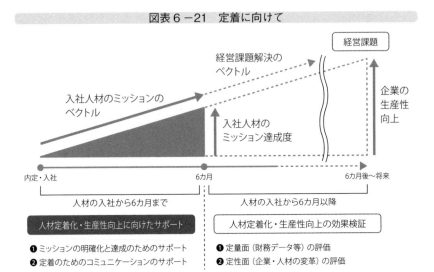

図表6−21　定着に向けて

経営課題

経営課題解決の
ベクトル

入社人材のミッションの
ベクトル

企業の
生産性
向上

入社人材の
ミッション達成度

内定・入社　　　　　　　　　　　　　　6カ月　　　　　　　　　　　6カ月後〜将来

人材の入社から6カ月まで　　　　　　　人材の入社から6カ月以降

人材定着化・生産性向上に向けたサポート　　人材定着化・生産性向上の効果検証

❶ ミッションの明確化と達成のためのサポート　　❶ 定量面（財務データ等）の評価
❷ 定着のためのコミュニケーションのサポート　　❷ 定性面（企業・人材の変革）の評価

ギャップを合理的に最小化するために、準備活動を工夫し、当初のミッショ
ンや実現体制、支援、懸念事項への対応手段（誰に相談するのか等）を書面
等で共有しておきましょう。

　なお入社後一定期間（6カ月程度）は、双方の状況について事前に共有し
た内容との乖離等に対して担当者が介在するなど、確認・フィードバックす
る意義はきわめて高いと考えられます。単なるフォロープロセスとしてでは
なく、会社との接点維持や知見の蓄積等も兼ねる機会と積極的にとらえ、付
随派生する業務サービスの提供につなげる重要な端緒としましょう。

A．入社後にギャップが生じさせないための準備活動

　人材に入社初期の状況をヒアリングし、当初の想定と異なる事態が起きた時は速やかにフォローします。入社後にギャップが生じないよう、あらかじめ対象企業と候補人材の間で数カ月先までのアクションプランを設計し、成果を出せるようにサポートしましょう。また、候補者が入社したことによって生じた社内のプラスの変化を見逃さず、経営者に伝えることも重要です。

　先回りしてギャップを想定し対策を練ります。候補者には入社した後の数カ月先までのアクションプランを設計して、期待する仕事内容のマイルストーン管理ができるようにします（たとえば、半年間で中期経営計画をつくってほしい、海外拠点の立て直しプランを考えてほしい、など定性的で多少抽象的でも目標を作成することが重要）。候補者が入社することにより期待される企業の変化（社内会話が増えた、社内の風通しがよくなった、変化を感じている、将来を見据えた前向きな発言が増えた、など）を言語化して伝えましょう。

　入社後のマイルストーンを整理し、生産性向上の絵を描きます。社長の専決事項として採用を決めた場合であっても、企業側メンバーのイメージギャップを極力減らすために、経営幹部や現場責任者・担当者レベルとの会話する場の設定し、お互いのコミュニケーションを促します。会食なども有効な手段となる場合があります。工場や事務所等、現場を訪問する機会を事前に用意し、働いている環境・雰囲気を確認できる機会を設けます。

A．入社後にギャップが生じないような準備活動	B．経営人材参画後の早期解決状況のモニタリング	C．PDCAサイクル化
人材の入社初期の状況を観察、当初想定と異なった部分をとらえる仕組みをあらかじめ整える	経営課題解決に向けての人材の投入後の実地での進捗状況を、定期的に把握する	個々の案件から得られた学びを金融機関の伴走型支援サービスに反映させ、ブラッシュアップを継続する

アクション	先回りしてギャップ等を想定し、対策を検討し提案する	入社後の双方のマイルストーンの設定を支援し、目的実現に向けたステップを共有する
具体例	●経営者の専決事項として採用を決めた場合であっても、対象企業側メンバーとのギャップを極力減らすために、経営幹部や現場責任者・担当者レベルと会話をする場を設定し、お互いのコミュニケーションを促す（必要に応じて会食を設定）。 ●内定時の段階から工場や事務所等、現場を訪問する機会を事前に用意し、働いている環境・雰囲気を確認できる機会を設ける。 ●候補者が入社することにより、期待される企業の変化（社内会話が増える、社内の風通しがよくなる、将来を見据えた前向きな発言が増える、など）を言語化して伝達する。	●候補者には入社した後の数カ月先までのアクションプランを設計して、期待する仕事内容のマイルストーン管理ができるようにする。 （たとえば、「半年間で中期経営計画をつくってほしい」「海外拠点の立て直しプランを考えてほしい」など、定性的で多少抽象的でも目標を管理することが重要） ●現時点で、対象企業側・候補者側との関係において確認できている諸事項を整理し、事前に想定される事項も明文化しておく。 ●入社後の対象企業側の期待値や候補者側のミッションについても時系列で明文化し、相互に共有しながらベースとなる計画を準備する。

プラスワン

　一般の人材紹介に対して、このフォローアップサービスは、金融機関にとって圧倒的なアドバンテージとなる部分です。高い役職で入社した人材ほど、ギャップに苦しむ傾向がみられます（第５章第７節参照）。オーナーや企業体質によっては、あっという間に人材側の積極性がそがれてしまう可能性があります。金融機関は、人材紹介がゴールではありません。その後の活躍のために、二の矢、三の矢となるサービスを用意し、人材と企業をサポートしていきましょう。

B．経営人材参画後の早期解決状況のモニタリング

　伴走型支援サービスにおいては、入社した人材が活躍し、その活躍によって企業の経営課題が解決されるようフォローしていくことが必要になります。そのためには、前項までに培った対象企業および候補人材との信頼関係

アクション	入社前に設定したマイルストーンが達成できているかをモニタリング	対象企業における経営課題が解決できているかをモニタリング
具体例	●対象企業から人材、または人材から対象企業に対して、直接伝えにくい事項が発生した時を想定し、連絡方法や解決の場の設定について事前に提案しておく。 ●対象企業と人材双方に対する、独立したコミュニケーションパスを用意しておく。	●経営課題が解決したかの議論を通じて、次の経営課題の提案へつなげる。

が基礎になります。また、対象企業とは引き続き経営課題の議論を通じて、フォローアップと次の提案につながるような継続した関係をつくっていきましょう。

　企業側、人材側どちらか一方ではなく、双方に対する独立したコミュニケーションパス（経路）を用意しておきましょう。定期的（1カ月に一度程度）に当事者双方と定期面談を実施して、お互いの不安感や懸念事項を吐き出す機会を設けることも有効です。金融機関であれば取引先の定点での状況（定量・定性）の観測はそもそも必要なことですが、人材登用後の組織の変化についても同様に捕捉していきましょう。あらかじめ設定したアクションプラン（定性項目）に対して、定期的に状況確認を実施し、採用した人材やそれによる組織の化学変化がいかに寄与したかを把握しておきます。

プラスワン

　モニタリング用目標管理シートは、入社までに経営と入社人材、金融機関が共同で作成します。目標管理シートを通じた6カ月のフォローアップを行い、経営課題および入社人材の目標の進捗をサポート・評価していきます。P.249に巻末資料として目標管理シートを掲載していますので、参考にしてください。

C．PDCAサイクル化

　個別の案件から得られた学びを伴走型支援サービスに反映させ、ブラッシュアップを継続します。象徴的な案件については、"案件概要"の説明資料、"討議内容（一部抜粋）"の閲覧、"採用に至るまでのストーリー構築"、"当事者の変化"を共有するための情報を集約して、行内へと展開していきます。

　当初設定した経営課題や事業機会に対して、状況に応じて新たな人材投入の提案につながる可能性があります。リピートや他企業への波及等、派生的な効果の有無の検証は常に行っていきましょう。

　また、残念な結果となった事例もあると思われます。なぜ、ダメだったのかの分析もまた、未来のために真摯に行っていく必要があります。

プラスワン

　JHRの実績のなかにも残念ながら早期退職してしまうケースが、いくつかありました。その原因を分析すると、やはり入社前後のコミュニケーションがしっかりできていなかったことに起因しています。次にその具体例をあげます。

○一般的に地方の中小企業は家族的な組織文化をもっていることを事前に伝えていなかった。人材が入社早々大企業と同じつもりで全力を出した結果、組織内で浮いてしまった。

○経営者が人材に「箸の上げ下ろし」まで細かく指示を出した結果、モチベーションを落してしまった。

○企業側は経営人材に会社全体を理解してもらいたいと思い、ミッションとは別の部署へ配属したところ、人材側は入社前の話と違うと不信感を募らせてしまった。

○企業側が人材に対して不満をもちながらも遠慮してコミュニケーションをとらなかった結果、両者の溝が修復不能なまで広がってしまった。

以上の実例から教訓として得られる金融機関の重要な役割は、入社前に想定される懸念点をしっかり解消し、入社後は企業と人材のコミュニケーションの仲介者になることです。

2　成約報告書の作成

　マッチングが成就した後は、案件の概要を、成約報告書としてまとめましょう。伴走型支援サービスの過程では、企業からの問合せ、帝国データバンク（TDB）や東京商工リサーチ（TSR）の情報、それらを活用した「診立て表（事業性評価シートに類似）」、電話・訪問・面談記録、求人票、候補者の履歴書や職務経歴書、内定通知書等、多くの資料を扱います。成約報告書は、こうした情報と案件のエッセンスをまとめたレポートです。

　また、JHRにおいては、一般の人材紹介会社のように産業セクター別に担当者を分けることはしませんでした。産業、事業、企業規模に違いはあっても、経営課題の本質は変わらないとの考えからです。このため、一人の担当者が多様な案件にかかわります。それぞれが、自身の洞察と分析により仮説を立て、最適な「人材」を探索し、紹介します。こうした個々の営みを報告書として言語化し、チーム内で共有することで、チーム全体が疑似的に経験値を高めることが可能になります。大切なことは、こうした疑似経験を次の自分の案件に生かし、実践することです。成約報告書の作成は、個の力を連鎖的に強化し、組織力向上を図る、第一歩です。

A．企業情報と候補者の情報

　まず、企業情報を記入します。情報はTDBやTSRなどから収集します。会社名、所在地、業種、売上高、資本金、従業員数、事業内容などです。自

分でヒアリングした公開情報以外の情報も有益です。そして、初回訪問日と担当者名。決定した候補者に関する情報では、役員、執行役員、部長級などのクラス、年齢、ポジション、決定年収、付帯年収、入社予定日や内定合意日を記入します。付帯年収の項目は重要です。ほとんどの場合、首都圏人材の給与水準は地方企業のそれを上回ります。したがって、転職先企業の給与レンジに、候補者の給与が収まりません。その時に調整するのが付帯年収です。代表的なものは、家賃補助、帰省費用、特別手当です。なかには、社用車や住宅の無償貸与、夫人も同時に雇用することになった例もあり、企業と候補者が条件をどのように調整したのかわかります。そして、候補者の前企業名、前ポジション、前年収、前居住地を記します。

B．案件の情報

各担当者が個別に取り組み、成約した案件の核心となる部分です。企業情報と候補者の情報が成約報告書のヘッドだとすれば、ここは、ボディーです。まず経緯を書きましょう。誰が、直接あるいは紹介により、どのような相談にきたのか。あるいは、企業に訪問・面談するなかで、どのような話題をきっかけとして人材紹介の要請を受けたのか、などを具体的に書きましょう。そして経営課題は何か。「支店の営業力強化を考えているが、全体を統括できる人材がいない」「経営計画を策定したが、現場に浸透していない」「M&Aにより生産力を強化したいが、経験も知識もない」など、個別の課題を浮き彫りにします。そしてその課題の解決として、方向性や施策を記入します。「組織をエリア制に変更し、その統括を任せることができる人材を採用する」「社長の右腕となるポジションを設置し、トップの意向を現場に伝え、実行できる経営人材を採用する」などがあるでしょう。

続いて採用時のミッション。求人票の職務内容、面接や内定時に追加された役割や機能をふまえ、採用する企業側と確認します。そして、企業側と候補者側の決定要因です。なぜこの候補者を選んだのか、なぜこの企業を選んだのか、成約に至るカギとなったポイントですので、できるだけ具体的に、

また両者の実際のコメントなども書きましょう。次の案件に活かすことができるからです。企業側の例では、「技術面での知見が高く、当社の生産部門をすべて任せることができる」「豊富な事業経験に加え、財務も詳しい。右腕として、金融機関の対応を任せられる」、候補者側の例では、「業務範囲と与えられる権限が自分の想定と合致」「今後の事業戦略と自分の役割を、直接社長からご説明を受け、納得できた」などがあります。

C. 担当者ならびに上長のコメント

成約報告書の最後の欄には、担当者と上長がコメントを書きます。ここには、本紹介案件の意義を書くとよいでしょう。たとえば、「経営課題の解決策として、最適な人材を採用することができた」「優秀な右腕人材をようやく獲得できた」、これは案件の結果であって、意義ではありません。その結果としてもたらされる価値、部門や会社の内外との関連においてもつ価値や意味などを、「企業の生産性向上につながるのか」という視点で書きましょう。なぜなら、伴走型支援サービスはそれを目指したサービスだからです。

プラスワン

「エレベーターピッチ」という言葉があります。これは、エレベーターに乗っているくらいの短い時間で自分のビジネスやプロジェクトをプレゼンする手法のことです。短い時間なので、伝える内容や順番を整理し、簡潔に話さなければなりません。もともとシリコンバレーの若い起業家が多忙な投資家に短い時間で自分のプロジェクトをアピールし、資金を調達することを目的として始まったようですが、一般の会社員にもこの手法は有効です。成約報告書の内容を要約して、短い時間で伝える練習をしましょう。社内のコミュニケーションが向上するはずです。

3 伴走型支援サービスの効果：
入社後の声からみえてきたこと

　JHRでは、転職者が地方企業に入社後半年以上経過したケースを対象に、フォローアップのアンケートを実施しています。首都圏から経営幹部人材を採用したことを経営者（オーナー）がどう評価しているのか、そして転職者自身が自らの決断についてどのように感じているかを把握することを目的としたものです。ここではその概要を紹介したいと思います。

A．経営者（オーナー）の評価
　P.36でも紹介しましたが、伴走型支援サービスにより実現した経営幹部人材の採用について、経営者（オーナー）から高い評価を得ています。
　「総じていえば、今回の中途採用は自分によい影響を与えている」
　「総じていえば、今回の中途採用は会社によい影響を与えている」
　この2つの質問について、双方とも平均4.4点（5点満点）の評価となっています。
　では、経営者の高い評価の背景にある問題意識はどのようなものなのか。それを探ってみましょう。「自分への影響」と「会社への影響」に分けて分析します。
　まずは、「自分への影響」への評価と一定の相関を示し、かつ高い評価を得た質問項目を列記すると次のようになります（注）。
　「転職者に経営の相談をするようになった」
　「事業の拡大を真剣に検討し始めた」
　「財務体質をよくしようと考えた」
　首都圏から採用した「右腕人材」に、経営の相談をしながら事業拡大を目指すとともに経営基盤を整えるべく経営者が動き出している姿が浮き彫りになっています。
　まさに、伴走型支援サービスが目指した姿が実現されているといえます。

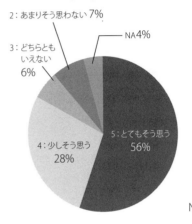

Q:「総じていえば、今回の中途採用は
　自分によい影響を与えている」

平均4.4

2:あまりそう思わない7%

3:どちらとも
いえない
6%

NA4%

5:とてもそう思う
56%

4:少しそう思う
28%

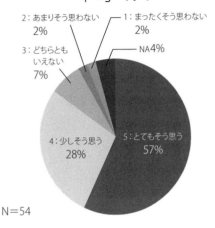

Q:「総じていえば、今回の中途採用は
　会社によい影響を与えている」

平均4.4

2:あまりそう思わない
2%

1:まったくそう思わない
2%

3:どちらとも
いえない
7%

NA4%

5:とてもそう思う
57%

4:少しそう思う
28%

N=54

同様に、「会社への影響」についてもみてみましょう。

「社内のコミュニケーションが改善した」

「社内によい意味で緊張感が生まれた」

「社員が転職者に教えを乞うようになった」

「停滞していた案件が前に進み出した」

「組織的に営業戦略を検討するようになった」

「事業の企画や検討が早くなった」

「事業の実行や展開が早くなった」

　転職者が触媒となって組織風土に変化が生じるとともに、その結果として事業によい影響が出ていることが見て取れます。会社のスピード感が高まり、組織的に動き出しているようです。経営者はこうした社内の変化をポジティブに受け止めているのです。

幹部クラスの人材が外部からたった一人入るだけで、企業組織に大きな刺激を与えてくれます。幹部の中途採用の影響の大きさを理解いただけると思います。

自分自身および会社へのよい影響をふまえて、経営者は

「外部人材を中途採用することも悪くないと考えるようになった」

「外部人材の採用を検討するようになった」

といった質問にも高い評点をつけています（満足度とも相関を示しています）。今後、外部人材の採用を増やしさらなる事業の拡大を図ることが期待されます。

B. 転職者の評価

次に転職者の評価をみてみましょう。P.36で紹介したとおり、経営者と同様高い評価を得ています。

「総じていえば、今回の転職に満足している」

との質問について、平均4.4点（5点満点）の評価をつけています。

その背景にある問題意識を探るために、経営者と同様に、相関を示し評点が高い項目を列記します。

「経営目線の判断を行う力がついた」

「財務や人事を把握し、多面的な判断を行うようになった」

「前職よりポジションがアップした」

「前職より業務の統括範囲が広がった」

「社長に直接発言して仕事の話ができるようになった」

「予想以上に社長との距離が近くなった」

「既存事業のサポートも自分の役割であると考えるようになった」

「社員の生活を背負っているという自覚が芽生えた」

「入社前よりも事業拡大のポテンシャルがあると感じた」

「社長の言動からよい意味で刺激を受けている」

「入社前よりも社長の事業にかける思いを感じた」

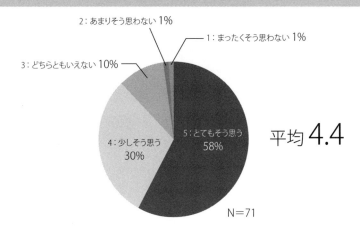

図表6-25 転職者の評価

Q:「総じていえば、今回の転職に満足している」

2：あまりそう思わない 1%
1：まったくそう思わない 1%
3：どちらともいえない 10%
5：とてもそう思う
58%
4：少しそう思う
30%
平均4.4
N=71

　まさに経営幹部としての仕事の醍醐味を感じているとともに、オーナーからよい刺激を受けつつ経営者としての自覚が芽生えていることがうかがえます。地域企業のオーナーは、事業・雇用だけではなく地方経済をも支える気概で仕事に取り組んでおられます。そういったオーナーの姿に触れることが大きな刺激になるのでしょう。そして、会社全体、事業全体を視野に入れたポジションに就いたからこそ、「事業拡大のポテンシャル」を入社前よりも感じていると思われます。

　また、

　「当地の暮らしぶりに満足している」

　「いまの会社で長く働きたい」

　との質問項目も同様に高い評点がつき、満足度と相関を示しています。

　仕事だけではなく、地方での暮らしに満足し、その結果「長く働きたい」と希望しているのです。

　なお、ここで特筆しておきたいのは、「前職よりも年収がよくなった」と

いう質問項目と満足度の間に相関がみられなかったことです。転職者のなかには年収がよくなったという人が半数以上含まれているのですが、満足度とは関係がないのです。経営学には「金銭的報酬は不満を減少させる効果はあっても、満足度やモチベーションを高める効果はない」いう説（ハーズバーグの動機づけ・衛生理論）がありますが、そのとおりの結果となっています。転職を考えるにあたり、年収は当然重要な要素です。低い水準しか提示できなければ、転職者の不満を生み転職は実現できないでしょう。ただ、仕事の満足、やりがいという観点でいえば、上記の質問群が示す内容、すなわち仕事の醍醐味、オーナーの魅力といったことが何よりも重要になるのです。

　候補者との面談においては、以上のポイントを是非ふまえてみてください。

　転職者については、転職後の役職別およびUターン、Iターン、近隣地（転居を伴わない）別のデータもとっていますので紹介します。

　まず、下記に役職ごとの満足度の平均値を示します。役員クラスで入社した人の満足度が想定的に低いことが見て取れます。

　役員での入社は、職責が重いことに加えて、経営トップや古参の役員などとのコミュニケーションにも気を使わざるをえないことが反映されていると考えられます。事業の変革を担う役割で入社しているため、さまざまな軋轢にも直面せざるをえません。JHRでも役員クラスの転職の場合には、こうした点への配慮をしてきましたが、この結果をみるとよりいっそうの注意が必要であったと考えています。地域金融機関の皆さんも、役員クラスでの入社については十分なケアをしてください。

社長クラス	4.5
役員クラス	3.9
部長クラス	4.5
部長クラス以下	4.7

（注）「部長クラス以下」というのは、会社に「部長」という役職がないなど例外的な
　　ケースを指しています。とはいえ、社長直下で重要なプロジェクトを率いるなど経営
　　幹部としての仕事を担っています。

次に、転職地別の満足度をみてみましょう。

Uターン	4.9
Iターン	4.5
近隣	4.1

「近隣」というのは、たとえば東京から静岡や茨城といったように通勤が
可能で転居を伴わない場合を指しています。このとおり、Uターンがきわめ
て高い満足度を示しています。生まれ故郷に帰って地元企業の経営幹部に就
くことに大きなやりがいを感じていることが容易に想像できます。

ただ、ここで注目していただきたいのは、Iターンの満足度が4.5と高い
ことです。JHRが伴走型支援サービスを実施して発見したことの一つに、
「首都圏人材は仕事のやりがいを感じれば、日本中どこにでも移動する」と
いう点があります。考えてみれば、日本はアメリカのカルフォルニア州より
も小さく、ほぼ全国どこでも日帰りで移動することが可能です。日本は狭い
のです。伴走型支援サービスを通じて、やりがいを感じられる仕事を提示
し、そしてオーナー自らが口説くことで、たとえ地縁がなくても力ある人材
は転職をすることが明らかになりました。アンケートの回答者のなかでもI
ターンが全体の約6割を占めており、Uターンは2割弱にしかすぎません。

地域金融機関の皆さんは、是非自信をもって首都圏人材にアプローチしてください。

以上のとおり、首都圏人材の地方企業への転職において、伴走型支援サービスがしっかり機能することがおわかりいただけたと思います。

経営者、転職者の高い満足度は、本書で詳述している伴走型支援サービスの各プロセスを踏んだからこそ獲得できたとわれわれは考えています。

伴走型支援サービスのフェーズ・ステップを十分に理解のうえ、実践に移してください。

（注）　厳密には相関は因果関係を示すものではないため、満足の「背景にある問題意識」という表現には、JHRの解釈が含まれている。ここでは、全質問への回答の平均値（経営者3.49、転職者3.48）を超えたものを「高い評点・評価」、相関係数が.300以上のものを「一定の相関を示す」としている。

ここで紹介した「入社後の声」については、東京都立大学の西村孝史准教授に分析を依頼し、その結果（APPENDIX「フォローアップアンケート分析結果」）について（株）きんざいの本書籍に関するウェブページからダウンロードをすることができます。

ダウンロードページURL　https://store.kinzai.jp/public/item/book/B/13586/

パスワード　B13586JHR

JHR の実績と取組みからみえてきたこと

5 年間で259件の支援実績

　第 2 章でも一部触れていますが、伴走型支援サービスを提供してきたJHRの実績と取組みからみえてきた部分について考えたいと思います。JHRが設立された2015年 8 月から事業を終了した2020年 6 月までの実績を集計すると、伴走型支援サービスによる人材紹介数は154件、常駐型専門家支援数は15件、非常駐型専門家支援数は90件で、合計259件となっています。154件の人材紹介数については、 5 年間の事業期間のうち、2017年度までの前半 2 年半が67件であるのに対し、2018年度以降の 2 年半が192件となっています。こうした傾向は、地方企業が首都圏人材の採用に動き始めた証左でもあると考えています。なお、専門家支援については、月16日以上勤務する、あるいは役職がある支援は常駐型、月16日未満かつ役職がないものは非常駐型と区分しています。専門家支援は、月に数回のコンサルティングから、ハンズオンでじっくり支援するケース、さらには役職を得て基幹経営機能としてかかわるケースまで、企業の要望や課題の程度により、パターンがあります。なかには、JHRの職員が転籍し、役員として就任したケースも数件あります。

支援ニーズのトップは「管理・経営企画機能の強化」

　次に、伴走型支援サービスにより成約した人材紹介案件の内容について整理をします。図表 6 −26では、経営課題解決のために提供した人材紹介サービスの内容を、14の「テーマ」に分類し、その構成比を示

していますが、地方の経営者が直面している課題、悩み、企業を取りまく環境など、地方の実情をよくしています。最も多かったテーマは、「管理・経営企画機能の強化」です。地方企業の課題の多くが「経営企画機能がない」というものです。経営企画は企業の本社機能のひとつで、スタッフ部門の要ですが、経営資源が不足している地方では、ライン部門の人員は確保できても、経営企画の整備までは手が回らない、というのが現状でしょう。「事業は大きくなったが、全体の計数管理ができていない」「事業計画を社員に浸透させたいが、その担当がいない」「銀行から経営計画の提出を求められているが、作成できる人材がいない」などはよくあるパターンです。

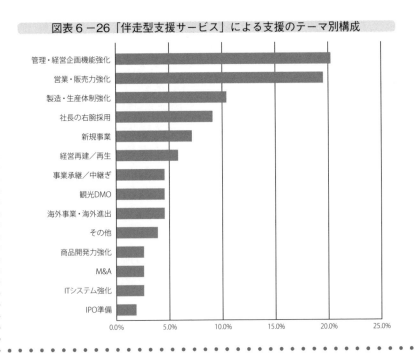

図表6－26「伴走型支援サービス」による支援のテーマ別構成

次に多いのは、マーケティングを含む「営業・販売力の強化」です。人材が足りないと、属人的な個の能力に頼ってしまい、組織的な営業ができません。「ベテランの営業マンが退職し、売上高が減った」「御用聞き営業になっていて、新規開拓ができない」「特定の取引先に頼っていて、次の一手が打てない」など、明らかなリスクとなっています。ただ、こうした状況では即戦力を求めがちですが、経験値の高い経営人材を採用し、「組織づくりと戦略の策定・実行」という王道を忘れてはいけません。人材育成の観点も重要です。要するに、「売上をあげる人」ではなく、「売上を増やす仕組みを知っていて、組織に定着させることができる人」が必要なのです。

　２つのテーマが全体の４割を占め、地方企業の経営者にとって、大きな悩みとなっています。

　こうした悩みや課題は経営者自身が気づいているものですが、実は、経営者が気づいていない問題もあります。「自分を支える右腕がいない」というものです。気づいていないというよりは、目を向けてこなかった、といえるかもしれません。

　地方企業の社長に時々みられるパターンがあります。「社長が営業をしている」「多忙で、会社を不在にすることが多い」「会社のことはすべて自分で決めている」というものです。会社が小さいうちは、それでもよいかもしれませんが、事業規模が拡大するとたちまち経営が立ち行かなくなります。そうした経営者に大きなリスクをはらんでいる現状を認識してもらい、課題を共有します。そして、組織経営ができるよう、もっと平たくいえば、「社長の時間を増やしたらどうですか」「社長の相談相手が必要ではないですか」と右腕の採用を勧めることが、伴走型支援サービスではよくあります。これが４番目に多いテーマです。

　「息子に経営を譲ったが、苦労しているようだ」という相談もあります。経営から退いた父親が再び口を出せば、社員はそちらを向いてしま

います。いつまでたっても、息子さんは経営者として成長しません。そのようなときも、若き社長の番頭として、右腕の採用を提案します。社長の右腕となる人材採用は、オーナー企業が多い地方企業特有のテーマなのです。

産業機械メーカーに工場長を紹介

　A社は、九州にある特殊産業機械の製造を手がけるメーカーで、売上高は40億円、会社設立から100年を迎える、地場では有名な中核企業である。社長は3代目、50代後半で地元の名士である。国立大学を卒業後、大手電機メーカーに就職し、東京で会社勤めをしていたが、結婚を機に、夫人の実家が経営していたA社に転じ、代表取締役となった。A社には主要工場が4カ所あり、第一工場と第二工場で製品の8割を生産していたが、本社に近い第一工場を社長がみていた。一方、第二工場は、A社で最も稼ぐ工場であったにもかかわらず、工場長が不在で、プロパーのベテラン職員が現場を指揮していた。

　最初の訪問で社長から受けた相談は、「第二工場の生産性はもっと上がる」「当社最大の工場であり、生産余力もある。他の工場の製造ラインをこちらに移すことを考えたい」「昔から工場長が不在で、技術に詳しいベテラン社員がリーダー役になっている」「第二工場長を外部から招聘して、工場のマネジメントを強化したい」「その方に工員の教育もしてほしい」というものであった。「待遇は年収800万円まで。当社の技術がわかる人。地元に縁のある人がよい。首都圏からこの地方にIターンしてもいいという人は少ないだろう」。担当から社長に対して、「最初から年収にキャップをはめると、候補者の母集団が小さくなりますが、候補者の経歴をみて、年収を決めるという考えはありませんか」と尋ねると、「それはむずかしい。うちは部長級でも700万円台だから」という答えであった。

A社の強みではあるが、特殊な技術で製品を製造していたために、同技術に知見のある経営人材は皆無で、担当の人材サーチは難航していた。A社の技術がわかり、工場のマネジメントもわかる人材、しかも大手メーカー出身の社長と経営を語ることができる候補者を年収800万円で探すことは容易ではなかった。

　担当が思い切って年収800万円のキャップをはずし、人材要件を緩和すると、優れた経歴をもつ候補者がデータベース上にリストされ始めた。そのなかに、一部上場企業の大型プラント建設会社出身で、マネジメント経験の豊富な候補者がいた。S氏は、某工業大学の金属学科を終了後、同社に就職し、40代前半で執行役員に就任。その後、同社の子会社2社の社長を歴任した。そのうちの1社はタイの現地法人であり、その意味では海外経験も豊富であった。今回転職を考えていた理由は、子会社がM&Aをされたことから、新しいチャレンジを探していた、というものである。担当が候補者と面談し、希望を尋ねると、予想外に年収ではなく「やりがいのある仕事がしたい」「もう一度、工場やプラントの現場で働きたい」「地方でもかまわない」という答えが返ってきた。A社にも強い興味を示してくれた。ただ、残念なことは、すでに1社から内定を得ていた。

　担当は、「800万円を選ぶのか、人材のスペックを選ぶのか、最後は社長に決めてもらいましょう」ということになり、現在のS氏の年収は伏せたまま、さっそく社長との面接をセットした。

　社長とS氏は意気投合した。社長はS氏がかかわってきたキャリアのハイライトを感心しながら聞いていた。今度は社長が、A社が抱えている課題をホワイトボードに書きながら、詳細に説明を始めた。それにS氏が質問と提案を繰り返す。面接は経営会議に変わっていた。

　面接後、社長から「ぜひ採用したい。年収800万円は撤回する。候補者に交渉してほしい」と担当に電話が入った。

担当が実質内定のご連絡をS氏に伝えると、S氏から丁寧な断りを受けてしまった。理由は、夫人が「人生の後半に入った夫にいまさら単身赴任の苦労をさせたくない」「東京から通えるところにしてほしい」と強く希望している、とのことだった。夫人は関東の出身で、九州には縁がなかった。そこで、担当はA社社長の許可をもらい、S氏と夫人を九州に招待し、食事会を開催することにした。地元の食事を楽しみながら、社長が考えている思いのたけを直接夫人に聞いてもらうことにした。

会食の結果、夫人は、社長がS氏に対して高い評価と期待をされていることに感銘を受け、S氏のチャレンジを後押しすることにした。第二工場の周辺は田舎ではあるが、温泉や道の駅などもあり、休日に、ご主人と楽しめることも加点となった。

S氏に提示された条件は、年収1200万円、家賃補助と帰省費用の負担。ポジションは第二工場長ではなく、取締役として第二工場をマネジメントすることに加え、社長の夢であった海外事業プロジェクトを推進するというもの。JHRの担当者は、社長から「まさかこんな方にきていただけるとは思わなかった。ありがとう」という感謝の言葉をいただいた。S氏は、現在、社長の右腕として、第二工場を切り盛りしながら、九州と東京、インドネシア、タイの間を忙しく飛び回っている。

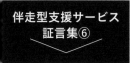

JHRコンサルタント

JHRには
伴走型支援サービスを遂行するために、
約20人のさまざまなバックグラウンドをもった
コンサルタントが集まっている。
そのなかから、
人材紹介業にバックボーンをもつ２名、
会計系、ファンド、IT経験者各１名の５名を選んで
現場の声を聞いた。

最重要ファクターは「企業の本気度」

コンサルタントA
約20年間のITコンサルタントを経て、
JHRに参画

　JHRでは、地域企業へ人材を紹介する前に、候補者と面談を実施。特性をつかみ地方企業のニーズにアピールできるようなポイントを整理して社長を説得するというステップを踏みながら、採用をサポートします。企業と候補者をつなぐ潤滑油になることは、両者の壁を取り除くためにも重要です。

　初回訪問時に初期的な課題仮説と人材要件を持参して経営者とディスカッションしながら課題を整理し、次回訪問までに精度を高めていくように進めています。案件のタイプによっては、業務プロセスのリードタイムは異なり、「企業側の本気度」を引き出すことが、スムーズな案件成約に最重要なファクターだと認識しています。

リスクとリターンを綿密にすり合わせる

コンサルタントB
事業会社から人材紹介業に転身して
経験を積んだ後、JHRに参画

　転職の初期段階で地方にいきたいと志向している候補者は少数です。ポジションやミッションなどを前面に出し、経営幹部人材を求めていることを訴求することで、求職者の地方転職を促しています。報酬含めたバランス面を調整し、リスクとリターンのすり合わせを綿密に行うことが重要であると思います。

　企業への初回訪問時は診立て資料にそって、企業の現状とありたい姿、そのギャップを明確化し、ギャップを埋めるための方法について整理します。60分の訪問時間の場合、40分は事業における話合い、20分で人材要件などについて話合うのが、バランスのよい時間配分だと思います。人材要件の定義については、社長が自分自身で決めたような結論になるよう、ディスカッションの進め方を工夫しています。

　金融機関の場合は、対象が地場の有力企業であるため、気を使うことも多く、アドバイスを強くいえないケースも見受けられるようです。後継者についてなど金融機関からは踏み込みにくいデリケートな問題を、JHRが提案することで金融機関から感謝されることがあります。今後、金融機関が人材紹介を手がけていく場合に、そのあたりは一つの課題かもしれません。

人材採用の覚悟と周囲の納得をつくり出す

コンサルタントC
大手人材紹介会社で十数年勤務後、
JHRに参画

　企業が経営人材による解決に踏み切るためには、採用をしなければならない
という覚悟をもつことに加えて、それを周囲を納得させる必要があります。金
融機関がその"周囲の納得"に関して企業任せにした結果、周囲からの反対に
合って採用が頓挫するケースも散見されます。

　課題の解決方法として企業には人材紹介を"費用"ではなく、"投資"ととらえて
もらうよう努めます。必要となる人材のスキルセットの設定を経営者が行う
と、期待値が高くなりすぎるため、何が最も必要なのか等のコミュニケーショ
ンを通じて解決していきます。

　経営者が抱えている漠然とした課題について、ディスカッションを通して明
確化できるケイパビリティを有している人材会社はほとんどないのではないで
しょうか。JHRの訪問時に銀行の担当者が同席し、課題やありたい姿について
ディスカッションを行うことで、これまで銀行の担当者にもみえてなかったビ
ジネスチャンスを理解する場としても機能していたと思います。ある経営者が
ディスカッションを通じ、工場を建てる必要があるといった問題意識を銀行の
担当者が聞くことで融資につながるビジネスチャンスにつながりました。JHR
では人材紹介以外のコンサルティングサービスの提供も可能なため、人材の拡
充だけで解決することがむずかしい課題を解決できるようなケイパビリティが
あるのも伴走型支援の強みだと思います。

スルーされている"課題の優先度"を明確化

コンサルタントD
前職は会計コンサルタントで
M&Aに関連した業務に従事。公認会計士

地域企業の経営者に「経営課題を具体的に認識いただくこと」「具体的なアクションの的を絞ること」が案件成約にとって最重要ポイントとなります。一方で、オーナー企業の場合は、経営人材の採用であっても、特に周囲を納得させる必要がない場合も多く、経営者独自の判断で優先度とは無関係に決定されることがあります。「経営課題を具体的に認識いただくこと」は、優先度を経営者に理解してもらうことが中心となります。信頼関係が構築できるまでは相手の考えに合わせるスタイルで議論を進めますが、関係ができた後にはさまざまな角度から問題提起・人材要件の提案など踏み込んでいきます。「アクションの的を絞る」ために、初回面談から事前に考えた仮説を複数パターン持参するようにしています。自身の経験（会計コンサルティング会社出身）から、数字周りの経営課題からディスカッションすることがやりやすいです。

候補者をスクリーニングするときに、経営者とディスカッションした人材要件をふまえ、経営者の価値観をイメージして進めることを常に意識しています。地方生活を望んでいる人、地域企業に抵抗のない人を探すことを最優先にしています。たとえば、候補者のキャリアをふまえて地域の中小企業で働くイメージができるかが重要で、大企業では全体業務の一部分だけを担当することが多いのに対して、中小企業では全体業務を担当しなければならないということを念頭に置かなければなりません。

ボンヤリした課題意識をいかにクリアにするか

コンサルタントE

ファンド出身。事業再生やベンチャー企業の
立ち上げなどを経験し、JHRに参画

　企業は地域銀行に人材紹介の依頼等を行った時点で、すでにある程度の課題を認識していると考えられます。ただし、経営者はボンヤリと問題があると感じていても、本質的な問題に落とし込めていないことが多々あります。ディスカッションするにあたり、私は「問題の真因抽出」「人材要件の見極め」が最も重要なポイントと認識しています。JHRのサービスにおいては、このポイントをしっかりと棚卸するという部分が最大の提供価値となっています。具体的な採用活動段階では、企業側が慣れていないため、人材像など素案を一緒に考えないとうまくいきませんし、選考が進んでいけばいくほど経営者の感情の振れが大きくなることも珍しくないので、しっかりとアドバイスをしていくことが必要です。

　人材側に関してですが、送ったスカウトメールに興味がない場合はだいたい返答がありません。つまりは、反応がある時点で、地方企業で働くことに対する興味の壁はクリアしているように思います。大企業の人材のなかでも、製造業に勤務する人材は、地域企業で働く抵抗はそれほど大きくない印象です。大企業が有する製造工場は地方にあることが多く、ほとんどの技術者は地方勤務を経験しているからではないかと思います。一方、大企業から中小企業に転職することに対しての決断を躊躇する傾向は強いですが、新しい役割やポジションで活躍していきたいという動機で決断に至ることが大半です。条件面（給与、ポジション、役割等）の確定、求人側企業の社長との相性、企業への貢献可能性などを考慮して説得するというケースが多いですね。

第 7 章

サービスの導入プロセス

1 人材紹介事業の開始から定着までの４ステップ

本章では、地域金融機関が経営人材紹介事業を開始するために必要な手続をはじめ、運営体制の構築や定着させるための活動といったプロセスについて考えていきます。

本事業を成功させるうえでいちばん重要なことは、参入目的が取引先の成長支援であるという基本を経営層としっかり共有することです。そのためにも、本事業を一般的な人材紹介事業と混同しないことが大変重要です。

経営人材紹介事業へ参入するためのステップは大きく以下の４つに分かれます。

(1) 参入検討から意思決定

参入にあたり重要なことは「目的」を共有することです。そのうえで、参入形態に合わせた主管部署や許認可取得母体（銀行本体か傘下企業か）を決め、行内調整や事業計画の作成を行ってください。

(2) 開始準備

参入が決まったら、職業紹介事業免許取得の申請を行います。そのほかの準備として、行内の業務フロー構築や外部の人材会社等との提携などがあげられます。

(3) 実稼働

経営人材紹介事業のスタート後は、「伴走型支援サービス」のノウハウを活かして案件を進めていきます。営業店経由の問合せなども入ってくると思いますが、まずは経営者と率直に話ができる「親密先」（経営課題を議論できる素地のある取引先）から始めてください。

(4) 事業開始後の定着活動

経営人材紹介事業が行内に定着するためには、基本となるKPI（重要業績評価指標）管理に加え、組織内の情報連携・顧客との対話力・外部提携会社との連携など、さまざまな部分で質の向上を図る必要があります。また採用

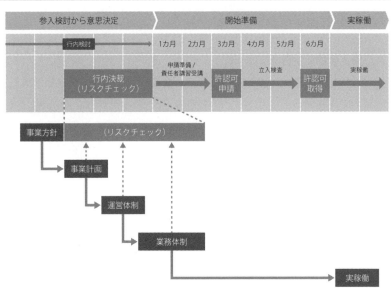

図表７−１　参入までの標準的な流れ

後の企業のフォローも金融機関ならではの重要な営業接点であり役割です。

　次節からこの４つのステップについて、それぞれ詳しく解説していきますが、スケジュールは図表７−１のようなスパンが想定され、全体でおおむね６カ月程度を要します。

2 参入検討から意思決定

　繰り返しとなりますが、全社レベルで参入目的を明確化し、行内で意思決定することが必要です。金融機関の経営人材紹介事業についてはこれまで述べてきたようにさまざまな意味があるのにもかかわらず、紹介料収益を目的とした一般的な人材紹介業への参入ととられることがいちばんのリスクで

す。真に成果をあげるため、参入決定の段階で目的を明確にして経営層と共有しましょう。

A．参入目的の明確化

経営人材紹介事業への参入目的は、本質的には「既存顧客の持続的成長を人的側面で支援する」ことです。もちろん、「新たな役務収益の創出」「新規取引先の開拓」という側面もありますが、それは一部であると考えられます。国が先導的人材マッチング事業で金融機関をサポートするのも、経営人材の紹介による地域の中堅中小企業の成長、生産性向上を期待しているからです。これを協議に先立って行内で共有することが重要です。

B．参入形態の確定

許認可をどこで取得するのか、求職者対応を自行で行うのか、外部の人材会社と提携するか等を決めます。許認可は経営人材紹介事業を行う法人（銀行本体もしくは傘下企業）が取得しますが、傘下企業等のグループ企業が許認可取得する場合でも、銀行が求人ニーズを取り扱うならば、職業安定法に抵触する可能性があるため、銀行本体でも許認可を取得しておくことをお勧めします。

プラスワン

　銀行本体で参入する際には、①個人情報管理規定に基づき、所定のセキュリティ対策および職業紹介責任者の個人情報取扱いに係る講習の受講など必須、②求職者対応業務を行う際には土日や夜間の面談も発生するため、就業規則等の変更が必要、という2点についての対応が必要になる場合があります。最近では、企業の経営課題を解決するコンサルティングを中心とした戦略子会社を設立し、そちらで経営人材紹介を取り扱うケースも増えています（P.90参照）。

C．他部署との協議

　行内他部署と事前に協議すべき事項は以下のとおりです。協議した内容は、協議資料にまとめておきましょう。

　○共同起案の可能性や行内への情報提供
　・法人企画部門・支店統括部門と事前に協議
　○新規事業参入や子会社設立
　・企画部門等への説明
　・財務局への事前説明の同行を依頼
　○専任担当者の配置
　・人事部へ事前に依頼
　○リスクおよびリーガルチェック
　・リスク管理部３署や法務部門等に依頼
　○企業ニーズを共有する体制づくり
　・コンサルティング等のソリューション担当部署とシームレスな提案体制を構築

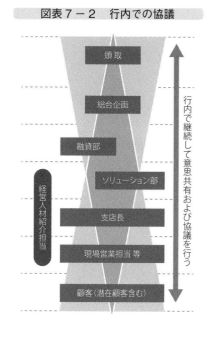

図表７−２　行内での協議

頭取
総合企画
融資部
ソリューション部
支店長
現場営業担当 等
顧客（潜在顧客含む）

経営人材紹介担当

行内で継続して意思共有および協議を行う

D．経営会議、取締役会への上程

　行内での協議と調整がすんだら、機関決定へ進みます。経営会議／取締役会で有意義な議論を行うために、関係役員や社外取締役へ協議資料の提供・事前説明を早期に行うことをお勧めします。人材紹介事業に知見のない役員がほとんどであることを前提に準備しましょう。

　協議資料についての表現についても、目先の収益よりも、あくまで取引先

の成長による銀行本体の本業拡大に事業参入目的を位置づけ、事業単体での収益確保を主眼としないことを各部門と確認・共有したうえで資料を作成してください。表現にも注意しましょう。ここでのポイントは一事業での収益という見方ではなく、いかに経営人材紹介から波及する金融機関トータルでのメリットをみる視点で資料を構築できるかにかかっているでしょう。

　繰り返しとなりますが、参入目的を経営層としっかり議論することは大変重要です。このステップでいちばん重要なことは、自行にとっての経営人材紹介事業の位置づけを明確にすることです。一般的な人材紹介とは異なる経営支援ソリューションと位置づけられなくてはならず、それゆえ成果は紹介手数料ではなく銀行本体としての貸出金利息収入も含めたトータルな収益でみることが重要です。この点を経営層としっかり共有してください。

3　開始準備

　事業を開始するにあたり事業所を管轄する労働局への許認可申請を行い、業務全体の実施体制を構築します。

　また求職者対応を自行で行う場合には外部の人材データベースへのアクセスの確保、加えて外部人材会社との連携も含めた体制固めを行いましょう。

A．許認可の取得

　許認可申請は、基本的に手続業務です。申請書類の集約に集中しましょう。以下のような部分に注意が必要です。

　○事業開始にあたって定款の変更が必要になりますが、株主総会のタイミング等で不可能な場合、参入の意思決定を行ったという経営会議や取締役会の議事録で代替できることがあります。

　○金融機関に規制緩和されたのは「職業紹介事業」のみで「労働者派遣」事業は営めません。

○本部で許認可を取得する場合、営業店は紹介業務はできませんので、取引先に対する適切な事前ヒアリングができるようシートなどを作成してください。

　　具体的な手続については下記を参照ください。（厚生労働省 職業紹介事業パンフレット）

| 厚生労働省 職業紹介事業パンフレット | 検索 |

B．業務フロー構築

　行内における開始準備として、業務フロー（図表7－3参照）を構築します。職業紹介事業には求人の全件受理が求められますので、人材紹介事業を運営するために必要なフローが必要です。具体的に行う項目としては以下のとおりです。

○問合せ対応の業務フロー作成

　事業開始後、取引先からの問合せに対する対応方法や、受付後の専任担当者の業務など、本店・営業店にまたがる業務フローを作成します。

○業務取扱細則の策定

　人材紹介業務を遂行していくための行内の業務取扱細則を策定します。業務フローに合わせて作成し、改善・改定の余地を残しておきます。

○行内帳票類の作成

　事業開始前に行内帳票類の準備をしておきます。行内帳票類には「求人管理簿」「求職管理簿」「手数料管理簿」「求人票」などがあります。

　業務フローと各帳票の例を以下でご紹介します。なお、これらの帳票の一部については、作成例を巻末資料として掲載しています（P.235参照）。

C．専任担当者として必要なノウハウの取得

　専任担当者が決まったら、事業開始前に必要なスキルやノウハウを修得させる必要があります。基本的には、金融機関職員として事業性評価を通じて

一般的な金融機関における人材紹介業務の流れと必要帳票

◆業務フローは人材業務参入目的や各社の組織体制等によって適宜作成する。
また帳票も業務フローに応じて必要なものを作成する。
下図は一般的な業務の流れと、一般的な書式として整理したものである。目的に応じて適宜変更する。

◆業務フローにより、進捗管理票・求人管理簿・求職管理簿・手数料管理簿の一元管理が可能となる。

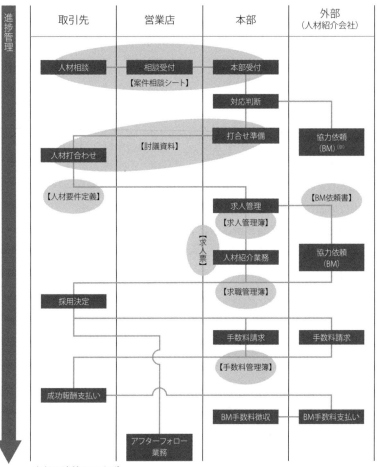

（※）BM：ビジネスマッチング
　　顧客企業からの人材採用の要望について、自行以外の人材会社を紹介すること。成約した場合に、顧客企業から
　　支払われる紹介手数料を銀行と人材会社でシェアする

企業を理解するスキルがあれば、企業の経営課題も把握できるはずです。

　しかし、企業の経営者との経営課題に関する議論をするということは、通常の金融機関の営業の延長上にはないということを認識することは重要です。（後掲図表７－７「議論の失敗事例」参照）さらに、取引先の課題を現実的かつ具体的な人材要件に落とし込むプロセス以降については、金融機関としては土地勘のない分野だと思いますので、転職市場の基礎的な知識を得たのちは、人材紹介会社と連携しながら実務を通じたノウハウ習得を図ります。

D．問合せ対応から外部連携までの体制構築

　参入形態の選択において、求職者対応を金融機関自身で行うことを決めた場合、求職者情報を入手するために外部の人材データベースを利用することになります。また経営課題の議論のなかで結果的に実務者層の紹介や各種ソリューションの提案を行うケースもありますので、外部人材会社等と連携体制を構築しておくべきです。

　もちろん、自行で求職者対応を行わない金融機関は、人材紹介会社との外部連携は必須です。いずれの場合でも金融機関が人材紹介会社と外部連携を

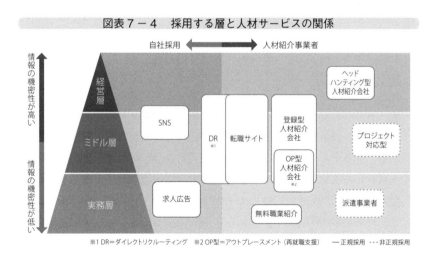

図表７－４　採用する層と人材サービスの関係

※1 DR＝ダイレクトリクルーティング　※2 OP型＝アウトプレースメント（再就職支援）　―正規採用 ---非正規採用

する方法として、ビジネスマッチング（BM）のスキームを使うのが一般的です。ただし、ビジネスマッチングにおいては以下の点に留意が必要です。

○BM連携する人材紹介会社について提携数を増やすことが必ずしもよいとは限りません。提携数が多いほど選定や手数料率の折衝、個別契約などの手続が煩雑になり、その後の運用負荷も大きくなります。開始時は大手1社、地域内で数社程度で十分です。

○BM先との情報連携についてはヒアリングシートを通じて行います。共通フォーマットを利用すれば効率的なので、事前に各社と記載内容を確認してください。

「人材紹介」（有料職業紹介＝金融機関の付随業務として認められている）と「人材派遣」（労働者派遣＝付随業務としては認められていない）がしばしば混同して使われるように、「人材紹介会社」と「人材データベース」もまた混同されます。経営陣への説明等の際にも、用語の定義を明確にして進めなければ誤解を生む可能性があります。かつて「人材紹介会社」は、自社の紹介事業のために人材に関する個人情報をもっていました。いわゆる門外不出のスタイルで、「当社を使えばこんなにいい人材が紹介できる」という部分で差別化をしていました。しかし、時代を重ねるにつれ、自社で人材データを独占するよりも、他の人材事業者とアライアンスを組んで共有したほうが、互いにシナジーが生まれると考えられるようになりました。その結果誕生したのが「人材データベース」です。なかでもビズリーチは最初から転職者が自ら登録し、そのプロフィールを直接閲覧できるデータベースとして通常の人材会社と異なるビジネス展開を選択したため、オープンプラットフォーム化の先頭を走ってきました。2010年代後半のこうした人材データベースの発展があってこそ、地域金融機関による人材紹介が可能になったともいえます。

E．専任チーム体制の構築

　経営人材紹介事業を金融機関本体で内製化する過程において、経営幹部層以外の人材ニーズが生じることも想定されます。その際にも外部人材紹介会社とのBM連携が有効ですが、連携をマネージする専任担当チームの体制構築が必要です。

　専任担当チームは、本部および営業店からあがってくる問合せ案件を振り分けていきますが、人材紹介紹介事業に参入した初期段階では顕在化したニーズに対応するよりも、経営者と経営課題について深い会話が可能な親密先から潜在ニーズを掘り起こし、案件化していくことが望まれます。そして、徐々に担当者の会話力等のスキル向上を図りながら、対象顧客層を拡大することが望ましいと思われます。

F．関係各所への周知

　事業開始に向けて行内外の体制が整ったら、関係各所への周知を行いましょう。勉強会や情報提供を通じて、行内の経営人材紹介事業への理解促進に努めてください。「人」を切り口にしていますが、本質的には取引先の経

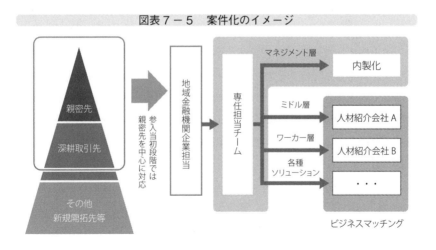

図表７−５　案件化のイメージ

営課題を解決するメニューであることを伝えてください。取引先には、経営改善支援のメニューであることを理解してもらうことが重要です。周知を促進するためにチラシをつくることも有効です。P.255〜256に巻末資料としてチラシの作成例を掲載しています。

---

4 事業開始後の定着活動

いよいよ、経営人材紹介事業が開始しました。実際に問合せも入り、案件化し、内定も出ました。しかしこれはゴールではありません。取引先と自行の成長に結びつける活動を継続的に行い、行内への認知と定着を図りましょう。案件ごとに改善点の抽出、ケーススタディーを繰り返し、取引先と金融機関自身の成長に貢献する事業として定着させていきます。

A．マネジメントの強化

経営人材紹介を事業として取り組む以上、安定的に成果、つまり成約を出す必要があります。しかし、人材紹介とくに経営人材についてはどうしても取り組んでから成果が出るまで時間がかかります。その際にどうしても取組み件数を増やすかたちで数字を追ったり、無理に進捗を急ぎがちになります。そうなると業務量が増える割に、確度の高い案件が少なくなる結果になります。大事なことは企業のオーナー、経営者といった意思決定者ときちんと話ができる案件がどれだけあるかです。このKPIがいちばん重要な指標になります。このKPIを重点に置いたパイプラインマネジメントを行うことが成功の要因です。そのために効果的な施策を以下にあげます。

【企業】

○経営課題の議論を行うわけですから、相手はおのずと取引先の経営者（意思決定者）になります。金融機関側も相応の役職者（たとえば営業店であれば支店長クラス）が同席するとよいでしょう。

○企業からの依頼どおり進めるだけでなく、あくまで経営課題起点で独自の目線で案件化していくという姿勢を大事にします。その先に目指すものは、他の人材紹介社との競合のない独占（エクスクルーシブ）化です。

○基本的なことですが、問合せがあってから企業訪問までの日数、訪問してからの案件化など各プロセスを短縮化していくKPI管理を徹底します。

【対求職者】

○地域外からの求職者ということを理解して、自分たちにとって当たり前ということが求職者にとって当たり前でないことを意識して、不安を取り除くコミュニケーションを心がけましょう。

○求職者は必ず何かしらの課題を解決したいと願い転職活動をしています。表層的なキャリアを確認するだけでなく、価値観や職業感を把握することを意識しましょう。

○経営幹部採用であれば、求職者は家族がいたり、持ち家がある年代です。報酬、待遇についての希望、現在状況は必ず確認ください。

【対人材会社】

○営業店からの情報でいちばん足りない情報は人材要件についてです。「企画職」「社長の右腕」などあいまいな人材要件では人材会社は動けません。今回の採用者に期待する経営効果を具体的に伝達できるように整えましょう。

○提携人材会社に営業店が作成した求人票をそのまま送るのではなく、専任担当者が補足事項を営業店に確認するなどを行い、情報の質の向上に取り組みましょう。

○外部人材会社との連携においては、進捗確認や課題の抽出などのミーティングを定期的に実施すると効果的です。

B．定着活動

地域金融機関の経営人材紹介事業とは、専任担当者以外の役員にその意義

が正しく理解され、営業店の顧客接点を起点に案件が創出されることです。そのためには金融機関本来のミッションを果たしていくうえでの本事業の位置づけと方法論についての組織的のナレッジマネジメントを行うことが必要です。

【人材育成】

本事業の成功要因は、取引先の経営課題の把握と解決策の提案です。本部、営業店のおける営業接点のナレッジ・スキル面で常に質の向上を図るような研修やトレーニングを行うことは重要ではないでしょうか。

【ノウハウの蓄積】

○成約事例をもとにしたケーススタディーの実施や失敗事例の振り返りなどを行い文書化、行内共有を継続してください。

【フォローアップによるモニタリング】

○入社した経営人材のフォローアップに営業店を巻き込むことにより、顧客接点を定期的につくることができます。

【モデル支店の設定】

○営業店に対して理解を促す段階においては、モデル支店を設定して定着活動を行うことが有効です。モデル支店での事例を営業店へ横展開してください。

経営人材紹介事業の最終ステージは、取引先との共通価値の創造にほかなりません。その最前線が営業店における顧客接点です。この顧客接点をいかに活かしていくか、つまりいかに取引先の経営課題等の「共通理解の醸成」につなげていけるかが、本事業の成否を決めるといって過言ではありません。

2014年に金融庁が重要施策として事業性評価に基づく融資等の促進を打ち出したことを機に、地域金融機関は、経営改善支援サービスの強化を図ってきました。事業性評価を前提とした経営改善支援においては、取引先の財務データのみならず事業内容や将来性といった経営全般の分析できることが必要となります。具体的にはSWOT分析やPPM（プロダクトポートフォリオマ

ネジメント）などのフレームワークをもとにした分析、また分析の結果どのような施策が選択肢として考えられるのかを提案できるようにしていくことが大切です。

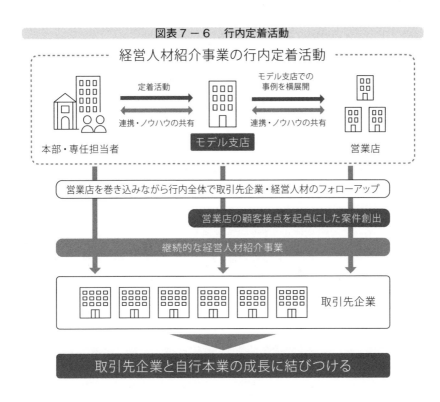

図表7-6　行内定着活動

経営人材紹介事業の行内定着活動

定着活動

連携・ノウハウの共有

本部・専任担当者

モデル支店

モデル支店での事例を横展開

連携・ノウハウの共有

営業店

営業店を巻き込みながら行内全体で取引先企業・経営人材のフォローアップ

営業店の顧客接点を起点にした案件創出

継続的な経営人材紹介事業

取引先企業

取引先企業と自行本業の成長に結びつける

　JHRが地域金融機関と連携して行ってきた地域企業との議論のなかでも、「これは失敗だったな」というものはあります。以下のようなケースは十分にありえますので、当てはまっていないか注意が必要です。

図表7－7　議論の失敗事例

主な議論失敗事例	社長不在
	そもそも議論の場に社長（意思決定者）がいない。アポがとれない

切り込めていない	NO FUTURE
社長のいうことにヨイショ、無目的な肯定に終始し、適切な質問を投げかけられない	直近の財務状況など、現在のデータをもとにした話に終始し、将来にあるべき姿と現在とのギャップまで議論が及ばない

NO PRIORITY	一方通行
課題の列挙はできても、咀嚼して優先順位をつけられない。それはつまり、取引先の分析ができていないといえる	事前準備をしっかりしたときに起こりがち。自分のなかでつくったシナリオに固執し、社長の意見を聞いて議論をしない

NO REALITY	ざっくり提案
しっかりヒアリングと解決イメージはできているものの、理想の人材像を求めるあまり採用できる可能性のない提案をしてしまう	NO REALITY の反対で候補者の範囲を広げようとして、幅をもたせたざっくりとした提案を行う。その結果、社長のイメージが固まらず、トラブルにつながる

経営人材紹介サービスを提供するために
何を学ぶか

　経営人材紹介のサービスを開始するには、担当者に対する教育が必要になります。しかしながら、経営幹部向けの人材紹介業務の教育については、大手人材紹介会社でも苦心しており、コンサルタントの自助努力に頼っているケースがみられます。JHRでは、地域企業に伴走型支援サービスを展開するなかで蓄積してきたノウハウを、2020年6月末の事業終了までに地域金融機関9行と大手人材紹介会社3社に「研修」というかたちで提供してきました。その内容について紹介します。

1．研修の目的
　JHRのプログラムは、人材紹介業務未経験の銀行員が3カ月程度の研修によって、経営幹部向けの人材紹介業務を一通り行えるようになることを目標にしていました。主に2日間の座学とロールプレイングで、理論や課題を理解したあとは、OJT（現場研修）で試行錯誤を繰り返しながら学んでいきます。

　未経験者が経営幹部向けの人材紹介業務を行うにあたり、習得すべきスキルは「経営者との対話」と「基礎的な経営等の知識（企業分析、財務分析、人材紹介業務、人事）」です。また、地域金融機関が人材紹介業務に参入する意義を、研修生が理解することも重要です。

　地域金融機関9行と大手人材紹介会社3社に対して行った研修で明らかになったのは、「経営者との対話スキル」、「基礎的な経営等の知識」が不足しているということです。研修ですべてを習得することはむずかしいため、受講者に自らのスキル不足を痛感してもらうことで、今

後何を学んでいけばよいかの道筋をイメージしてもらうことを研修の
ゴールとしています。

2．研修の日程

　本研修の標準的な日程は表7-8に示した2日間です。受講者に対し
ては、事前に仮想企業A社のケーススタディーを配布します。地域金融
機関の支店担当者が融資先A社の経営者から「後継者候補の採用」を依
頼されたという設定で、人材紹介業務の担当者としてA社を訪問し、人
材要件を定義するという流れです。受講生はA社の事業概要、財務諸表
の経営情報や業界のマーケットレポート等を受け取り、研修前に十分な
時間をかけて企業分析シート「診立て資料」を作成していきます。

　この診立て資料の作成を通して、基礎的な経営知識の不足を認識しま
す。そして、講義で基礎的な伴走型支援サービスの内容を理解し、対話
式のゼミにてさまざまな戦略分析の考え方を講師と議論します。JHRの
実績に基づく戦略分析の考え方に触れ、ロールプレイング研修で"経営
者との対話"を行いながら経営課題の整理方法や人材要件の定義につい
て学びます。

図表7-8　標準的な研修の日程

内　　　　容	時　　　間
事前課題：企業分析シートの作成	
講義：地域金融機関における「経営人材」紹介業務参入の意義	1時間
講義：伴走型支援サービスのプロセスの全体概要	1時間
講義：伴走型支援サービスの人材要件整理概要	1時間
ゼミ　：企業戦略　企業の現状把握の方法	5時間
ロールプレイング：人材紹介業務の初回面談　課題整理まで	1人1時間
ロールプレイング：人材紹介業務の2回目面談　人材要件定義	1人30分
各ロールプレイングのフィードバック	各10分

このロールプレイングでは、A社経営者役のJHR職員に対し、事前作成した診立て資料をプレゼン資料として用い、経営課題を整理する体験を行います。研修当日の2回目の面談では、初回面談で整理した経営課題を用いて、人材要件定義を詰めていきます。

3．地域金融機関からの受講者が抱える課題

(1) 経営課題の協議

　受講生の声を聞くと、地域金融機関では融資の交渉や投信・保険商品等の営業目標の達成に追われ、経営者と経営課題について協議する時間はほとんどないといいます。結果として、事前課題の診立て資料の作成でも、JHRから送られてきた企業概要、財務情報や市場データを転記するだけにとどまり、事実を把握・分析して、課題を導くことができないケースが大多数です。地域金融機関サイドからも、融資先の事業性評価シートを作成する際に、企業から聞いたことを記載するだけで、作成能力に乏しい銀行員が多いことが悩みだと聞きます。

　事実を分析し、企業の将来展望を想定し、現状と将来展望のギャップを埋めるための経営課題を検討して経営者に面談で経営課題の仮説をぶつけることで企業理解が深まり、経営者からの信頼感が増します。

　また、経営者と企業の弱みに切り込む議論ができないという銀行員も少なくありません。彼らにその理由を尋ねると、経営者に弱みを聞くことは失礼にあたり、気分を害するのではないかということでした。経営課題の協議では、企業の強みをいかに強化し、弱みをどのように改善するかを議論することが不可欠です。弱みについての認識の共有と解消に向けた議論に、怖がらず取り組んでいきましょう。経営分析を行い、企業を理解することで、経営者も真剣に議論する相談相手として認めてくれるはずです。

(2) 経営者との対話力

　営業センスがあるトップ営業マンを育成することには、どの地域金融機関も苦心していると思います。研修では、経営者との対話スキルを理論的に理解し、トップ営業マンとして必要な能力を身につけることを目指します。相手と合意していくまでの過程を、①興味の形成→②共鳴の形成→③納得の形成→④合意の形成、の段階に分割し、それぞれ「①伴走支援サービスの意義の共有」「②経営課題の分析と課題共有し、将来展望を共有することで共感を獲得」「③経営課題に紐づき定義した人材要件への納得を得る」「④人材要件定義をもとに人材サーチした求職者と経営者が合意する」というステップを踏むようにします。トップ営業マンは自然とこのステップを自在に操り合意まで導けますが、ほとんどの銀行員にとって、その域に達するためには当然、訓練が必要になります。

　一方で、ステップを踏むことに注力しすぎると、経営者との対話が疎かになりがちです。実際の研修であったケースでは、建設業の経営者に対してICTの活用に関する質問をするという設定の際に、経営者役がドローンの活用に熱く語っていたにもかかわらず、ヒアリングを担当した研修受講生はそこに切り込むことなく、用意したリストの次の質問に移ってしまいました。経営者側からすると、自社の事業や自分に対する興味がないものと感じられるため、共鳴の形成が成立しません。

　優れた提案であっても、適切な対話を通じて行わないと、トラブルに発展する場合があります。JHRがある経営者に対して、①高いスキルと経営能力を有するハイスペック人材、②技術に精通した中堅的な年収の人材、という2つのタイプの経営者の後継者候補を提示しました。このとき、同席していた地域金融機関の担当者が①を強く推したことで、経営者の大きな怒りを買ってしまったという出来事がありました。経営者は②のタイプを考えており、①のタイプについては懐疑的だったので

す。意向を確認しないまま、意見を押し付けることになったことが相手の怒りを呼びました。もっとも、その企業のためには①のタイプが最善であることは明白でした。そこで、経営者が納得するまであらためて丁寧にステップを踏んだ結果、最終的には①のタイプを採用するに至りました。入社した人材はその後経営者の右腕・後継者候補として活躍しています。

(3) 人材要件の定義

　研修では、人材要件をうまく定義できない受講生が大半です。「大手企業に勤めている企画ができる人」とか、「自動車メーカーの技術がわかる人」のように、かなり大雑把な「定義」の例も本当にあります。経営課題の整理ができていないのと同時に、経営者が採用を希望しているポジションが具体的にどのような役割を担うのかよく理解できていないことも要因です。

　人材紹介を行う地域金融機関の担当者は大きな責任を負います。優先的に解決する経営課題を選択し、定義した人材要件に基づいて候補者がサーチされるわけですが、その候補者は担当者の力量や取組み方によってまったく違う人が選ばれることになります。そして、その人材次第で、採用する地域企業の運命を左右することになるかもしれないのです。

４．研修を実施する場合の注意点

　最後にJHRが研修を行うにあたり、大事にしてきた点をお伝えします。

(1) 伴走型支援サービスのエッセンスに気づいてもらう

　伴走型支援サービスは経営分析を行い、共有した経営課題をもとに人材紹介を行うものですが、基本的には既存のビジネスコンサルティングの組合せです。それぞれについてはさまざまな教材が存在しており、自

ら進んで学ぶことが可能です。「基礎的な経営の知識」や「経営者との対話力」を有する受講生は少ないと思われるため、自ら学ぶ必要性に気づくように研修を行うことが重要です。

　講義型の研修のみでは、「気づき」を得ることがむずかしいため、前述のとおり診立て資料を作成して知識の不足を痛感させたり、ロールプレイングを体験することにより対話のむずかしさを実感してもらいます。講師が最良なアドバイスを行うことで「気づき」につながります。

⑵　経営者と経営課題を協議することの重要性の共有

　経営者と経営課題を協議し、地域企業を支援したいという動機を胸に地域金融機関に入行したのを思い出したという感想を、受講生からよく聞きます。地域金融機関は地域企業の成長なくしては自身の持続的成長は望めません。企業の成長を支援するソリューションを提供するために、経営課題の分析・協議が不可欠であるということを学べるように研修が設計されているか検証してみてください。

⑶　OJTの重要性

　受講生が行う、初めての経営者と経営課題の協議はたいていうまくいきません。講師が受講生の面談に同席し、面談後にアドバイスを行い、2〜3回面談を繰り返すことで、何とか1人で面談を行うことができるようになるケースが多いと感じます。研修を行わずに、OJTのみで受講生を成長させようとすると、面談後の指摘・指導事項があまりにも多く、多岐にわたることから、効率的なスキル習得は望めません。事前の研修とOJTをセットにすることが受講生の成長のために必要だと考えています。バランスのよい研修プログラムの作成を心がけ、常に内容を更新していくことが重要です。

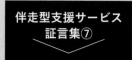
株式会社広島銀行

法人営業部事業支援室

担当課長　　　　　　　　**竹本洋平**さん

マネージャー　　　　　　**福田千秋**さん

アシスタントマネージャー　**黒田康博**さん

＊所属は2020年3月時点

　トップクラスの規模をもつ地方銀行のうち、いち早く有料職業紹介事業に飛び込んだ広島銀行。そのプロジェクトを立ち上げ推進した法人営業部事業支援室の皆さんに、サービスの構築と実施までの歩みを聞いた。

――いち早く人材紹介事業への参入を決めた理由は何でしょうか。

竹本　まず、参入前に地域の人材紹介マーケットを研究しました。その結果、地域の中小企業の経営幹部層の人材紹介は既存の紹介会社にとって難易度が高く、積極的に対応できている会社が少ないことがわかりました。その理由としては、都市圏の人材に転職を決心してもらえるほどの企業側の情報が少ないのではと考えました。われわれ地域金融機関は地域の企業や取り巻く環境に精通しており、企業と人材の仲介者になれるのではないかと思い人材紹介業務に参入しました。

――「地域企業への精通」という大きなアドバンテージをもつ地域金融機関が手がける人材紹介事業はどのようなものとお考えですか。

竹本　いま、地域金融機関は事業性評価を通じて、取引先の企業実態を正しく理解し、その成長に必要な戦略や施策についての認識を経営者と共有できていると思います。広島銀行もコンサルティング業務の高度化の取組みのなかで、企業の「中期経営計画策定支援」と「実行支援をセットにして事業支援に力を入れています。その過程で得られた、「圧倒的な企業情報」と「課題解決支援」をコンセプトに人材紹介業務を展開しています。企業にとっては外部人材の活用によって計画の実現可能性が高まり、企業成長につながることで地域経済が活性化する好循環をつくりあげたいと考えます。

――導入の際、行内の意思決定をする際に苦労したことはありますか。

竹本　広島銀行の場合は人材紹介に限らず、「事業性評価→ソリューション提供→継続的対話→新たな課題の共有」というビジネスモデルが浸透していましたので、人材紹介がソリューションメニューの拡充にあたるという点では意思決定はスムーズでした。一方、ビジネスモデルとして「リスクは何か」と「マネタイズのタイミング」については慎重に検討しました。

——JHRでは金融機関に向けた人材紹介サービス構築支援の際、「①事業の参入検討から意思決定」「②事業開始準備」「③事業開始〜実稼働」「④事業開始後の定着活動」という4つの段階を設定しています（P.182参照）。広島銀行ではどのように取り組まれましたか。

竹本 2018年の3月に付随業務として認められた直後から検討を開始したので、①の段階は2018年4月から9月までの半年間です。私の部署の室長と私の2人でこの期間は担当していました。②の段階は10月から2019年3月までの半年間ですね。ここでは、私を筆頭に4人がプロジェクトメンバーとして取り組みました。1〜3月は福田がJHRさんでの研修に参加しましたね。そして、許認可を取得して事業を開始したのが2019年4月ということになります。現在はこの3人で担当しています。

——福田さんがJHRでの3カ月間の研修を受けることで役に立ったことはどのようなことでしょうか。

福田 事業性評価の取組みのなかで、漠然とわかっていたものを整理できたことではないかと思います。参加する前は座学が多くなることを覚悟していました。実際多かったのですが（笑）、OJTも取り入れられていて、実践のなかから学ぶこともできました。

竹本 研修以外でも、JHRさんから帳票類をはじめとしたいろいろな資料を提供してもらえたことが大きかったですね。人材紹介事業の準備段階で、そういったものが入手できるかどうかで、準備は大きく違ってくると思います。

——先ほどの4つの段階でいうと、どこがいちばん大変でしたか。

竹本 やはり①の段階ですかね。議論すること、銀行の経営判断を促すために、整理することがたくさんありました。

福田 私の立場からすると、やはり②の段階です。労働局からの許可取得の

ための煩雑な実務は多く、準備作業が大変だったと記憶しています。

黒田　自分は、どちらかといえば、まさにいま、右肩上がりでやることが増えている印象です。いまもある取引先企業の事業性評価をしていたのですが、サービスが増えれば増えるほど考えることが多くなってきます。

——顧客へのソリューション強化につながる一方、人材紹介を始めるとなると営業店レベルでは負担になるようなことはないですか。

竹本　私は反対に、「やりがい」が増したのではないかと思います。業績改善に悩む経営者や、打ち手を模索する経営者に対しての支援が具体的になったのではないでしょうか。たとえば、建設会社の取引先で、現場の予実管理が甘い企業に対しては、他社で予実管理強化の実績やノウハウのある人材を紹介できました。また、社長のアイデアで介護分野の新規事業を立ち上げた電子機器メーカーにBtoB向けのマーケティングに強いプロ人材を紹介できました。現場の行員にとっても、具体的な打ち手を提供できることは大きな「やりがい」につながると思います。

福田　当行ほど、営業店が人材ニーズを聞いている金融機関はないのではないかと自負してます。人材に関するサービスを、営業店もフルに活用していると思います。本部としてしっかりコミュニケーションをとり、お客様のお役に立てるようアクションをしていかなければなりません。

——広島銀行には、多くの地域金融機関が人材紹介事業に関するヒアリングにくると聞いています。どのような質問が多いですか。

竹本　許可取得の際の、定款や議事録の提出に関しては必ず聞かれる定番質問ですね。特に定款は株主総会を開かなければ変更できませんから、やはり大変だととらえられていますね。

黒田　紹介した人材がうまくいかなかったときの「風評リスク」に関する質問も定番だと思います。それを防ぐためには、紹介先を経営について議論

できるところに絞っていくことだと思います。基本的に銀行本体から紹介するのは、経営幹部だけになっています。親密先か、少なくとも単なるセールス先以上の関係の取引先でなければ、むずかしいですね。

竹本 「ビジネスになるの？」という質問も受けますけど、人材紹介事業単独で収支をどうこうではないと考えています。人材のニーズだけ聞いてもダメで、金のニーズだけ聞いてもダメです。各行ごとに、あるいは取引先企業ごとにサービスの「黄金比」のようなものがあると思います。組み合わせてバランスよく、必要なサービスを提供していくべきです。人材紹介はその一つの手段だと思います。

――実際に実務を進めていくうえで、気をつけていることはありますか。

竹本 人材ニーズを聞く際に、できるだけ経営に近い人と会うように心がけ、当行側も支店の管理職など上席が参加するようにします。最初からこちらの考えをしっかりとお伝えし、経営課題に関する共通理解のもとで人材の相談を受けるようにしています。そうでなければ、実務者層ばかりになりがちです。

黒田 実務者層に関しては、広島はプロフェッショナル人材戦略拠点が強いので、そちらと連携しています。あるいは、適切な人材紹介会社を選択してビジネスマッチングで紹介します。

福田 人材ニーズを聞きに行くと、「銀行のOBを紹介してくれるの」ということをよく聞かれます。OBではなく必要な人材をみつけて紹介するのだということを説明すると、安心されます。私たちが提供する人材サービスについて、丁寧に伝えていくことが必要だと思います。

――最後にこれから人材紹介事業参入を検討される地域金融機関に向けて一言お願いします

竹本 「地域金融機関だからこその人材紹介」は存在すると思います。取引

先企業へのかなり有効な支援メニューとして人材紹介にチャレンジしてい
きましょう。

株式会社広島銀行

1945年に設立（創業は1878年）。広島県広島市に本店を置く。広島
県全域をはじめ、岡山県、愛媛県、山口県にも強い地盤をもつほ
か、東京、愛知、大阪、兵庫、島根、福岡県に店舗を有する。人
材紹介事業は2019年4月にスタートさせている。

APPENDIX

事業評価委員会報告書

　JHRでは、2020年6月の事業終了を前に、第三者による事業評価委員会で取り組みの検証を行いました。ここではその報告書を掲載します。

【事業評価委員会】
　委　員　長　　星　　　岳雄（東京大学大学院経済学研究科　教授）
　委　　　員　　翁　　百合（日本総合研究所　理事長）
　　　　　　　　増田　寛也（日本郵政　代表執行役社長）

【JHR側オブザーバー】
　非常勤取締役　渡邊　　准（地域経済活性化支援機構 代表取締役専務）
　社外取締役　　冨山　和彦（経営共創基盤 代表取締役CEO）
　社外監査役　　松井　秀樹（森・濱田松本法律事務所 パートナー　弁護士）

日本人材機構事業評価報告書

2020年6月8日
日本人材機構事業評価委員会
星　岳雄
翁　百合
増田　寛也

1．背景

　日本人材機構は、政府成長戦略が2015年に改定された時に焦点となった「ローカルアベノミクス」の推進を担う一機関として、政府主導で設立され、業務を開始した。「地域に活気溢れる職場と魅力的な投資先を取り戻す」ことの一助となるべく、首都圏の経営幹部人材が地方企業に流れるような転職市場を創出することが期待された。設立当初から民間企業の参入を促すようなビジネスモデルの開発と新たな市場の創出を目的としており、そのような基礎が確立され、民間だけにより市場が持続される目処が立った時には、解散するという計画であった。現在設立から4年以上が過ぎ、所期の目的が達成されつつあるとして、2020年6月末を持って機構は事業を終了することになった。

　本委員会は、4年以上にわたる日本人材機構の全活動を展望し、その成果を評価することを目的とする。2020年3月から5月までの間に、3回の正式会合に加えて、委員会と機構の間での情報交換、委員間での議論、外部に委託した調査などをもとに、この報告書をまとめた。

　本報告書の構成は次のようになっている。この第一節に続く第二節では、日本人材機構の歴史を簡単にまとめることによって、主な活動を概観する。第三節は、諸活動を通じて、日本人材機構の目標の妥当性を検証し、それがどれくらい達成されたのかを評価する。これがこの報告書の中心部分となる。特に成果が上がったと思われる事業の具体例もいくつかボックスにして示す。最後の第四節では、日本人材機構の解散以降も、同様な官民連携のプ

ロジェクトが日本の諸問題の解決のために使われることになる場合もあるだろうが、その時に役立つような教訓をまとめて、報告書を締めくくる。

2．日本人材機構の歴史

　日本人材機構は、「まち・ひと・しごと創生総合戦略」（2014年12月閣議決定）により、地方への人材還流策の一つとして設立が決定され、2015年8月に株式会社地域経済活性化支援機構の100％子会社として設立された。同年11月に有料職業紹介業の許可を取得し、事業をスタートした。当時は親会社が2023年3月までの時限（その後2026年3月まで延長）であったため、機構も遅くとも2023年3月までに業務を完了する前提であった。主要な地銀に地方企業紹介を依頼し、人材は民間のヘッドハンターと協同してサーチするという方法で始めた。日本人材機構が当初から目標としたのは、①地方企業支援の新しい事業モデルを開発すると同時に、②首都圏人材に対して地方で働くことの魅力をアピールして、③首都圏と地方をつなぐ幹部人材のマーケットを創出することだった。

　地方企業支援の事業モデルとして当初考えられたのは、従来の人材紹介業とほぼ同じものであった。地方企業のコンサルティング的な事業も想定してはいたが、機構本務の人材紹介とは別の付随的なサービスと捉えられていた。首都圏と地方をつなぐ幹部人材のマーケットの創出に関しては、機構単独で行うことを想定していた。2020年度までに年間2000名程度の転職市場（約50億円と推定）を実現するために、機構で年間200名程度の転職を斡旋することができれば、マーケットが動くと想定した。地方に関心が低い首都圏人材に対してのアピールは、興味を喚起するため、地方で働くことの魅力・醍醐味を伝えるメディア（現Glocal Mission Times：GMTに相当）、具体的な求人への応募を促すための地方幹部求人メディア（現Glocal Mission Jobs：GMJに相当）の2種類のメディアを、機構で開設・運営することを最初から想定していた。

　しかし、事業モデルの内容とマーケット創出戦略に関しては、2016年度に

おいて早くも見直しを迫られた。2016年度上半期の実績が人材紹介成約3件、コンサルティング1件と振るわなかったことから、人材紹介業の機能だけでは、地方企業に真に必要な人材像を明確化することは難しく、その生産性向上を図るためには不十分との認識に至り、事業の再定義を行った。地方・幹部人材に特化した人材紹介会社ではなく、「地方企業が自立的・持続的に成長・発展する仕組みを『ヒト』の視点から一緒に創り上げていく会社」とした。新しい事業モデルとして、企業診断から人材紹介を一気通貫で提供する体制を考案し、「伴走サービス」と呼ぶようになった。2017年10月には、1）経営課題の整理、2）解決策の策定、3）人材要件の定義、4）人材紹介、5）定着化の推進を標準サービスとする「伴走型支援サービス契約」を策定した。同時に、事業が単なる人材紹介よりも広いことを勘案して、将来民間企業の参入インセンティブとなるように、成功報酬を紹介人材の年収の30％から45％に引き上げた。

　マーケット創出戦略に関しては、地域金融機関に対して単なる情報提供を期待するだけではなく、新しいマーケットを作るパートナーの可能性を見出した。機構の企業診断が地域金融機関の事業性評価と共通点を多く持っており、地域金融機関が機構の目指す機能を担うことは、事業性評価への取組みと顧客との「共通価値の創造」を促す金融庁の方針（平成28事務年度金融行政方針）とも合致すると考えたからである。機構と同等の機能を地銀と協同して地域に設立する事業構想（MINI JHR構想）をたて、2017年11月には北洋銀行との共同事業（北海道共創パートナーズ：HKP）が実現した。HKPの事業は初年度から黒字になり、その後も順調に拡大した。2018年3月の規制緩和の結果、地域金融機関による人材紹介業参入が可能になると、地域金融機関に機構の活動を全面的に移植する「インストール」型のマーケット創出が中心になった。りそな銀行（2018年5月）、広島銀行（2018年10月）、山口FG（2019年6月）、北陸銀行（2019年10月）で、伴走型支援サービス事業の体制構築を支援した。それ以外の地域金融機関でも本体あるいは類似法人を設立して伴走型支援サービスに参入する動きが活発になった。機構は、伴走型支

援サービスの内容とそれに参入する際のノウハウをまとめたガイドブックを作成し、2020年に地域金融機関向けの配布を開始した。さらに、解説動画も制作し、ウェブサイトに掲示されることになった。今後、ノウハウに加え事例などを体系的にまとめた書籍が出版される予定である。また、地域金融機関以外のインストール先として、地方大学および人材紹介会社が模索された。地方大学では、2018年度に始まった信州大学との共同による地方創生人材教育プログラムは、中小企業庁や文科省の支援も得て、順調に展開されている。

　首都圏人材に対して、地方企業への興味を喚起し、やりがいを発見させるためのプロモーションは、2017年3月のSelf Turn Online（STO）メディアの立ち上げによって、本格的に始まった。2016年6月の首都圏管理職に対するサーベイの結果、現在の企業では十分に活用されていないと感じ、しかも地方企業で働くことにある程度興味を持っている人が多いとの確信を得たためである。この「大票田」を動かすべく、「本当の自分らしく働く」という意味をこめたSelf Turnというメッセージを打ち立て、啓蒙を図った。2017年4月にはGMT（Glocal Mission Times）ウェブサイトを立ち上げ、地方で働くことの魅力を伝えるようなコンテンツを発信し始めた。2018年半ばになると、「人生100年時代」という言葉も人口に膾炙するようになり、STOの啓蒙活動は役割を終えたと判断し、具体的に地方幹部としての就職に関心を持つ首都圏人材の拡大を目指すGMTと統合した（2019年3月統合完了）。一方2018年12月に地方幹部求人情報を掲載するGMJ（Glocal Mission Jobs）ウェブサイトを立ち上げ、GMTとの連携によるマッチングを図った。GMTとGMJの2つのサイトは、一般に「送客モデル」と呼ばれる収益モデルを構築しており、2020年5月28日に民間企業へ売却されることが決定した。両サイトは今後、民営の事業として継続されることとなる。

　表1は、2015年度から2019年度までの日本人材機構の年度毎の業績などをまとめたものである。設立が2015年8月だったので、初年度は8ヶ月だけであった。人員数はほぼ3年かけて60人以上に達し、以降はその規模が保たれ

た。一方、人材紹介を始めとする事業は、特に最後の2年間で大きな成長をとげ、売上高も増加した。しかし、営業利益の方は黒字化することなく、37億円の累積赤字になった。人材紹介の業務に限ると、通算で154件の成約があり、紹介された人材の平均年収は845万円、平均年齢は49.2歳だった。

3. 日本人材機構の事業評価

3.1. 目標の妥当性

　日本人材機構の目標は、①地方企業支援の新しい事業モデルを開発すると同時に、②首都圏人材に対して地方で働くことの魅力をアピールして、③首都圏と地方をつなぐ幹部人材のマーケットを創出することだった。機構の事業評価に入る前に、これらの目標の妥当性を考えてみよう。

　前節で見たように、機構は「まち・ひと・しごと創生総合戦略」の地方への人材還流策の一つとして設立された。地方経済のポテンシャルが十分に活かしきれていない一方で、首都圏には活かしきれていない経営人材が多く存在するとの認識のもとで、首都圏人材を地方企業につなぐことができれば、地方企業の成長を助け、雇用が増加し、それが住民の増加にもつながり、さらなる経済成長につながるというロジックであった。このような「しごと」と「ひと」の好循環をスタートする役割を担ったのが日本人材機構だった。

　機構設立前の日本の人材紹介事業者は、首都圏人材は首都圏内の企業に紹介することが効率的だと考え、地方転職市場を開拓しようとするとことはなかった。結果として、首都圏人材には地方企業の情報がほとんど入らず、これが首都圏と地方の間の人材移動を阻害する要因になっていた。日本人材機構は、こうした状況を打破することを目標とした。

　「まち・ひと・しごと創生総合戦略」全体は、様々な政策を含んでいて、中には東京一極集中を是正するために地方から首都圏への転入を減らそうとするような、日本全体の経済の成長の観点から疑問視される取り組みもあるが、逆に首都圏から地方への人材移動を促進して地方経済を活性化しようとする試みに異議を唱える人は少ないだろう。したがって、日本人材機構の目

標自体は妥当であったと思われる。

　また、日本人材機構の社外取締役としてこの委員会にもオブザーバーとして参加し、「まち・ひと・しごと創生総合戦略」の策定にも関わった冨山和彦氏によれば、優秀な経営人材の助けを得れば地方企業の多くは高成長を遂げることが可能だということは、産業再生機構や経営共創基盤の経験から明らかだったという。このようにある程度エビデンスをもって目標が策定されたことも評価されるだろう。

3.2.　事業評価の方法

　目標が達成されたかどうかを厳密に検証するためには、もし日本人材機構が存在しなかったとしたらどうなっていたか、あるいは機構が実際にとった戦略とは全く違ったものを選んでいたらどうなっていたか、という仮想現実を構築し、それを実際に起こったことと比べるというのが理想的である。そのためには、最初の段階から目標の達成度の指標を決めて、機構の影響が測れるような形で（可能であればコントロールされた実験のような形で）事業を実施していくべきである。しかし、日本人材機構はそのよう形では出発しなかった。最初から厳密な評価まで考慮に入れて事業をスタートできなかった理由は、事業の内容が固まっていなかったということもあったかもしれない。目標ははっきりしていたが、それをどのように実現するかは明らかではなく、手探り状態で始めたという面も大きかったのではないか。実際、機構は、かなり早い段階で事業戦略の見直しを行わなければならなかった。今後似たような形式で政策目標を持った事業機関を設計する時には、できる限り厳密な事業評価ができるように、最初から事業の進め方などを考える必要があるだろう。ただし、日本人材機構の場合は、主目標が当時存在しなかったマーケットの創出であったので、機構がなかった場合の仮想現実としては、マーケットの不在が続いたものと考えるのも不自然ではないだろう。地方企業への人材紹介を機構と同時期に行った組織ももちろんあったであろうが、意図されたようなマーケットが比較的短期で成長したということであれば、

その成果の相当部分は機構の業績と評価することができるのではないか。地方企業支援の新しい事業モデルも同様に考えて、もし機構が存在しなかったら、機構が開発したモデルは現れなかったと仮定しよう。以下では、これらを前提として、3つの目標のそれぞれについて、達成度を測るように試みる。また、機構はこの委員会による評価の一部として、東京大学政策評価研究教育センター（CREPE：Center for Research and Education in Policy Evaluation）に依頼して、機構が行った人材紹介のデータ分析を行っている。CREPEの最終レポートは資料3としてこの報告書に添付するとともに、以下でも事業評価の観点から特に重要だと思われる結論をまとめる。

3.3. 地方企業支援の新しい事業モデルは確立されたのか？

　まず、新しい事業モデルとして、機構は「伴走型支援サービス」というものに到達したが、これは今後民間だけで続いていくような新しいビジネス分野として確立されたのだろうか？ここでは、二つの観点からこのビジネスモデルの持続可能性を検討する。一つは、顧客（転職者と転職先企業の両方）の満足度であり、もう一つはビジネスモデルそのものの収益性である。

　満足度は、フォローアップ・アンケート調査によって測る。詳しくは資料1に示すが、2020年1月から3月にかけて、機構は、人材紹介が成約した件のうち、転職者が入社後半年以上経過した企業について、対面式のアンケートを行い、54社（対象企業の67.5％）の経営者と71名（対象の77.2％）の転職者から回答を得た。経営者のうち約85％が、今回の中途採用は会社にとっても経営者自身にとっても良い影響をあたえた、と答えている。転職者の方もほぼ9割が今回の転職に満足していると回答した。良い影響があったと答えた企業では、経営者が転職者に頻繁に相談し、一般社員と転職者のコミュニケーションもうまく行っているようである。転職者の方は、社長との距離が近いこと、社内で責任のある立場、そして地方での暮らしぶりに満足を見出しているようである。

　満足度の高さの一つの理由は、機構が単に人材紹介をしただけではなく、

216

地方企業の状況を適切に把握し、企業とともに必要な首都圏人材を探した結果であろう。機構が最終的に紹介した人材は、企業が最初に要望した人材像と違うことがしばしばだったという。「伴走型支援サービス」の要件である、人材紹介時の企業に対する的確な目利きと経営戦略策定が、適切な人材とセットで提供されたことが功を奏したと思われる。

　関係者の満足度が高くても、また社会的に価値を生み出していても、ビジネスモデルに収益性がなければ、民間主体だけで持続していくことは期待できない。機構の生み出した「伴走型支援サービス」は、十分な収益が期待できるものなのだろうか？機構は、2019年の初めに外部コンサルティング会社に委託して、2018年4月から12月の機構の実績をベースにして、機構の事業の中から伴走型支援サービスに関わる部分だけを切り出し、地方においてその事業をインストールした場合にどれほどの収益性が期待できるかを試算した。非現実的だと思われる仮定も含んだ簡単な試算にすぎず、この分析だけを信頼することはできないが、10％を少し超える営業利益率が予想されているのはこの事業の収益性にとって心強い材料ではあるかも知れない。

　「伴走型支援サービス」の収益性に関しては、実際にその事業を行ってきている北海道共創パートナーズ（HKP）の実績をみるという方法もある。Box 1にあるように、HKPは、機構と北洋銀行の両者が選りすぐりの人材を送り込み、北洋銀行首脳部の全面的サポートのもとに、主に「伴走型支援サービス」を展開した。初年度から黒字を確保し、2020年3月期には売上高約4億円、営業利益も1億円にせまるまで成長した。顧客企業のITシステム支援など、伴走型支援サービスに必ずしも本質的ではない事業を除いても、約18％の営業利益率を上げている。

　現在では、実際「伴走型支援サービス」に参入する地域金融機関が増えているということも、このビジネスモデルの収益性の傍証になるだろう。地域金融機関の人材紹介業への参入状況については、2019年後半に機構が金融庁と一緒に行った調査が参考になる。それによると2019年6月末までに地方銀行24行（全体の38％）、第二地方銀行8行（全体の21％）が人材紹介業の免許

を取得していた。この動きはその後も加速していて、2020年3月末での公表情報をベースとした機構の調査によると、地方銀行の実に73％（47行）、第二地銀の33％（13行）が免許を取得している。

　地域金融機関の関心の高さは、先導的人材マッチング事業に多くが応募したことからもわかる。これは、第2期「まち・ひと・しごと創生総合戦略」（2019年12月閣議決定）により創設された制度で、その公募要領に「地域の中堅・中小企業の経営課題等を把握している地域金融機関等が、取引先等の人材ニーズを調査・分析し、職業紹介事業者等と連携するなどしてハイレベルな経営人材等のマッチングを行う取組に対して支援を行う」とあるように、まさに機構が行ってきた「伴走型支援サービス」を支援しようとする制度である。資料2から見て取れるように、日本全国にわたって38行が最終的に選ばれた。これだけの数の機関が応募して選ばれたということは、「伴走型支援サービス」への関心が高いことを示している。また、補助金は人材紹介が成立した場合のみに支払われるので、補助金だけを頼りにした応募はなかったと思われる。

　HKPの実績、地域金融機関の関心の高まり、そしてフォローアップ・アンケートの結果から、機構は十分に価値の高い事業モデルを開発することに成功した、と言ってよいだろう。

3.4. 地方で働くことの魅力を首都圏人材にアピールできたのか？

　首都圏人材発掘のための諸事業の効果はどうであったか？機構は「新しい社会価値」を創出できたのか？この質問に答えるために、機構が2016年度から実施している「首都圏管理職の就業意識調査」の結果を見る。資料4は、2020年の調査に関するプレス・リリースであるが、この調査は、一都三県（東京、神奈川、埼玉、千葉）に住み東京都の大会社で勤務している課長職以上の管理職を対象としたものである。2020年の結果を見ると、51％の人々が地方企業で働くことに興味があると答えている。これは2016年度の44％に比べてアップしている。また、地方の中堅中小企業から実際に経営幹部職とし

てオファーがあった場合には、年収が現在と同程度なら56％が、年収が
1 - 2割下がる場合でも47％が興味ありと答えている。また、約30％の回た
りの応募数で見て大手転職サイトに匹敵する業績をあげていることなどがあ
ると言う。

3.5. 首都圏と地方をつなぐ幹部人材のマーケットは創出できたのか？

　日本人材機構がスタートした時、そのようなマーケットは事実上存在しな
かったと考えることができる。日本人材機構が2016年2月にインターネット
を通じておこなった調査によると、10,415名の地方企業の正社員のうち、①
管理職（課長以上）で②しかも首都圏から転職してきたものは37名に過ぎな
かった。10,415名のうち何名が管理職だったかはわからないが、2割だった
としても、管理職のうち首都圏から転職したものの割合は、1.8％である。
37名のうち7名についてより詳細な追跡調査をしたところ、首都圏で管理職
の経験があったものは1名のみであった。地方企業の管理職のうち、首都圏
の管理職から転職したものの比率はほぼ0％だったと言えるだろう。

　このようなほとんど存在しなかったマーケットが4年後にはどうなったで
あろうか？大手人材紹介会社へのヒアリングをもとにした機構の試算による
と、2019年度において地方圏（一都三県以外）で年収700万円以上の転職が
4000〜5000件成立しており、そのうち、首都圏（一都三県）から転職者が移
住したケースは1000件〜1200件と推定される。このことから、機構の活動中
にマーケットが育ってきたことがわかる。

　機構が作ろうとした首都圏から地方への幹部人材の流れには、地方国立大
学を活用したものもあった。Box 2でこの試みを簡単に整理しているが、こ
れは広い意味で新しいマーケットを創出するための事業と考えてよいだろ
う。Box 2にあるように、機構はすでに信州大学が設立したNPOである
SCOPにノウハウを伝授し、現在はSCOPが信州大学のみならず、金沢大学
でも、首都圏人材と地方企業のスムーズなマッチングを図るプログラムを企
画・運営するようになっている。2020年度にはこのようなマッチング事業が

「大学による地方創生人材教育プログラム構築事業」として文科省の予算に組み込まれることになり、もともとは機構が信州大学と共同で開発したプログラムが全国に展開される予定である。事業への公募が4月16日に開始され、応募締切は7月29日になっており、この報告書を準備する段階では、いくつの地方国立大学が応募するかはわからない。しかし、地方創生における地方国立大学の重要な役割の一つになる可能性は高いだろう。

3.6. 東大CREPEによるデータ分析

資料3にあるように、東大CREPEは日本人材機構が行った人材紹介の成約案件のデータをもちいて、どのような人材マッチングが実現されたのかを分析した。人材の年齢や転職前後の年収などの数値データに加えて、案件ごとにある「経緯」、「採用時ミッション」、「企業側決定要因」、「候補者側決定要因」、「担当者コメント」などのテキストデータも分析した。ここでは、特に重要だとおもわれる結果を整理する。

まず、前職に比べて年収が上昇するケースと反対に年収が下落するケースの両方のケースが見られた。首都圏人材の地方企業への紹介は、機構が設立される前は民間の人材紹介会社は全くと言っていいほど手掛けていなかったことを考えると、実際に年収が上昇するケースがあったということは、本来は発見されていてもよい利潤機会が見落とされていたということになる。このような満たされていない潜在市場を掘り起こしたという意味で、年収が上昇するような案件は、機構の貢献を明らかに示す。CREPEのテキスト分析によれば、年収が上昇するケースというのは受入企業側の事業が拡大しており、その事業の管理の人材を求めている場合が多い。転職者側もその経験が活かせる点を転職の決め手として挙げている。

年収が前職に比べて下落するケースは、民間の人材紹介会社が見落としていたとしても不思議ではない。機構の活動の結果、たとえ年収が下がっても地方企業に首都圏から転職する人材がいたというのは、重要な発見である。機構の生み出した「伴走型支援サービス」の成果と考えてよいだろう。首都

圏人材が年収減でも転職したいと思うようなポジションを地方企業と（そして地域金融機関や地方国立大学と）共に、作り上げることができたということだろう。CREPEの分析によると、年収が下落するケースというのは、受入側企業は、歴史のある企業であるが現在は事業が停滞し、次なる戦略を模索している場合が多いという。転職者側は出身地に帰り、地域の振興を目指したいという人が多い。

　年収が増加するのは転職者が50歳未満の場合に多く、減少するのは50歳以上の場合に多いという結果も得られたが、これはもう少し詳しく分析すると、前職の年収のレベルの影響であることがわかる。前職が大企業に典型的な年功賃金で、若い頃には生産性を下回るような賃金が払われていて、逆に年齢があがると生産性を上回る賃金が支払われていたとすると、転職後は年齢が高いほど減収になる。CREPEの分析でも、年収増加の要因として、年齢と前職の年収の両方を考える時、前職の年収でほとんど説明できて、年齢の追加的な説明能力はなくなることがわかった。

　最後に、CREPEは、地域金融機関が企業を日本人材機構に紹介するなどの銀行の関与があったケースは他のケースとどのように違うのか、ということも分析している。その結果、銀行の関与は、年収増減には影響を与えないようだが、生産や経理といった具体的な事業の管理を担当する人材を求めていて、転職者もそのような専門知識を持った人が幹部として迎え入れるなどの場合が多かったことがわかる。

3.7.　機構の戦略変更の評価

　機構が目的の達成に成功した要因の一つに、早い時期でエビデンスをもとに戦略を変更したことがあげられるかも知れない。上で見たように、機構は設立当初、「新しいビジネスモデル」という目標の具体的な姿として、首都圏から地方への「人材紹介ビジネス」を考えていた。方向こそ違うが、基本的には企業の求める人材を探してくるという伝統的な人材紹介と変わらないモデルである。しかし、機構は早い時期に、企業の求めるべき人材もっと一

般的には企業にとって人材に限らずもっとも必要な戦略までさかのぼって、協力して考えることが重要であることに気づいた。その結果として、いままではなかった「伴走型支援サービス」という伝統的な枠を大きく超えた人材紹介のビジネスモデルを創出することができた。伝統的な「人材紹介ビジネス」に固執していてもある程度目標を達成できたかどうかという分析は難しいが、機構の初期の苦労、それから事後的な結果から判断して、この戦略変更は成功の要因だったと考えてよいだろう。

もう一つの戦略変更は、「自社活動中心」から「ローカルな経済主体への実装」への変更だった。これもHKPの実績から考えて、成功した戦略変更だったと言えるだろう。また、地域金融機関への実装を早くから考えたことは、機構が創出に貢献したマーケットが機構の事業停止後も民間の主体によって発展していく基礎を作るのにも役立っただろう。

もう一歩踏み込んで、このような早い時期でのエビデンスに基づく戦略変更を可能にしたのは何だったかを問うこともできる。我々は、質が高くやる気のある経営陣や民間からのスタッフを据えて、経営の自由度を高めるガバナンス態勢をとったことにあるのではないかと考える。これも厳密な検証は不可能であるが、少なくとも最初の戦略にとらわれないことによって、目標達成の可能性がかえって高くなる例を示している。今後の類似の官民プロジェクトの参考になると考えられる。

3.8. 機構が人材育成に果たした役割

機構には、主な目的以外の分野での成果も見受けられる。第一に、機構の中で今後人材紹介をはじめ様々な分野で活躍していくだろう人材を育成したことである。機構で伴走型支援サービスやその地域金融機関や地方大学への実装業務に従事した人材は、機構の業務終了後、民間の立場で同様の業務に取り組むことが期待される。実践を通じたノウハウの移植により、マーケットの拡大を担うこととなろう。

機構からHKPに出向していた2名は北洋銀行への株式譲渡に伴い4月1

日付で転籍しており、GMJについても売却に伴い担当者が移籍することが予定されている。加えて、4月時点で少なくとも10名が独立する計画を有しており、その他のメンバーもコンサルティング会社、地域金融機関、人材会社などに籍を移して活動することが見込まれている。

また、機構では人材の出向や短期研修の受入れによるノウハウの移植も推進しており、これまで地域金融機関や人材会社などから5月末までに21名の人材を受け入れている。彼らが帰任した後に伴走型支援サービスの担い手として各社内での展開が期待される。

第二に、その事業を通じて、他の重要政策分野での問題解決へのヒントを得ることもできた。たとえば、Box 3 で紹介しているように、兼業・副業規制の緩和が首都圏と地方をつなぐ人材の還流に貢献するという発見はその一つである。地域金融機関の生産性向上と首都圏と地方をつなぐ人材マーケットの発展との間に大きい親和性があるという発見もあった。さらには、地方創生における地方大学や高専など高等教育機関の新たな役割を発見することができたのも機構の貢献の一つだろう。

4．将来への教訓

日本人材機構は、株式会社形態ではあるが、政府主導で設立され、首都圏と地方をつなぐ幹部人材のマーケットを新しく作り出すという明確な政策目標を持っていた。前節で見たように、日本人材機構の目標はおおむね達成されたと言えるだろう。この節では、日本人材機構の経験から今後の官民プロジェクトの実施に関してどのような教訓を得ることができるかを整理して、結論とする。

具体的には、次の四つの教訓を読み取ることができると思われる。

①厳密な事業評価のための枠組みとデータ蓄積の仕組みを最初から作っておくことが必要である。

②新しい市場の開拓や新ビジネスモデルの開発といったことが政策目標の場合は、政府の事業としてではなく、政府外からも人材を招いて株式会社形

態として行うことが重要である。

③あらかじめ存続期間をある程度決めておいて、市場ができ始めて、民間の参入への関心が高まってきたときに撤退するというのが望ましい。

④必要であれば柔軟に戦略を変えていけるような経営体制が望ましい。

4.1. 事業評価の枠組みとデータ蓄積の仕組みを事前に作ることの必要性

まず、3．2節で指摘したように、この委員会では、日本人材機構の活動の成果をそれがなかった場合の仮想現実と比べるという意味での厳密な評価ができなかった。これは、そのような厳密な評価を念頭に置いて事業が実行される体制がなく、厳密な評価に必要なデータも蓄積されなかったことによる。これは、CREPEのレポートが指摘している問題点でもある。機構が開発したビジネスモデルが新しかったこと、機構が目指した地方企業の幹部候補としての首都圏人材のマーケットがほとんど存在しなかったことなどから、この事業評価ではビジネスモデルの普及およびマーケットの発展をほぼすべて機構の貢献と仮定した。これは妥当だったと思われるし、この点に関しては機構が存在しなかった場合の仮想現実を明確に測定するのは難しいと思われる。一方、機構が開発したビジネスモデルがどれほどの効果を持ったのかという評価は、あらかじめ体制を整えて必要なデータを収集していれば可能だったであろう。今後の官民プロジェクトそして政策介入一般の課題である。

4.2. 政府から距離をおいた株式会社形態の重要性

次に、機構が新しいビジネスモデルを開発して新しいマーケットを創出するという目標を達成できた大きな理由は、それが政府の機関ではなく、政府から距離をおいた株式会社として設立されたことだったと思われる。これには少なくとも三つの理由が考えられる。

第一に、ビジネスモデルが開発できたか、持続的なマーケットを創出できたかなどの最終目的を達成するインセンティブをつけやすいということであ

る。もし政府の機関として首都圏から地方への経営人材のフローを活性化するというような事業が行われていたら、それを目的とする決められた政策を実行するだけで、ビジネスとしての持続性などは考慮されなかった可能性が高い。政府機関で官庁からの出向者が中心だったら、決められた政策を実行する以上のことをやるインセンティブはないし、事業が終われば元の役所に戻るのだから、ビジネスモデルの持続性などは考える必要はないからである。第2節で見たように、機構がたどり着いた「伴走型支援サービス」というビジネスモデルや地域金融機関に事業を「インストール」するとかいうようなアイディアは、設立当初にはまったくなかったものである。政府機関としてやっていたら、こうした新しい発想は生まれなかっただろう。政府とは違った株式会社として、地方企業、地方銀行、そして首都圏人材と真剣にビジネスを行ったから、持続可能なビジネスモデルが生まれ、マーケットができあがってきたのであろう。この点は、小城社長も含めて機構の経営陣が重要視している点でもある。

　第二に、関連しているが分けて考えるべきは、政府機関ではない組織を作ることによって、機構自身の経営陣を広く集めることができた点である。決められた政策だけでなく、最終目標に関する結果を念頭に置いて、経営していくためには、優れた経営陣が不可欠である。3節で見たように、3つの目標分野のどれをとっても、日本人材機構は最初の計画にとらわれることなく、目標達成のための様々な試みを打ち出した。最初の計画がそもそもほとんどなかった分野もある。このような創造的な活動を可能にしたのは、機構の有能な経営陣だったと言えるだろう。

　通常の株式会社として組織するもう一つの利点は、政策コストを累積赤字という形で明確にすることである。機構の目的は、まだ存在しない新しいビジネス、新しいマーケットを創出することだったので、少なくとも最初から黒字が見込めなかったのは明らかである。もし、最初から黒字化するようなビジネスであったなら、政策的介入がなくても民間で市場がすでに生まれていたはずだろう。この意味で、機構が行った事業は、民間ですでに確立され

た市場で活動する官民ファンドとはまったく違う。官民ファンドがマーケットをはるかに下回るような収益しか出せないようでは問題だし、まして損失を積み上げてしまうのは問題だろう。機構のような事業は、赤字それ自体は、それを上回る政策効果があれば問題ではない。政策コストとしての赤字を政策の効果と比べる費用効果分析が必要とされるが、そのためには上で指摘した厳密な効果分析が不可欠になる。

4.3. 時限的な組織の利点

　第三に、機構が最初から時限的な組織として設立されたことも重要だったと思われる。民間だけで持続可能なビジネスモデルとマーケットを創出することが目的なのだから、そのようなマーケットの発展が見えてきたときに、政策実行のために作られた機関は撤退するのが望ましい。もし、そのようなマーケットが一向に育たない場合には、それは政策がうまく行っていないことを意味するのだから、撤退して違う政策にシフトするのが望ましい。いずれにしても、このような政策機関は時限的なものにするのが望ましく、日本人材機構がそのように作られたのは評価すべきだろう。さらに、時限の存在は、機構が期間以内に本当に持続的な市場を作らなければならないというプレッシャーにもなり、効果を持ったと考えられる。

　また、時限的組織にするもう一つの利点は、そこで育った人材が組織の終了後に民間で活躍を続けていける、ということにもある。今後の官民プロジェクトにとって参考にすべき点である。

4.4. 戦略変更を許容する柔軟な組織の利点

　最後に、3．7節で指摘したように、日本人材機構の成功の要因の一つに、比較的早い段階での戦略の変更があった。これは、機構には政策目標は明確なものが与えられていたが、それを実現する手段に関しては、経営陣の判断に任されたことを示す。このように経営陣に裁量権を与えたことが良い方向に働いたと思われる。もちろん、このようなアプローチが成功するため

表 1　日本人材機構主要指標一覧

	2015 年度	2016 年度	2017 年度	2018 年度	2019 年度	合　計
■伴走型支援サービス						
人材紹介決定	0件	12件	25件	67件	50件	154件
						⌈平均決定年収⌉ 845万円 平均年齢 ⌊49.2歳⌋
アライアンス等による人材決定	0件	1件	1件	10件	31件	43件
その他コンサル等による支援	1件	8件	41件	108件	171件	329件
合　計	1件	21件	67件	185件	252件	526件
■社会実装						
○金融機関向け支援						
人材事業への参入支援			1行	2行	3行	6行
人材出向による支援			4人	6人	5人	15人
○地方大学向け支援						
プロジェクト実行支援				1校	2校	3校
プロジェクト参画人材				9人	14人	23人
（うちプロジェクト後定着）				（8人）	（11人）	（19人）
○人材受入れ、育成						
出向の受入れ			1人	2人	4人	7人
短期研修の受入れ					6人	6人
■メディア事業						
GMTユニークユーザー			3.3万人	9.3万人	9.6万人	
GMJ求人数（累計）				145件	597件	
GMJ1求人当り応募数				1.9人	4.9人	
■期末人員						
常　勤	19人	37人	55人	54人	51人	
非常勤	5人	5人	9人	12人	12人	
合　計	24人	42人	64人	66人	63人	
■財務数値						
売上（千円）	4,630	36,897	180,569	470,664	305,400	998,160
営業利益（千円）	− 229,025	− 649,887	− 999,914	− 917,490	− 917,776	− 3,714,092

には、優秀で意欲のある経営陣が必要である。そのためには、4．2節で見たように、政府とは距離をおいた株式会社として組織化するのが重要である。今後の官民プロジェクトでも、優秀な経営陣に裁量権を与えて、意欲を引き出していくような仕組みが必要だと思われる。

Box 1：北海道共創パートナーズ（HKP）

　北海道共創パートナーズ（HKP）は、MINI JHR構想の具体化策として2017年11月に事業を開始した。日本人材機構50.1％、北洋銀行49.9％の出資により、双方から出向した6名のメンバーによって立ち上げられた。

　日本人材機構側はインストール戦略の象徴的事例を創るべく、精鋭を出向メンバーに登用し短期集中のノウハウ移転を目指した。北洋銀行側もHKPを対法人営業の新たな競争力の源泉ととらえ、同行のエース級の人材を惜しみなく投入した。設立当初から北洋銀行の融資業務の最高責任者が役員として参画し、各営業店におけるHKPの活用を強く奨励するとともに、銀行本体との様々な調整に関与した。これにより、銀行本体からの不必要な干渉・介入が極小化されるとともに、銀行の顧客基盤を最大限利用することが可能となり、機構からの出向者が実力を発揮できることになった。

　HKPは初年度（2018年3月決算期）にすでに黒字を実現し、その後も北洋銀行の顧客から高い評価を得て業容を拡大した。2020年3月時点で売上高約4億円、人員16名となっている。銀行からの出向者も、顧客企業のオーナーの経営をサポートする業務にやりがいを感じており、最近では顧客企業の社外取締役に乞われて就任するケースも出始めている。「自分はこういう仕事をしたくて銀行に入った」とのコメントが銀行出向者から数多く聞かれるという。2019年3月にはHKPが地方創生担当大臣表彰を受賞、また2020年3月には転職サイト大手が主催するヘッドハンター・オブ・ザ・イヤー地方創生部門をHKPに出向中の北洋銀行員が受賞している。

　2020年4月には北洋銀行からの申し出により日本人材機構の持分が同行に譲渡された。同時に、北洋銀行本部のM＆A担当部局がHKPに統合されると

ともに、事業承継ファンドが設立され、北洋銀行グループの対法人ソリューション事業の中核組織として位置づけられた。

なお、現HKP社長の岩崎俊一郎氏は、公認会計士で監査法人、コンサルティング会社を経て日本人材機構に入社した後、HKPの創業メンバーとして出向したメンバーの一人である。北洋銀行からの要請を受け、人材紹介事業担当者1名とともに、株式譲渡時にHKPに転籍している。

> ## Box 2：地方国立大学による地方創生人材プログラム
>
> 首都圏人材の中には、地方創生に関心はあるものの特定の企業にいきなり転職するには不安があるとの声が少なくない。首都圏人材を採用した経験のない企業オーナー側も同様な不安を持っている場合が多い。このような不安を解消するようなモデルを、機構は信州大学と共同で開発した。
>
> 首都圏人材が信州大学の客員研究員となり、週3、4日は事前にマッチングされた企業の支援にあたり、残りの1、2日は大学で学習・研究活動するというプログラムである。実際に企業を支援して新しい知見を得るだけではなく、大学で担当教員や他の客員研究員からアドバイスを得ることもできる。この間、プログラムの参加者には月額30万円の報酬が企業から直接支払われる。半年間のプログラムの後、人材とオーナーの双方が合意した場合は、フルタイム又は副業・兼業での採用に至る。また、参加者が希望すれば、論文審査などのプロセスを経て実務家教員への登用という途も開かれている。
>
> 首都圏でも名前の通っている地方国立大学の客員研究員というポジションを用意することによって、首都圏人材の地方転職に対する心理的ハードルを大きく下げる効果を持つと同時に、参加者とオーナー双方に実務に携わりながらお互いを知る期間を提供するのが狙いであった。
>
> プログラム初年度の2018年度は、10社10ポジションに105人の応募があり、8社9人についてマッチングが成立してプログラムをスタートした。半年後に7社8人がフルタイム又は副業／兼業で地域に定着する成果を収め

た。2019年度には金沢大学でも同様のプログラムを実施し、7社9人のマッチングが成立し、6社7人が採用に至った。

　信州大学のプログラムでは、SCOPという信州大学発のNPOが事務局機能を担い、機構はSCOPにノウハウが蓄積されるように支援活動を展開した。金沢大学のプログラムにおいては、十分にノウハウを蓄積したSCOPが機構と共に企画・運営にあたった。これらのプログラムには中小企業庁から助成金が交付されたが、信州大学は2年目となる2019年度には助成金なしでのプログラム運営にチャレンジし、5社5名のマッチングを経て4社4名の定着に成功している。

　これらの成果が文部科学省の目に留まり、2020年度には「大学による地方創生人材教育プログラム構築事業」として予算化され、機構が開発したモデルが全国の地方国立大学によって展開される予定である。

Box 3．副業・兼業による地方企業への移動

　幹部として地方企業を支援するスタイルは、フルタイムの転職だけとは限らない。副業・兼業の形態で貢献できるケースも少なくない。特に、規模が小さい会社の場合には、フルタイムで人を雇うほどの仕事量がないため、週1〜2日や月に数日といった働き方の方がニーズにマッチする。

　機構は、2017年から副業・兼業人材の紹介を手掛けるとともに、経済産業省の研究会に参加するなど副業・兼業の重要性を発信し始めた。特に、地方では農業・漁業などを中心に兼業文化が古くから根付いていることに注目して、「副業・兼業は地方から」とのメッセージを発信してきた。

　2018年1月には首都圏管理職に対する意識調査を行い、首都圏管理職人材の2人に1人が副業・兼業を希望しており、休日を使った月に1〜2度の地方企業勤務には60％が関心を有するとの結果を発表している。同年にスタートした機構の求人サイトGlocalMission Jobs（GMJ）においても副業・兼業の求人を扱っている。

　2018年は、厚生労働省がモデル就業規則を改正し、副業・兼業を従来の原

則禁止から原則解禁へと方針を180度転換した節目の年とされており、「副業・兼業元年」とも呼ばれている。このころから、IT系企業を中心に副業・兼業を解禁する動きが出始め、2020年3月現在、みずほフィナンシャルグループやアサヒビールなど伝統的な業種にまで広がり始めている。また、副業・兼業に特化した人材紹介を行う事業者も現れている。

　以下では、機構が手掛けた副業・兼業による地方企業への首都圏人材の移動の具体例を3つほど紹介する。

1）東北地方の水産ベンチャーA社
　水産ベンチャーであるA社はウニの養殖で急成長していたが、ウニの漁期（5月〜8月）とそれ以外の時期の繁閑差に悩まされてきた。当地にはワカメやタコといった水産資源は豊富に存在するものの、A社のオーナーに商品開発やブランディングの経験がなく、「その道の経験者を紹介して欲しい」との依頼が機構に持ち込まれた。しかし、企業規模が小さいためフルタイムの人件費を負担することは難しいとの条件が付されていた。

　機構が副業人材として紹介したY氏（仮名）は48歳。水産加工会社の経営幹部を務めた経験があり、その後独立して食品関連のコンサルティング会社を営んでいた。機構からの声掛けによって、月2回、計5日間の副業がスタートした。着任早々A社の社員2名と商品開発プロジェクトを組成し、東京からWEB会議で進捗をチェックするなど月2回の訪問を有効に活用し、約半年でワカメを使った新商品を上市し、県のコンクールで知事賞を受賞する成果を収めた。オーナーから高い評価を得て、現在では契約期間も7〜8日に伸び、A社の経営全般のアドバイスをする参謀役となっている。また、Y氏の評判は地元に広く知られることとなり、他社からもアドバイスを求められ、地域内副業を行うまでになっている。Y氏は、まったく地縁のない東北地方に業務領域を広げられたことに喜びを感じており、今後他の地域でも同様の取り組みを行いたいと希望しているという。

２）北海道のアパレル小売会社Ｂ社

　Ｂ社は道外へ店舗を拡大しようとしていたが、道外における認知度が低く、マーケティング・ブランディング面の強化が喫緊の課題であった。Ｂ社オーナーから相談を受けた北海道共創パートナーズ（HKP）は、「課題解決に向けてはホンモノの専門人材が必要だが、フルタイム人材の必要はない。」と判断し、副業人材としてＨ氏（45歳）を紹介。Ｈ氏は大手外資アパレルメーカーでマーケティング責任者を務めたプロ人材。

　Ｂ社オーナーはＨ氏の活用を即決し、すぐに社内プロジェクトを立ち上げた。Ｈ氏は毎月２回来道し、同社のプロジェクトチームに参加。基礎的なマーケティング・ブランディングの手法、競合他社分析、SNSによる顧客アンケートの分析手法及び仕組構築、広報戦略の立案、広告媒体の選定手法等の支援を行うのと同時に、それらの内製化を進めた。

　１年間の支援を通じて、道外店舗の来店客数が1.5倍に増加する等目に見える成果が上がっただけでなく、プロジェクトを通じて、マーケティング・ブランディング領域のノウハウ内製化を一気に進めることができた。

３）中国地方の酒造メーカーＣ社

　150年以上の社歴を持つＣ社は、日本酒市場の縮小に対応するための中期事業計画をメインバンクとともに策定したものの、その実行が思うように進まないため、機構にけん引役となる副社長の紹介を依頼した。

　オーナーの子息が在京大手ビールメーカーでの修行から戻る予定であったことから、機構は副社長をフルタイムで採用するではなく、次期社長である子息の家庭教師役を副業形態で採用することを提案した。

　機構が紹介したＫ氏（仮名）は、メガバンク出身でベンチャー企業の経営者やオーナー社長の右腕などを務めた経験を有していた。週１回、社長子息をハンズオンでサポートし、二人三脚で中期経営計画を推進する体制を構築した。Ｋ氏は社長子息に経営ノウハウを伝授し、外部ネットワークを紹介するだけではなく、実の親子であるが故に難しい側面がある社長と子息間のコ

ミュニケーションを取り持つなど、外部人材ならではの役割を果たしている。同社主力商品のリブランディングや斬新な新商品の開発など、Ｋ氏参画以降の成果を評価した社長の依頼により、Ｋ氏は現在社外取締役に就任している。

<＜事業評価報告書の資料１〜４について＞

　誌面の都合により、本書では事業評価報告書の資料１〜４を割愛しております。本レポートの完全版については、（株）きんざいの本書籍に関するウェブページの［追加情報］からダウンロードをすることができます。

　ダウンロードページURL　https://store.kinzai.jp/public/item/book/B/13586/

　パスワード　B13586JHR

　なお、資料１、２、４のデータの一部については、本書籍内の下記ページに引用していますので、ご参照ください。

資料１　フォローアップアンケート結果
　　　　→本書籍内P.162〜168と同じ内容

資料２　先導的人材マッチング事業　採択金融機関38行（2020年３月31日現在）
　　　　→本書籍内P.12の図表１−２と同じ内容

資料４　首都圏管理職就業意識調査リリース
　　　　→本書籍内P.8図表１−１、P.14〜17図表１−４、１−５、
　　　　　１−６、１−７、１−８と同じ内容

資料編

　これから人材紹介事業に取り組む皆様の参考資料として、JHRが有する文書などの一部書式を公開します。

　ここに掲載した資料は、JHRによる人材紹介の際、および、各地域金融機関への人材紹介事業構築の際に用いたもののうち、案件や金融機関に固有のものを除いた、各金融機関で広く活用しやすいものを厳選したものです。各資料のPDFをまとめたzipファイルをきんざいストアの本書［追加情報］に掲載しました（https://store.kinzai.jp/public/item/book/B/13586/）。ダウンロード後、下記のパスワードで展開してお使いください。なお、ファイルの掲載は今後、予告なく終了したり、掲載場所が変更される場合がございますので、あらかじめご了承ください。

　パスワード　B13586JHR

資料①　JHRの「診立て資料」例……………………………………236
資料②　JHRによる推薦理由書………………………………………248
資料③　モニタリング用目標管理シート…………………………249
資料④　案件相談シート………………………………………………250
資料⑤　人材要件定義書………………………………………………251
資料⑥　求人票…………………………………………………………252
資料⑦　BM依頼書……………………………………………………253
資料⑧　求人管理簿／求職管理簿／手数料管理簿……………254
資料⑨　進捗管理票……………………………………………………254
資料⑩　周知のためのチラシ（行内向け）………………………255
資料⑪　周知のためのチラシ（対外向け）………………………256
資料⑫　秘密保持契約書（例）………………………………………257
資料⑬　伴走型支援サービス契約書例……………………………261
資料⑭　人材紹介サービス契約書例………………………………272

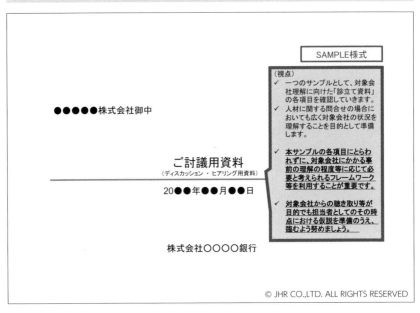

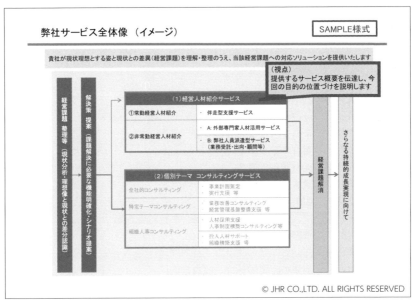

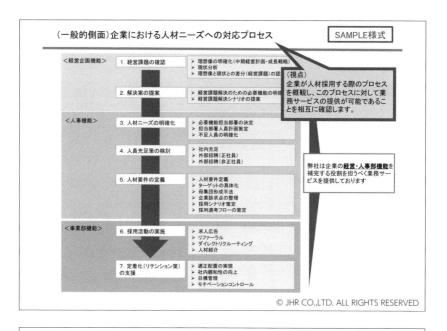

（一般的側面）企業における人材ニーズへの対応プロセス

<経営企画機能>
- 1. 経営課題の確認
  - ➤ 理想像の明確化（中期経営計画・成長戦略）
  - ➤ 現状分析
  - ➤ 理想像と現状との差分（経営課題）の認識
- 2. 解決案の提案
  - ➤ 経営課題解決のための必要機能の明確化
  - ➤ 経営課題解決シナリオの提案

（視点）
企業が人材採用する際のプロセスを概観し、このプロセスに対して業務サービスの提供が可能であることを相互に確認します。

<人事機能>
- 3. 人材ニーズの明確化
  - ➤ 必要機能担当部署の決定
  - ➤ 担当部署人員計画策定
  - ➤ 不足人員の明確化
- 4. 人員充足策の検討
  - ➤ 社内充足
  - ➤ 外部招聘（正社員）
  - ➤ 外部招聘（非正社員）
- 5. 人材要件の定義
  - ➤ 人材要件定義
  - ➤ ターゲットの具体化
  - ➤ 母集団形成手法
  - ➤ 企業訴求点の整理
  - ➤ 採用シナリオ策定
  - ➤ 採用選考フローの策定

弊社は企業の**経営・人事部機能**を補完する役割を担うべく業務サービスを提供しております

<事業部機能>
- 6. 採用活動の実施
  - ➤ 求人広告
  - ➤ リファーラル
  - ➤ ダイレクトリクルーティング
  - ➤ 人材紹介
- 7. 定着化（リテンション策）の支援
  - ➤ 適正配置の実現
  - ➤ 社内親和性の向上
  - ➤ 目標管理
  - ➤ モチベーションコントロール

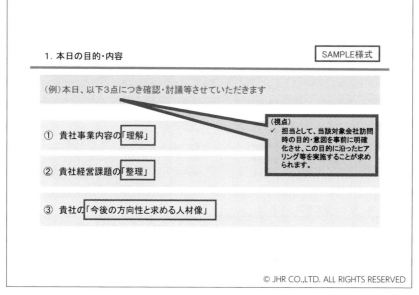

1. 本日の目的・内容

（例）本日、以下３点につき確認・討議等させていただきます

（視点）
✓ 担当として、当該対象会社訪問時の目的・意図を事前に明確化させ、この目的に沿ったヒアリング等を実施することが求められます。

① 貴社事業内容の「理解」

② 貴社経営課題の「整理」

③ 貴社の「今後の方向性と求める人材像」

2. 会社概要

■ 会社概要

（出所：XXXXXXから弊社で作成）

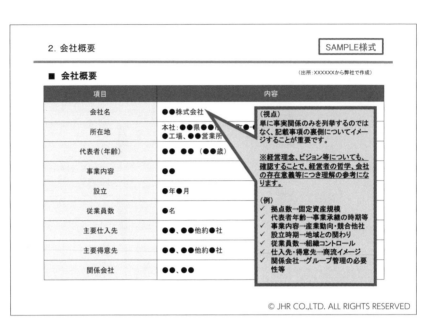

項目	内容
会社名	●●株式会社
所在地	本社：●●県●●市●●町●● ●工場、●●営業所
代表者（年齢）	●● ●● （●●歳）
事業内容	●●
設立	●年●月
従業員数	●名
主要仕入先	●●、●●他約●社
主要得意先	●●、●●他約●社
関係会社	●●、●●

（視点）
単に事実関係のみを列挙するのではなく、記載事項の裏側についてイメージすることが重要です。

※経営理念、ビジョン等についても、確認することで、経営者の哲学、会社の存在意義等につき理解の参考になります。

（例）
- ✓ 拠点数→固定資産規模
- ✓ 代表者年齢→事業承継の時期等
- ✓ 事業内容→産業動向・競合他社
- ✓ 設立時期→地域との関わり
- ✓ 従業員数→組織コントロール
- ✓ 仕入先・得意先→商流イメージ
- ✓ 関係会社→グループ管理の必要性等

3. 役員・株主

■ 役員

（出所：XXXXXXから弊社で作成）

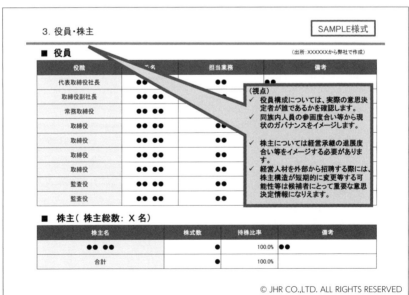

役職	氏名	担当業務	備考
代表取締役社長	●●	●●	●●
取締役副社長	●● ●●	●●	
常務取締役	●● ●●		
取締役	●● ●●	●●	
取締役	●● ●●	●●	
取締役	●● ●●	●●	
取締役	●● ●●	●●	
監査役	●● ●●		
監査役	●● ●●		

（視点）
- ✓ 役員構成については、実際の意思決定者が誰であるかを確認します。
- ✓ 同族内人員の参画度合い等から現状のガバナンスをイメージします。
- ✓ 株主については経営承継の進展度合い等をイメージする必要があります。
- ✓ 経営人材を外部から招聘する際には、株主構造が短期的に変更等する可能性等は候補者にとって重要な意思決定情報になりえます。

■ 株主（株主総数：X名）

株主名	株式数	持株比率	備考
●● ●●	●	100.0%	●●
合計	●	100.0%	

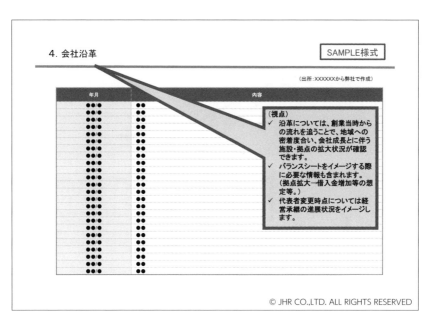

4. 会社沿革

（出所：XXXXXXから弊社で作成）

年月	内容

（視点）
✓ 沿革については、創業当時からの流れを追うことで、地域への密着度合い、会社成長とに伴う施設・拠点の拡大状況が確認できます。
✓ バランスシートをイメージする際に必要な情報も含まれます。（拠点拡大―借入金増加等の想定等。）
✓ 代表者変更時点については経営承継の進展状況をイメージします。

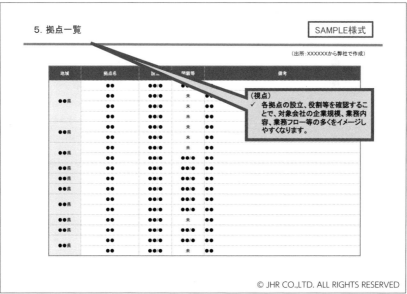

5. 拠点一覧

（出所：XXXXXXから弊社で作成）

地域	拠点名		明細等	備考

（視点）
✓ 各拠点の設立、役割等を確認することで、対象会社の企業規模、業務内容、業務フロー等の多くをイメージしやすくなります。

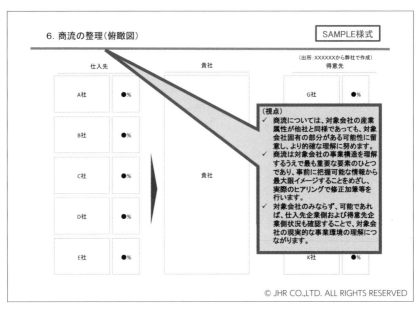

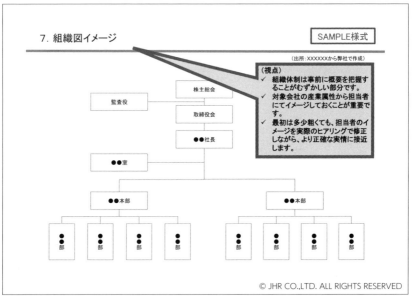

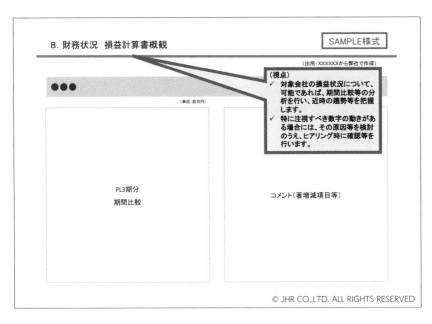

8. 財務状況　損益計算書概観

(出所：XXXXXXから弊社で作成)

（単位：百万円）

（視点）
✓ 対象会社の損益状況について、可能であれば、期間比較等の分析を行い、近時の趨勢等を把握します。
✓ 特に注視すべき数字の動きがある場合には、その原因等を検討のうえ、ヒアリング時に確認等を行います。

PL3期分
期間比較

コメント（著増減項目等）

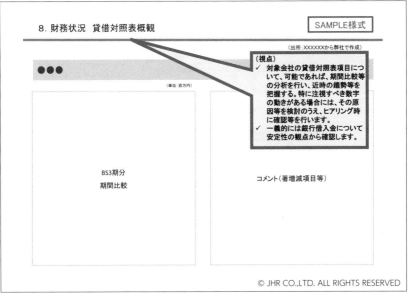

8. 財務状況　貸借対照表概観

(出所：XXXXXXから弊社で作成)

（単位：百万円）

（視点）
✓ 対象会社の貸借対照表項目について、可能であれば、期間比較等の分析を行い、近時の趨勢等を把握する。特に注視すべき数字の動きがある場合には、その原因等を検討のうえ、ヒアリング時に確認等を行います。
✓ 一義的には銀行借入金について安定性の観点から確認します。

BS3期分
期間比較

コメント（著増減項目等）

9. バリューチェーンからみる強み等（仮説）（以下はイメージ）

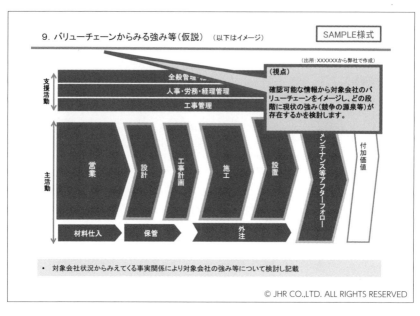

（出所：XXXXXから弊社で作成）

（視点）
確認可能な情報から対象会社のバリューチェーンをイメージし、どの段階に現状の強み（競争の源泉等）が存在するかを検討します。

- 対象会社状況からみえてくる事実関係により対象会社の強み等について検討し記載

---

10. 競合他社概況

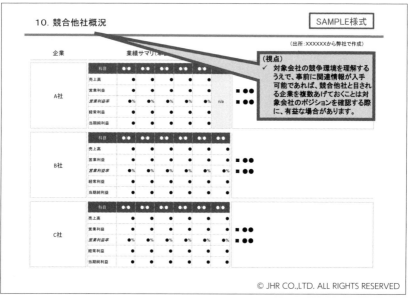

（出所：XXXXXから弊社で作成）

（視点）
✓ 対象会社の競争環境を理解するうえで、事前に関連情報が入手可能であれば、競合他社と目される企業を複数あげておくことは対象会社のポジションを確認する際に、有益な場合があります。

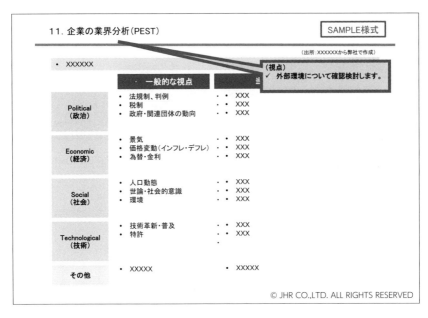

11. 企業の業界分析（PEST）

（出所：XXXXXXから弊社で作成）

・ XXXXXX

（視点）
✓ 外部環境について確認検討します。

	一般的な視点	
Political（政治）	・ 法規制、判例 ・ 税制 ・ 政府・関連団体の動向	・ ・ XXX ・ ・ XXX ・ ・ XXX
Economic（経済）	・ 景気 ・ 価格変動（インフレ・デフレ） ・ 為替・金利	・ ・ XXX ・ ・ XXX ・ ・ XXX
Social（社会）	・ 人口動態 ・ 世論・社会的意識 ・ 環境	・ ・ XXX ・ ・ XXX ・ ・ XXX
Technological（技術）	・ 技術革新・普及 ・ 特許	・ ・ XXX ・ ・ XXX
その他	・ XXXXX	・ XXXXX

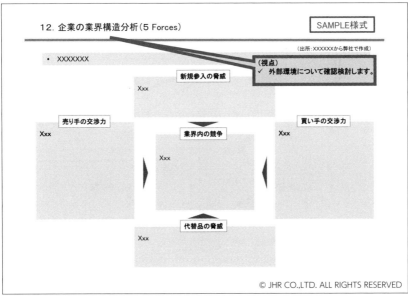

12. 企業の業界構造分析（5 Forces）

（出所：XXXXXXから弊社で作成）

・ XXXXXXX

（視点）
✓ 外部環境について確認検討します。

新規参入の脅威
Xxx

売り手の交渉力
Xxx

業界内の競争
Xxx

買い手の交渉力
Xxx

代替品の脅威
Xxx

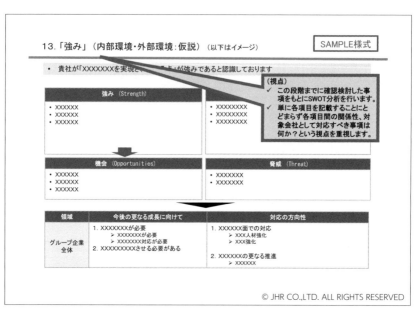

13.「強み」（内部環境・外部環境：仮説）（以下はイメージ）　SAMPLE様式

- 貴社が「XXXXXXXを実現と⋯⋯⋯⋯点」が強みであると認識しております

強み（Strength）
・XXXXXX ・XXXXXX ・XXXXXX

・XXXXXXXX ・XXXXXXXX ・XXXXXXXX

（視点）
✓ この段階までに確認検討した事項をもとにSWOT分析を行います。
✓ 単に各項目を記載することにとどまらず各項目間の関係性、対象会社として対応すべき事項は何か？という視点を重視します。

機会（Opportunities）	脅威（Threat）
・XXXXXX ・XXXXXX ・XXXXXX	・XXXXXXX ・XXXXXXX

領域	今後の更なる成長に向けて	対応の方向性
グループ企業 全体	1. XXXXXXXが必要 　➢ XXXXXXXが必要 　➢ XXXXXXX対応が必要 2. XXXXXXXXXXさせる必要がある	1. XXXXXX面での対応 　➢ XXX人材強化 　➢ XXX強化 2. XXXXXXの更なる推進 　➢ XXXXXX

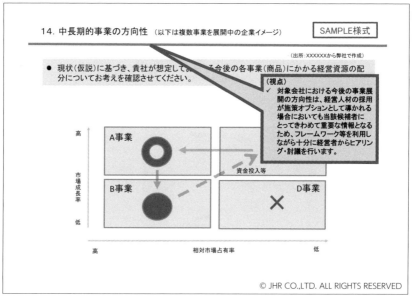

14. 中長期的事業の方向性　（以下は複数事業を展開中の企業イメージ）　SAMPLE様式

（出所：XXXXXXから弊社で作成）

● 現状（仮説）に基づき、貴社が想定して⋯⋯⋯る今後の各事業（商品）にかかる経営資源の配分についてお考えを確認させてください。

（視点）
✓ 対象会社における今後の事業展開の方向性は、経営人材の採用が施策オプションとして導かれる場合においても当該候補者にとってきわめて重要な情報となるため、フレームワーク等を利用しながら十分に経営者からヒアリング・討議を行います。

高　市場成長率　低

A事業

B事業

資金投入等

D事業

×

高　相対市場占有率　低

244

14. 中長期的事業の方向性 （以下は主に単一事業・商品展開中企業イメージ）

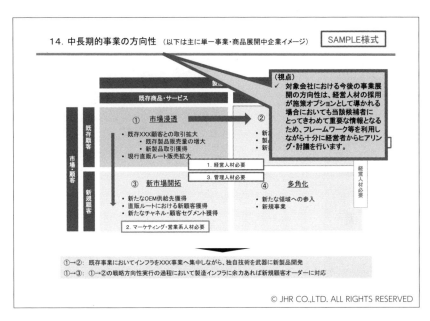

（視点）
- ✓ 対象会社における今後の事業展開の方向性は、経営人材の採用が施策オプションとして導かれる場合においても当該候補者にとってきわめて重要な情報となるため、フレームワーク等を利用しながら十分に経営者からヒアリング・討議を行います。

①→②： 既存事業においてインフラをXXX事業へ集中しながら、独自技術を武器に新製品開発
①→③： ①→②の戦略方向性実行の過程において製造インフラに余力あれば新規顧客オーダーに対応

15. 成長に向けた取り組みの方向性（施策オプション） （以下はイメージ）

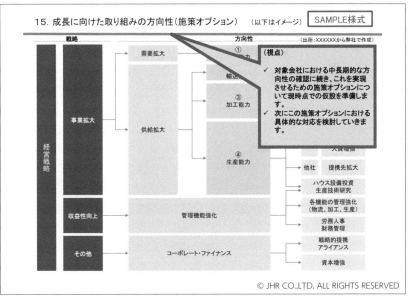

（視点）
- ✓ 対象会社における中長期的な方向性の確認に続き、これを実現させるための施策オプションについて現時点での仮説を準備します。
- ✓ 次にこの施策オプションにおける具体的な対応を検討していきます。

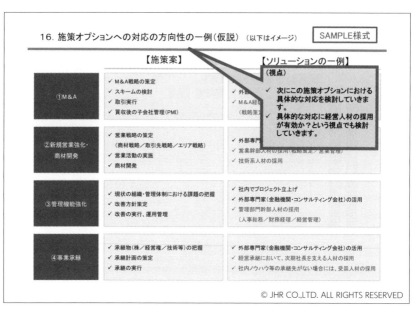

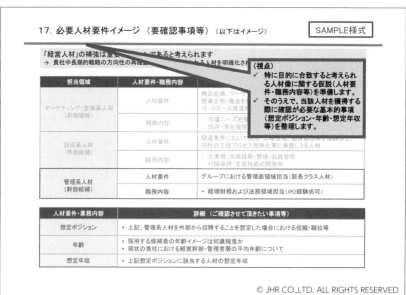

（参考）人材探索時の要検討事項

人材探索時の要検討事項として、①年齢・②想定年収・③想定ポジション・④経験業種・⑤入社後の主なミッション・担当業務等が挙げられ

（視点）
✓ 人材探索に着手する時点において必要となる基本的事項について対象会社側に伝達すると共に、本件における固有な事項がある場合には聴き取ります。

検討事項	
①年齢	■ 採用するターゲットの年齢のイメージ ■ 現状の管理者層・実務者層それぞれ
②想定年収	■ 採用するターゲットの想定年収はどの程度か ■ 現状の社員の管理者層・実務者層の平均年収はそれぞれどの程度か
③想定ポジション	■ 採用するターゲットの入社時及び将来的な想定ポジションはどこか
④経験業種	■ どのような業種の人材が貴社の業務に適合できるか ■ 他業種からの転職は可能か（貴社内での実例はあるか）
⑤入社後の主なミッション・担当業務	■ 採用するターゲットは入社後及び将来的にどのようなミッションを担い、どのような業務を担当することを想定されているか
⑥その他	■ 望ましい人物像等上記以外で備えておいてほしい人材要件はあるか

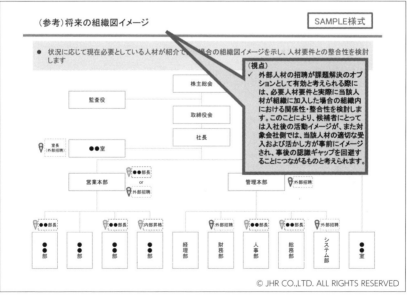

（参考）将来の組織図イメージ

● 状況に応じて現在必要としている人材が紹介で（きる）場合の組織図イメージを示し、人材要件との整合性を検討します

（視点）
✓ 外部人材の招聘が課題解決のオプションとして有効と考えられる際には、必要人材要件と実際に当該人材が組織に加入した場合の組織内における関係性・整合性を検討します。このことにより、候補者にとっては入社後の活動イメージが、また対象会社側では、当該人材の適切な受入および活かし方が事前にイメージされ、事後の認識ギャップを回避することにつながるものと考えられます。

資料② JHRによる推薦理由書

【候補者との事前面談】
候補者との事前面談内容に係る対象会社側へのフィードバックフォーマット案（記入イメージのみ）

面談日： 場所： 面談者：	2020年1月1日 ○○○○ホテル ○○○○（○○銀行）
【1】候補者情報 　1．氏名： 　2．所属： 　3．役職： 　4．住居： 　5．現年収： 　6．備考：現居住 　地、家族構成	○○○○ 株式会社○○○○ ○○○○総支配人（○○○○取締役副社長） ○○県○○市（単身赴任中） 約1100万円 自宅（○○県、持ち家）、既婚、子供2名（長男、次男）
【2】所属企業情報	株式会社○○○○ ・事業ドメイン： ・候補者の主担当領域
【3】現時点までの 経歴概要 ②過去のキャリアやスキルについて言及する	・19XX年、新卒で○○株式会社へ入社、XXXXXXを経験、XXXに貢献。 ・19XX年、○○部署へ異動。営業責任者および人材育成責任者に就任。 ・19XX年、○○株式会社へ転職。○○の支配人に就任。 ・X事業セグメントの売上構成比のうち、X○の構成比向上に貢献。 ・20XX年、関連子会社○○○へ転籍。XXXの総支配人に就任。 ・販管費削減をXXXを通じて実現。事業セグメントXにつき新たなサービスを開発提供し売上増に貢献 ・20XX年、現職である○○に入社。そのミッションは「会社全体の戦略を見直し、コストを削減、集中すべきセグメントを特定のうえ、これを成長させる」というもの。当初段階では社内軋轢もあるなか、課題を明確にしながらチームアップし、内外関係者との協働を強化することである。 ①候補者の**業務内容、プロフィール**を記載する
【4】現時点までの 入社組織および転職理由	・1、○○株式会社：　その時点までの営業面での経験をホスピタリティ業界で活かしたいと希望していた際に、知人の紹介があり転職。 ・親族が重篤な病気を発症し地元に戻る必要が生じたことから退職。 ・2、○○株式会社：外資系ホテルチェーンにおいて研鑽を積むことを希望し、これに応募。 ・同社での活動が評価され、競合他社からの勧誘を受け、これに応募。 ・3、株式会社○○○○：業績悪化傾向の同業から全社戦略の見直しおよびその立直しを牽引してほしいとの、声がかかり、この時点までの全社的戦略立案および施策実行の経験を活かしたいと考え応募。現在に至る。
【5】課題テーマに 沿った経験・ 実績（主要内容を一部抜粋）	・1、従業員のモチベーションおよび能力向上への貢献 ・基本的価値かもしれないが、その意義を語り続けながら5Sの理解徹底を求めた。 ・同時に各従業員とのコミュニケーションに時間を割き、会社の存在意義やミッションを伝達。 ・数字を示しながら進捗を説明し、成果については認めることを通じて信頼関係を構築。 ・2、会社価値の再定義による単価向上 ・顧客が当社を選定する要因を再確認のうえ、再定義を行った。 ・これによりXXXXが明らかになり、この部分を強化することで結果として客単価向上を実現。 ・3、XXXXX ・4、XXXXX ・5、XXXXX ③今回の**課題解決に活かせるポイント**を明確に記述する
【6】本件に係る関 心度合等	・現時点までに顧客数の増加がX年継続して実現されており、XXX領域でのさらなる事業拡大の可能性を感じている。 ・経営数値（係数）としての XXXからも各従業員が同社をいっそうより良い会社にしようということが感じられ、この点についても非常に魅力を感じている。 ・同社は地域を代表する企業であり、同社の発展は地域社会の活性化につながることが期待されている。自身が同社に参画することが可能となった場合には、この地域社会への貢献も意識した活動を行いたい。
【7】備考 ④候補者のパーソナリティや仕事に対する姿勢、**候補者を推薦する理由**について説明する	・1、経営・運営に対する候補者の考え方 ・会社方向性が各従業員に浸透するまでは「自ら率先して動くことが重要。利用できるインフラは全て利用する。」という姿勢が必要であると考えている。 ・「（客観的）事実」に基づいた社内議論とこれを通じた方向性の決定が必要であると考えている。 ・いうまでもなく同社はサービスを提供しており、これを高めるにはすべて「人」が重要であると考えている。 ・2、現時点までの経験を本件で活かすことができると考えられる部分 ・候補者は前職（○○○株式会社）にて全社戦略の立案実行（人員の育成も含む）を経験しており、状況が芳しくない局面から理念、ミッションの再設定、浸透およびビジョン策定経験を有しており、本件状況に準じた局面を経験している。また価値観は自ら率先して動くことを実践しており、また、周囲関係者との十分なコミュニケーションも図りながら業務を遂行することが可能であると考えられる。 3、担当者所感 人物的には、厳しい印象が強いが、一方で非常に人間味もある。 会社を継続することでこの人間的な魅力が確認できる。 プライドをもちながらもプロフェッショナルとして謙虚に物事に取り組む姿勢は、周囲を巻き込みながら、結果を出すタイプと考えられる。 国内だけでなく海外企業での勤務経験もあり、多様なマネジメントスタイルを状況に合わせたかたちで活かすことが可能とも考えられる。 上記のとおり、人間的側面・実務的経験面含め高いものを有している候補者であり、選考においては会社経営陣と価値観や目指すべき方向性が一致するか否かがポイントとなると思料。

資料③　モニタリング用目標管理シート

| （20＊＊/＊＊〜20＊＊/＊＊）
目標管理シート | 会社名 | |
| | 氏　名 | |

| ミッション | |
| 職務内容 | KPI |

入社6カ月の目標・進捗を管理

	【期初入力】		【期末入力】	【期末入力】
月	個人目標テーマ （何に取り組むか）	具体的なゴールイメージ および活動計画	自己評価	上長評価
1カ月後	現状分析と課題抽出			
2カ月後	今後の方向性と仮説			
3カ月後	方向性と仮説の検証			
4カ月後	活動テーマの実践			
5カ月後	活動テーマの実践			
6カ月後	活動テーマの実践			

資料④　案件相談シート

案件相談シート

支店名		担当者名	

確認事項
- ☐ 本案件は優越的地位の濫用に該当しない。
- ☐ 人材紹介業務については職業紹介事業許可取得部署が実施
- ☐ 人材紹介業務における手数料について説明した

相談日			
顧客番号			
会社名		代表者名	
住所		先方担当者	
従業員数	資本金	直近売上	

人材ニーズ
＜ポジション名・年収・役職等＞

▼

業務・使命
＜業務内容＞

＜中長期取組内容(ミッション)＞

▼

募集背景

- -

外部環境	内部環境
機会	強み
脅威	弱み

▼

その他 企業情報
(補足情報・競合企業等)

【本部使用欄】

No.	受付日	対応方針	対応方針理由	上長	担当者
		☐ 自行対応 ☐ ＢＭ対応 ☐ 見送り			

250

人材要件定義書

部長	課長	担当者

No.	
作成日	
会 社 名	

先方担当者	

経営課題

課題解決ポイント

組織構成等

人材ニーズ

人材要件 (スペック)

ターゲットイメージ

求人票記載事項			
業務内容			
労働期間		就業場所	
労働時間		休日	
健康保険等福利厚生			

求人票

企業情報

◆会社名	
◆所在地	
◆代表者	
◆設立	
◆資本金	
◆従業員数	
◆会社概要	
◆会社の強み	
◆今後の展開	
◆主要取引先	

求人情報

◆役職	
◆想定年収	
◆職務内容	
◆募集背景	
◆求める人物 （経験・スキル等）	
◆雇用形態	
◆試用期間	
◆勤務時間	
◆休日	
◆社会保険	

※本紙掲載情報は、求人企業の最終的な契約条件を保証するものではございません。選考過程により、本誌掲載情報から変更することがございます。

※求人企業との雇用など各種契約条件をご確認いただき、自己のご判断により契約締結を行っていただくよう、お願い申し上げます。

【情報取扱いについて】
本紙掲載情報は、ご転職における検討材料としてのみ利用し、その他の利用は行わないでください。
本紙掲載情報は、提示された本人様以外の第三者への開示は禁止とさせていただきます。

BM依頼書

部長	課長	担当者

依頼日	
No.	
会 社 名	

先方担当者	

概要

人材ニーズ

人材要件（スペック）

ターゲットイメージ

補足情報

求人票記載事項			
業務内容			
労働期間		就業場所	
労働時間		休日	
健康保険等福利厚生			

資料⑧　求人管理簿／求職管理簿／手数料管理簿

【求人管理簿】

No.	企業名	所在地	連絡先電話番号	連絡先担当者	受付年月日	有効期限	職種	就業場所	雇用期間	賃金	紹介年月日	求職者名	採用・不採用	採用年月日	離職年月日		

（有効期限の終了後2年間保存）

職業分類
A－02…人・団体役員
B－07…製造技術者（開発）

【求職管理簿】

No.	氏名	生年月日	住所	希望職種	職業分類	受付日	有効期限	紹介先	案件No.	採用・不採用	採用年月日	離職期間		

職業分類
A－02…人・団体役員
B－07…製造技術者（開発）

（有効期限の終了後2年間保存）

【手数料管理簿】

企業名	徴収日	手数料の種類	手数料額	第二種特別加入保険料に係る手数料	賃金	手数料率割合	案件No.	決定ポジション	案件No.	職業分類	備考

（有効期限の終了後2年間保存）

職業分類
A－02…人・団体役員
B－07…製造技術者（開発）

資料⑨　進捗管理票

進捗管理票

NO.	企業名	営業店	担当者	状況	受付日	打合日	人材要件決定日	決定日	対応方針	求人ポジション	想定年収
1	A商事	日本橋支店	山田太郎	受付					検討中		
2				打合中					自社対応		
3				人材探索中					外部対応		
4				外部依頼中					見送り		
5				決定							

営業担当　各位
ソリューション事業部担当　各位

人材紹介業務専任担当
連絡先：○○○○○○
2XXX年X月X日

経営人材紹介業務参入に関して

弊社ではこの度、将来に向けての社内変革および重要経営課題の解決に際して、外部経営人材招聘を検討希望する法人顧客ニーズに対応すべく、専任担当部署を本店に設置し、X月X日より業務を開始いたしました。有力法人顧客への経営人材紹介業務の提供を通じて一層の関係深化を図りながら、多様なソリューション提供機会を模索していくことを目的としています。

1．ターゲット法人顧客：
当初ターゲット顧客とする法人顧客につきましては、事業性評価を実施し、経営者・幹部とその経営課題等について十分な議論・会話が可能な先とします。これは当初段階での弊社体制において人的インフラに制約があり、ターゲット顧客を絞らせていただく必要があるからです。今後、ターゲット顧客層の拡大等については、ニーズへの対応・実績に鑑み検討していく予定です。

2．外部経営人材像：
上記のとおり、顧客における重要課題への対応を主たるミッションとするため、以下の人材像を当初の紹介対象（目安）とします。

（1）ポジション：部長職以上
（2）年収帯：X00万円以上

3．お願い
弊社ではすでに顧客状況の把握・アップデートのつど、ヒアリングシート、顧客カード等に記入のうえ、社内関連部署にて共有しておりますが、今回の経営人材紹介に際しては添付所定のヒアリングシートへのニーズ等の記入をお願いいたします。

お客様各位：

経営幹部人材の紹介業務開始のご案内

この度、弊社では皆様における重要な経営課題を解決する際に求められる人材ニーズにお応えすべく、専担チームを組成し業務提供を開始いたしましたのでご案内申し上げます。
是非とも一度、弊社担当者までご相談ください

人材に関するお客様のお悩み（例）

● 役員層を含むマネジメント人材が不足している・・・
● 優秀な人材の退社が続いている・・・
● 経営は長男に引き継ぐ予定であるが、引き継いだ後、長男の右腕として経営を共に担ってもらうような人材が欲しい
● 自社製品のアジア市場への展開を検討しているが任せられる人材が社内には残念ながら存在しない・・・
● 買収した子会社との連携がうまくいっていない・・・

最適な解決策をご提案させていただくために、皆様から十分にお話しをお聴かせいただきたく存じます。さまざまなパートナー企業の協力を得て、真摯に取り組んで参ります。

ご留意事項；
※人材に関する相談は職業紹介許認可が必要です。許認可取得事業所である弊社にて対応いたします。
※人材に関するご相談については別途、経営者ご自身のお考えをお伺いすることがございます。具体的なサービスは、ご紹介するパートナー企業よりご提供します。ご紹介するパートナー企業からのサービスは有料となります。

　【　会　社　名　】（以下「甲」という。）と、株式会社日本人材機構（以下「乙」という。）とは、乙が行う人材紹介、コンサルティング等に関する業務及び準備業務（以下「本件業務」という。）のために甲及び乙が開示する秘密情報の取扱いに関し、次のとおり契約（以下「本契約」という。）を締結する。

第1条（前提）
　乙の理念は、本件業務を提供することにより、甲の業績の改善・拡大を企図し、以て甲の雇用拡大・賃金向上を図り、地域経済の発展に寄与することを目的とするものである。甲は、これを理解した上で本件業務の提供を受けるものとし、当該提供を受け業績の改善・拡大が実現した暁には、自社の雇用拡大・賃金向上を図り、地域経済の発展に寄与するよう努める。

第2条（定義）
1．本契約における秘密情報とは、本件業務に関連して甲及び乙のうち情報を開示する側（以下「開示者」という。）から、甲及び乙のうちその開示された情報を受領する側（以下「受領者」という。）に対し、①書面もしくは電子データにて受領者に対して提供され、かつ「秘密」と明示的に表示されたもの、又は、②口頭にて受領者に対して「秘密」であることを明確に説明したうえで提供され、かつ開示後15日以内にその内容を「秘密」と明示的に表示した書面で受領者に通知された情報をいう。ただし、次にあげるものを除く。
　⑴　開示者より開示を受けた時点において既に公知であったもの
　⑵　開示者より開示を受けた後に受領者の故意・過失によらず公知となったもの
　⑶　開示者より開示を受ける前に受領者が自ら知得したもの
　⑷　開示者より開示を受けた後に、秘密保持義務を負っていない第三者より正当な手段により入手したもの
　⑸　受領者が開示者より開示された秘密情報によることなく、独自に創作・開発したもの
2．前項の規定にかかわらず、開示者が受領者に開示又は提供した個人情報は秘密情報とする。ここで、個人情報とは、個人情報保護法第2条に定義される情報（生存する個人に関する情報であって、当該情報に含まれる氏名、生年月日その他の記述等により特定の個人を識別することができるもの（他の情報と照合することができ、それにより特定の個人を識別することができることとなるものを含む。）を含むが、これに限らない。）をいう。

第3条（秘密保持義務）
1．受領者は、秘密情報を秘密として厳守し、第三者（乙の親会社およびその監督官庁を除く。）に開示若しくは漏洩しないものとする。ただし、事前に開示者より書面による承諾を得た場合はこの限りではない。
2．乙が受領者の場合、前項の定めにかかわらず、乙は、自らの責任で、秘密情報を人材紹介に係る候補者、本件業務の提携先又は委託先（以下総称して「候補者等」という。）に開示することができる。
3．受領者は、候補者等及び第1項ただし書に基づき第三者に秘密情報を開示する場合、当該候補者等及び第三者に対して、本契約上の受領者の義務と同等の義務を負わせるものとする。
4．受領者は、秘密情報につき、その不正使用、不正開示又は漏洩を防止するため、自己の秘密情報を管理するのと同等の注意義務をもって管理しなければならないものとする。

５．秘密情報に関する複製物及び二次的資料についても前項と同様とする。
６．法令又は政府機関の規則その他これらに準ずる定めに基づき、受領者に秘密情報の開示が要求された場合、受領者はこれに応じて合理的に必要な範囲内において開示することができる。この場合、受領者は可能な限り当該開示を行うことを事前に開示者に通知し、それができない場合には事後速やかに報告することとする。

第４条（使用目的）
　受領者は、秘密情報を本件業務の目的のためにのみ使用し、それ以外の目的には一切使用しないものとする。

第５条（秘密情報の開示の範囲）
　受領者は、第３条の定めにかかわらず、秘密情報を、受領者の役員又は従業員であって本件業務に従事し業務遂行上当該秘密情報を知る必要がある者、受領者の顧問弁護士、顧問会計士、顧問税理士その他の法律上秘密保持義務を負う専門家及び甲が予め開示を承諾した金融機関（以下「役員又は従業員等」という。）に限り、その必要範囲内でのみ開示することができる。なお、受領者は、秘密情報を開示した役員又は従業員等をして、本契約で定めた受領者の義務と同等の義務を負わせるものとする。

第６条（秘密情報の複製）
　受領者は、本件業務のために必要な場合に限り、秘密情報又は秘密情報が記録された記録媒体を複製、複写又は要約することができる。

第７条（秘密情報の帰属）
　開示者から受領者に開示された全ての秘密情報は、開示者に帰属するものとし、受領者に対する秘密情報の開示により、特許権、商標権、著作権その他のいかなる知的財産権も譲渡されるものではなく、また、使用許諾その他いかなる権限も与えられるものではない。

第８条（履行状況の確認）
１．開示者は、受領者の営業時間中いつでも受領者の義務の履行状況につき照会できるものとする。
２．受領者は、前項の照会を受けたときは、遅滞なく、開示者に対し、その履行状況を報告しなければならない。

第９条（事故発生時の対応）
　秘密情報が第三者に漏洩したおそれが生じたときは、受領者は直ちに開示者に報告し、損害の拡大防止に努めなければならない。

第10条（損害賠償）
　受領者、候補者等、第３条第１項ただし書の承諾を得て秘密情報を受領した者又は第５条の「役員又は従業員等」が本契約に違反し、これにより開示者が損害を被った場合、開示者は、受領者に対し、直接かつ現実に被った通常損害の範囲内において、損害賠償を請求できるものとする。ただし、本契約による義務の履行につき受領者に懈怠のなかったことを受領者において証明した場合はこの限りでない。

第11条（契約の有効期間）

本契約の有効期間は、本契約締結日から2023年３月31日までとする。ただし、本件業務が有効期間内に完了した場合は、その時点をもって契約期間は終了するものとする。

第12条（秘密情報等の返還）
１．受領者は、本契約が終了したとき又は開示者から要請を受けたときは、直ちに秘密情報が記録された書面その他の媒体（第５条に基づき複製、複写又は要約されたものを含む。）の一切を開示者に返還しなければならない。
２．受領者は、前項に記載された媒体を開示者の同意を得て廃棄した場合には、前項の返還に代えることができるものとする。

第13条（反社会的勢力の排除）
１．甲及び乙は、相手方に対し、本契約締結日現在及び将来に亘って、次の各号に定める事項について保証する。
　⑴　自己及びその役員、経営に実質的に関与している者及び従業員が、反社会的勢力（暴力団、暴力団員、暴力団員でなくなった時から５年を経過しない者、暴力団準構成員、暴力団関係企業、総会屋、社会運動等標ぼうゴロ又は特殊知的暴力団等、その他これらに準ずる者をいう。以下同じ。）に該当しないこと
　⑵　反社会的勢力との間において、直接又は間接問わず、かつ名目の如何を問わず、資金等（便宜の供与を含む）を導入し、又は提供していないこと
　⑶　直接又は間接を問わず、反社会的勢力が経営を支配し、または経営に関与していないこと
　⑷　自己若しくは第三者の不正の利益を図る目的又は第三者に損害を加える目的をもってする等、不当に反社会的勢力を利用していると認められる関係を有していないこと
　⑸　反社会的勢力と社会的に非難されるべき関係を有していないこと
　⑹　反社会的勢力の維持、運営に協力又は関与していると認められる関係を有しないこと
２．甲及び乙は、相手方に対し、自己又は第三者を利用して次の各号の一にでも該当する行為を行わないことを確約する。
　⑴　暴力的な要求行為
　⑵　法的な責任を超えた不当な要求行為
　⑶　取引に関して、脅迫的な言動をし、又は暴力を用いる行為
　⑷　風説を流布し、偽計を用い若しくは威力を用いて相手方若しくは協力者の信用を毀損し、又は相手方若しくは協力者の業務を妨害する行為
　⑸　その他前各号に準ずる行為

第14条（協議条項）
　本契約に定めのない事項又は本契約に関して疑義が生じた場合は、甲乙は誠意を持って協議し、その解決にあたるものとする。

第15条（準拠法）
　本契約は、日本法に準拠するものとする。

第16条（裁判管轄）
　本契約に関して紛争が生じた場合には、東京地方裁判所を第一審の専属的合意管轄裁判所とする。

第17条（残存条項）
　本契約が事由の如何を問わず終了した後も、第３条（秘密保持義務）、第４条（使用目的）、第７条（秘密情報の帰属）、第９条（事故発生時の対応）、第10条（損害賠償）、第13条（反社会的勢力の排除）、第15条（準拠法）、第16条（裁判管轄）及び本条は、なお有効に存続する。

　以上本契約の成立を証するため本書二通を作成し、甲乙各一通を保有する。

　　　　　年　　　月　　　日

　　　　　　　　　　　　　　　　　　　　　（甲）

　　　　　　　　　　　　　　　　　　　　　（乙）

　【　会　社　名　】（以下「甲」という。）と株式会社日本人材機構（以下「乙」という。）は、乙が提供する伴走型支援サービスに関し、以下のとおり契約する（以下「本契約」という。）。

第1条（本サービスの提供）
1．乙は、本契約に定める条件により、甲に対し、以下に定める伴走型支援サービス（以下「本サービス」という。）を提供する。
　⑴　甲の経営課題や戦略上の課題の整理・解決等を伴う求人依頼に対して、その依頼内容を理解した上で（必要に応じ次号の人材の要件の整理を行ったうえで）、これに沿うと判断した人材（以下「候補者」という。）を甲に紹介し、候補者が甲に入社等（甲と候補者とが雇用契約、委任契約、準委任契約、請負契約その他これに準ずる契約を締結し、候補者が甲の業務を開始することを意味する。以下同じ。）することを支援すること
　⑵　前号の支援に伴走するものとして、必要に応じ、以下の支援すること（詳細は、別紙2「伴走業務の内容等」に定める。）
　　①　甲の経営課題・戦略上の課題およびその課題を解決等するための人材の要件を整理すること
　　②　甲に入社等した候補者の定着および活躍を支援すること
　　③　甲の経営課題・戦略上の課題およびその課題を解決等することを支援する外部業務委託業者（個人を含まない。以下同じ。）の紹介（以下「業者紹介」という。）
2．乙の理念は、本サービスを提供することにより、甲の業績の改善・拡大を企図し、以て甲の雇用拡大・賃金向上を図り、地域経済の発展に寄与することを目的とするものであり、甲はこれを理解した上で、甲の判断において本サービスの提供を受けるものとし、これにより甲に損害が発生した場合でも乙は免責される。また甲は、当該提供を受け業績の改善・拡大が実現した暁には、自社の雇用拡大・賃金向上を図り、地域経済の発展に寄与するよう努める。

第2条（求人依頼・求人受理）
1．甲は、乙に対して、甲が希望する人材の情報（雇用契約締結の人材紹介業務の依頼の場合は、職業安定法第5条の3第2項に定める労働条件を含む。以下、これらを総称して「求人情報」という。）を書面または電子メール（以下、総称して「書面等」という。）により乙に交付することにより求人依頼を行う。
2．乙は、交付された求人情報の確認を以て、求人依頼の受理を行う。ただし、以下の場合、乙は求人依頼の受理を拒否することができる。
　⑴　求人依頼が法律・政令等や公序良俗に違反している場合
　⑵　求人依頼の内容である賃金、労働時間その他の労働条件が通常の労働条件と比べて著しく不適当であると乙が認める場合
　⑶　求人情報において、職業安定法第5条の3第2項に定める労働条件の全部または一部が明示されていない場合

第3条（本サービスの実行）
1．乙は、求人依頼の受理後、求人情報以外の要素・条件（甲の社風等）も加味し、求人情報に適合する可能性がある人材のうち、乙が適切と判断した人材を、甲に対し候補者として紹介する。
2．前項の紹介は、候補者の履歴書、職務経歴書、その他の応募書類（以下総称して「応募書類等」という。）を以て行うものとする。

３．甲が第４条に定める選考によって前項で紹介された候補者を甲に入社等させることを求めた場合は、乙はこれを支援する。

４．乙は、前各項と並行して、別紙２「伴走業務の内容等」に記載の本サービスを実行する。

第４条（選考等）

１．甲は、第３条第１項で紹介された候補者を自らの責任において選考し、候補者が甲の人材として適切と認めた場合には、当該候補者を甲に入社等させるべく、候補者と雇用契約、委任契約、準委任契約、請負契約その他これに準ずる契約のいずれかの契約（いずれの契約とするかは甲の責任と判断において決定する。以下「雇用契約等」という。）を締結する。甲は、選考の際、公正な採用選考を行うことを表明し、候補者を性別、年齢その他属性により差別的に取り扱わないことを確約する。

２．甲は、候補者を甲に入社等させることを決定した場合、乙に対して直ちに甲に入社等させることを決定した事実および雇用契約等に関する契約内容（業務内容、就業地、就業期間、賃金等）を書面等により通知する。

３．甲は、前項で候補者が甲に入社等した後において、以下の事由（以下「契約更新等」という。）が生じた場合は、当該事実およびその内容について、前項に準じ書面等により通知する。

　①　当該候補者との雇用契約等が期間を定めたものである場合において、当該雇用契約等の期間満了に際しての契約更新または期間延長

　②　当該候補者との雇用契約等の契約期間中における他の雇用契約等への変更・切替または契約終了に際しての他の雇用契約等の締結（例えば、業務委託契約から雇用契約に変更すること）

第５条（甲の義務）

１．乙が候補者を紹介した後に、他の手段により甲の求人に対して当該候補者の応募があった場合、甲は、直ちに乙に対してその旨を通知する。またこの場合、甲は、他の手段による応募よりも、乙の紹介による応募を優先して取り扱うこととする。

２．乙が候補者を紹介した日より２年間は、当該候補者の選考が終了し甲に入社等させないこととした後であっても、甲が紹介を受けた候補者と直接連絡を取る場合には、甲は事前に乙に対してその旨と連絡する理由を通知することとする。

第６条（報酬等）

１．甲は、甲が候補者と雇用契約等を締結して当該候補者が甲に入社した場合（契約更新等をした場合を含む。）、報酬として、別紙１「報酬等について（候補者紹介）」に記載された金額を、乙に対して、当該別紙に定められた方法に基づき支払う。

２．候補者が甲を退職した場合の通知・返戻金、本契約に関する経費および送金時の手数料等についても、前項の別紙に定めるところに従う。

３．甲は、業者紹介を受けた外部業務委託業者との間で業務委託契約（名目は問わない）を締結した場合、報酬として、別紙３「報酬等について（業者紹介）」に記載された金額を、乙に対して、当該別紙に定められた方法に基づき支払う。ただし、乙が外部業務委託業者より別途業者紹介による報酬を受領する場合を除く。

第７条（再委託）

乙は、事前に甲の書面による承諾を得ることにより、自己の責任および費用におい

て、本サービスの全部または一部を第三者に委託することができるものとする。

第8条（求人情報等の開示）
1．甲は、事前に開示・公開しない旨を明示的に表明した場合を除いて、乙が候補者を募集するために、求人情報および甲の企業情報等の甲より入手した情報、乙が独自に入手した甲の情報並びに一般に公開されている甲の企業情報を、乙または乙が委託する第三者が運営、提供または指定するインターネットウェブサイト等において開示・公開することを承諾する。
2．甲は、乙が、求人情報および甲の企業情報等の甲より入手した情報を、乙と業務提携関係にある人材紹介会社に対して提供することを承諾する。なお、乙は、情報を開示した業務提携関係にある人材紹介会社に対しては、乙と同等の秘密保持義務を負わせることとする。
3．甲は、乙が、求人情報および甲の企業情報等の甲より入手した情報並びに乙が独自に入手した甲の情報を本契約の目的の為に候補者に対して開示・提供することを承諾する。ただし、甲が候補者に対して開示・提供を希望しない旨を事前に明示的に特定した情報については、この限りではない。

第9条（応募書類等）
1．候補者の応募書類等は、当該候補者が作成するものであり、乙は、その内容の真実性、正確性について、甲に対して何ら保証するものではない。
2．甲は、候補者を甲に入社等させないことを決定した場合、乙より提供された応募書類等について速やかに乙に返還または甲の責任において廃棄するものとする。

第10条（秘密保持義務）
　甲および乙は、本契約の締結および本サービス提供の過程で知り得た相手方その他関係先の情報（本契約の存在および内容を含む。）を秘密として保持し、第三者（乙の親会社およびその監督官庁を除く。）に開示、漏洩、または本契約の目的以外で利用してはならないものとし、詳細については、別紙4「秘密保持条項」に従うものとし、これを遵守する。

第11条（個人情報）
1．乙は、甲が候補者を選考する際に必要と認められる限度において、候補者の氏名、連絡先、職務経歴等の個人情報（個人情報保護法第2条に定義するものをいい、以下「個人情報」という。）を甲に対して開示する。ただし、乙は、候補者の病歴、併願状況等求人情報に何ら関連のない個人情報については、当該候補者の事前承諾を得ない限り、甲に対して開示・提供しない。
2．甲は、前項に基づき乙より提供された候補者（雇用契約等の締結に至らなかった者も含む。）の個人情報を善良なる管理者の注意をもって秘密として厳重に管理し、選考の目的の範囲内で利用するものとし、本契約期間中および契約期間終了後も、選考に直接関与する部門の甲の役職員以外の第三者に開示・漏洩しないものとする。
3．甲は、候補者の選考業務の全部または一部を第三者に委託する場合は、事前にその旨を乙に通知する。この場合、甲は当該第三者において個人情報の安全管理が図れるように、自らの責任において、自らが行う措置と同様の安全管理措置を講じさせるものとする。
4．甲および乙が別途締結した個人情報に関する契約と本条が矛盾抵触する場合、個人情報に関する契約が優先する。

第12条（不正競争防止）
　甲は、雇用契約等を締結した候補者をして、当該候補者が過去に所属していた団体に関する営業秘密や個人情報等の不当な入手その他不正競争防止法に抵触するまたはそのおそれのある行為を行わせないことを確約する。

第13条（損害賠償）
１．甲および乙は、相手方の責に帰すべき事由により損害を被った場合は、直接かつ通常の範囲内の損害の賠償を請求することができる。
２．甲および乙は、本サービスに関連して第三者との間で紛争が発生した場合には、当該紛争の発生に関連して帰責性のある当事者が、その責任と負担により当該紛争を解決するものとし、当該紛争解決に帰責性のない当事者が要した費用（第三者に賠償した費用や弁護士費用を含む。）があれば、当該費用の全額について補填する。
３．前項の紛争が、当事者双方の責めに起因するものである場合には、甲および乙で協議の上で、紛争の解決をするとともに、当該紛争の解決に要した費用（第三者に賠償した費用や弁護士費用を含む。）の負担割合を定めることとする。

第14条（違約金）
１．甲が第５条の義務に違反しつつ候補者との雇用契約等を締結し、乙に対して報酬を支払わなかった場合、または報酬の一部の支払いを不当に免れた場合、甲は、本契約に基づき支払うべき報酬に加えて、違約金として本契約に定める報酬の２倍に相当する額を乙に直ちに支払うものとする。
２．前項の場合における違約金の算定過程において、初年度理論年収額が必要となる場合であって、甲が当該候補者の初年度理論年収額を明らかにしないときは、労務行政研究所より発行されている「年度モデル条件別年収」の最新版（当該候補者の入社日を基準日とする。）に記されている大学卒・総合職の年齢45歳の年収平均額を、初年度理論年収の額とみなす。
３．甲が候補者に対して入社等の条件を提示し、候補者が当該条件に合意した（以後本状態を「内定」という。）にも拘らず、甲側の事由により内定を取消した場合、甲は、違約金として、乙に対して、通常の報酬を支払う。なお、内定は甲と候補者の間で合意があった時点で成立するものとし、当該合意は書面でなされることは要しないものとする。

第15条（契約期間）
１．本契約の有効期限は本契約締結日より１年間とする。
２．前項に拘らず、期間満了日の１か月前までに、甲および乙の双方より契約終了の意思表示のない限り、本契約は同一内容でさらに１年間延長され、以後も同様とする。
３．候補者の紹介後に本契約の内容が変更された場合または本契約が終了した場合であっても、当該候補者については紹介時点の本契約の内容が有効に適用されるものとする。

第16条（重要事象の報告）
　甲は、本契約の契約期間中、以下の事由が発生し、または発生するおそれがある場合は、直ちに乙に報告する。この場合、必要に応じ乙の請求がある場合は、当該事由の概要を記載した書面によって乙に報告する。

⑴　不祥事件の発生
⑵　犯罪被害の発生
⑶　関係官庁からの指導または行政処分
⑷　労災事故の発生
⑸　ストライキ、ピケッティング、ボイコット等の争議行為の実行
⑹　労使間の紛争その他の労働問題の発生
⑺　残業代その他の労働債務の未支給
⑻　リストラ（整理解雇、労働条件の不利益変更を含む）の実行
⑼　その他甲の経営に重大な影響を与える事象の発生

第17条（反社会的勢力の排除）
1．甲および乙は、相手方に対し、本契約締結日現在および将来に亘って、次の各号に定める事項について保証する。
⑴　自己およびその役員、経営に実質的に関与している者および従業員が、反社会的勢力（暴力団、暴力団員、暴力団員でなくなった時から５年を経過しない者、暴力団準構成員、暴力団関係企業、総会屋等、社会運動等標ぼうゴロまたは特殊知的暴力団等、その他これらに準ずる者をいう。以下同じ。）に該当しないこと
⑵　反社会的勢力との間において、直接または間接問わず、かつ名目の如何を問わず、資金等（便宜の供与を含む。）を導入し、または提供していないこと
⑶　直接または間接を問わず、反社会的勢力が経営を支配し、または経営に関与していないこと
⑷　自己若しくは第三者の不正の利益を図る目的または第三者に損害を加える目的をもってする等、不当に反社会的勢力を利用していると認められる関係を有していないこと
⑸　反社会的勢力と社会的に非難されるべき関係を有していないこと
⑹　反社会的勢力の維持、運営に協力または関与していると認められる関係を有しないこと
2．甲および乙は、相手方に対し、自己または第三者を利用して次の各号の一にでも該当する行為を行わないことを確約する。
⑴　暴力的な要求行為
⑵　法的な責任を超えた不当な要求行為
⑶　取引に関して、脅迫的な言動をし、または暴力を用いる行為
⑷　風説を流布し、偽計を用い若しくは威力を用いて相手方若しくは協力者の信用を毀損し、または相手方若しくは協力者の業務を妨害する行為
⑸　その他前各号に準ずる行為
3．甲および乙は、相手方が前二項各号に反したときは、相手方に対して何らの催告をすることなく直ちに本契約を解除することができる。この場合、解除を行った当事者は、相手方に損害が発生した場合であっても、賠償の責は負わない。

第18条（解除）
1．甲および乙は、相手方が次の各号の一に該当した場合、何らの催告を要せず直ちに本契約を解除することができる。
⑴　仮差押、差押、強制執行または競売等の申立てがあったとき
⑵　破産手続開始、民事再生手続開始、会社更生手続開始、特別清算手続開始の申立てがあったとき
⑶　合併による消滅、資本の減少、営業の廃止・変更または解散決議がなされたとき

(4) 監督官庁より営業停止または営業免許若しくは営業登録の取消処分を受けたとき
(5) 公租公課を滞納したとき
(6) 支払いを停止したとき
(7) 手形交換所の取引停止処分を受けたとき
(8) 財政状態が悪化し、またはそのおそれがあると合理的に認められるとき

２．甲および乙は、相手方が本契約に違反し、当該違反の是正を催告したにも拘らず相当期間内に是正されないときは、本契約を解除することができる。

３．前二項の解除は、解除権を行使した者による被解除者に対する損害賠償請求を妨げない。

４．第１項の各号のいずれかに該当した当事者または第２項の本契約に違反し是正を催告されたにもかかわらず相当期間内に是正しなかった当事者は相手方に対して負う一切の債務について期限の利益を喪失し、直ちに全額を弁済しなければならない。

第19条（相手方への通知・連絡方法）
１．甲および乙は、本契約に関連する諸法令（職業安定法を含む。）および本契約の履行にあたり相手方への通知および連絡が必要となった場合には、両者間で別途定めのある場合を除き、本契約末尾の署名欄に記載された相手方の所在地宛てに通知および連絡を行うものとする。

２．前項に定める目的のため、甲および乙は、相手方からの通知および連絡先に変更を生じた場合には、その旨遅滞なく相手方に通知するものとする。

３．第１項に定める通知および連絡の手段は、別途定めのある場合を除き、通常の取引一般に使用される手段（郵送、宅配、FAX、電話、電子メール等）を用いるものとする。

４．甲および乙は、理由のいかんを問わず、合理的な手段をもって調査したにも拘らず相手方の所在が確認不能となった場合は、本契約末尾の署名欄に記載された相手方の所在地への書面による通知・連絡の送達より２週間経過後の正午をもって当該通知および連絡事項が相手方当事者に到達したものと見なすことができるものとする。

第20条（権利義務の譲渡禁止）
甲および乙は、相手方の書面による事前の承諾がある場合を除き、本契約に関連して相手方に対して発生する一切の権利義務を第三者に譲渡し、担保の目的に供し、または承継させてはならない。

第21条（完全合意）
本契約は、本契約の対象事項に関する当事者間の完全な合意を構成するものであり、書面によるか口頭によるかを問わず、かかる対象事項に関する当事者間の本契約締結日の前日までの全ての合意に優先する。

第22条（誠実協議）
甲および乙は、本契約に定めのない事項または本契約の解釈について疑義が生じた場合には、誠実に協議してその解決に努める。

第23条（準拠法および管轄）
本契約の準拠法は日本法とし、本契約に関連して裁判による解決が必要となった場

合には、東京地方裁判所を第一審の専属的合意管轄裁判所とする。

第24条 （残存条項）
　本契約が終了した場合であっても、第５条（甲の義務）、第６条（報酬等）、第９条（応募書類等）、第10条（秘密保持義務）、第11条（個人情報）、第12条（不正競争防止）、第13条（損害賠償）、第14条（違約金）、第17条（反社会的勢力の排除）、第19条（相手方への通知・連絡方法）、第20条（権利義務の譲渡禁止）、第21条（完全合意）、第23条（準拠法および管轄）、（別紙１）報酬等について、（別紙４）秘密保持条項（同条項中第４条、第５条および第７条を除く）および本条は、なお有効に存続する。
【本ページ以下余白】

　本契約成立の証として、本契約書２通を作成し、甲乙記名押印のうえ、各１通を保有する。

　　　　　●年　●月　●日

　　　　　　　　　　　　　　　　　　　　　　　（甲）

　　　　　　　　　　　　　　　　　　　　　　　（乙）

（別紙１）
　　　　　　　　　　　報酬等について（候補者紹介）

　甲と候補者が雇用契約等の契約締結を行い当該候補者が甲に入社等した場合や契約更新等した場合に発生する、本契約第６条第１項に基づく報酬の額および支払方法は、以下のとおりとする。また、候補者の退職時の通知・返戻金、経費、送金時の手数料についても、以下のとおりとする。

１．報酬
　（雇用契約の場合）
　　報酬は、候補者の初年度理論年収の45％相当額（税別）とする。
　　なお、初年度理論年収は、候補者の入社等（または更新契約等。以下同じ。）の月にかかわらず、候補者の入社等時点での年間支給予定額を指し、具体的には以下のとおり算定する。

　初年度理論年収
　＜年俸制の場合＞
　　初年度理論年収＝基本年俸＋想定業績賞与[注1]＋その他契約金[注2]
　（注１）
　　想定業績賞与は、個人業績と組織業績双方に連動するものを含み、前年度平均支給実績をもとに算出する。
　（注２）

名目如何を問わず、入社等の労働条件として、初年度において基本年棒および想定業績賞与以外に候補者に支給する予定のもの（年収を調整するための調整給などを含む。なお、通勤のための実費を支給する手当および勤務実績に応じて変動する時間外労働・休日労働・深夜労働に関する手当は含まない。）。

＜年俸制でない場合＞
初年度理論年収＝月額固定給^{（注3）}×12ヵ月＋年間賞与^{（注4）}＋
　　　　　　　　　その他契約金^{（注5）}

（注3）
　月額固定給＝基本給＋家族手当＋住宅手当＋役職手当＋その他諸手当（みなし残業手当を含む。）
※その他諸手当には、名目如何を問わず、入社等の労働条件として、基本給、家族手当、住宅手当および役職手当以外に毎月に固定額として候補者に支給する予定のもの（月額固定給を調整するための調整給、いわゆるみなし残業代、業務手当などを含む。なお、通勤のための実費を支給する手当およびその月の勤務実績に応じて変動する時間外労働・休日労働・深夜労働に関する手当は含まない。）

（注4）
　年間賞与＝賞与算定基準額×前年度実績賞与支給月数
（注5）
　名目如何を問わず、入社等の労働条件として、初年度において月額固定給および年間賞与以外に候補者に支給する予定のもの（年収を調整するための調整給などを含む。）。

（雇用契約以外の場合）
　報酬は、候補者の契約上の対価が月額制その他分割払いあるいは年額制の場合は1年分の対価（契約期間が1年未満の場合は、当該契約期間における総額）の45%（税別）とする。

2．支払日・支払方法
　乙は、候補者が入社等した日を請求日として、甲に対して報酬を請求し、甲は請求日の属する月の翌月末日迄に、乙の指定する銀行口座に報酬を支払うものとする。
　ただし、雇用契約以外の場合において、候補者の契約上の対価が分割で支払われる場合（月額制と否とを問わない）の支払日・支払方法については、甲乙別途協議して定める。

3．候補者の退職時の通知・返戻
　(1)　候補者の入社等の日から3ヶ月未満に、甲と候補者との間で締結した雇用契約等が終了した場合（雇用契約等の契約期間が当初から3ヶ月未満の場合は、当該雇用契約等の目的が達成されずに終了した場合に限る。以下同じ。）、甲は、直ちに乙に対して甲候補者の雇用契約等が終了したことおよび終了理由を証する書面を提出する。
　(2)　候補者の入社等の日から3ヶ月未満に、甲と候補者との間で締結した雇用契約等が、明らかに候補者の責に起因する解雇若しくは解除により終了した場合または候補者の自己都合による退職若しくは解除により終了した場合、乙は、本契約に基づき受領した報酬の30%を甲に返戻する。なお、返戻金に利息は発生しない

ものとする。
（3）乙は、本項第1号の書面を乙が受領した後、甲に対して、雇用契約等の終了原因を確認した旨の連絡を行う。かかる連絡時に、甲乙間で本項第2号に該当することの確認がなされた場合、甲は乙に対して返戻金に係る請求書を速やかに発行し、乙は、請求書発行日の属する月の翌月末迄に、甲の指定する銀行口座に返戻金を支払うものとする。
（4）甲と候補者の雇用契約等の終了が、以下の各事由に起因する場合、本項第2号の返戻金の対象外とすることを確認する。
・候補者の死亡・病気等の不測の事態であった場合
・甲の候補者に対する処遇および業務内容が雇用契約等の締結前に示した条件と著しく異なっていた場合

4．諸経費
（1）甲は、乙に対して本サービスを進めていく上での必要経費として、甲が事前に了承した候補者との食事代や交通費等の諸実費を乙に支払う。　なお、甲と候補者との食事代やそのために候補者が要した交通費等の諸実費については、甲の負担とする（乙が立替した場合は、甲はこれを乙に支払う）。
（2）甲は、甲と候補者が面接を実施する場合にかかる交通費については、甲と候補者で調整の上精算を行う。
（3）甲は、乙の担当者が甲と候補者との面接に同席する場合、甲があらかじめ了承した分に限り、乙の交通費を乙に対して支払う。
（4）諸経費の支払いは、毎月末を締切日として、乙が甲に請求をし、甲は請求書発行日の属する月の翌月末迄に乙の指定する銀行口座に支払うものとする。

5．振込手数料
本契約および本別紙に係る振込送金に係る手数料は、振込送金を行う当事者が負担することとする。

以上

（別紙2）
伴走業務の内容等

本サービスのうち、本契約第1条第1項(2)に定める業務の内容等は、以下のとおりとする。

1．甲の経営課題の整理・解決案の提案・人材要件の定義
乙は、本契約に基づき甲から提供される情報および甲に対するヒアリング等に基づき甲の経営課題の整理を行い、これらの課題を解決するための解決案の提案および人材に関する要件の定義を行う。

2．定着化の支援
（1）乙は、候補者の入社等に際し甲および候補者と面談を行い、候補者の入社等後のミッションおよび雇用契約等の条件の詳細その他必要に応じて重要と思われる事項のすり合わせを行う。

(2) 候補者の入社等後6ヶ月間に亘り、甲および候補者と面談を行い、候補者の定着化を支援する。なお、面談の頻度については甲・乙・候補者の三者協議の上決定する。

3．業者紹介
 (1) 乙は、甲の経営課題を解決するにあたり、候補者の紹介に先んじて、またはこれと並行して、外部業務委託業者による甲への支援が必要と判断した場合は、甲からの求めに応じ、外部業務委託業者の候補を甲に紹介する。なお、当該紹介にあたり必要となる甲の経営課題等の情報について当該外部業務委託業者の候補に開示することを、甲は承諾する。
 (2) 甲は、自己の判断により、前号で紹介された外部業務委託業者と業務委託契約を締結する。当該締結をなした場合は速やかに、当該事実および契約内容（業務委託料の額および支払日に関するものを含む。）を乙に報告する。
 (3) 乙は、甲による前号の業務委託契約の締結に関し、甲に対し必要となる支援を行う。

4．甲からの情報開示
 (1) 乙は、前三項の本サービスを遂行するにあたり乙が必要であると認めた甲に係る各種情報の開示を甲に求めることができる。
 (2) 乙は、前号に基づき甲より開示を受けた情報については、その真偽または利用権限等の状況についてなんら調査することなく利用することができるものとし、当該利用により甲に損害が発生した場合でも乙は免責される。

以上

(別紙3)

報酬等について（業者紹介）

 甲が外部業務委託業者との間で業務委託契約の締結を行った場合に発生する、本契約第6条第3項に基づく報酬の額および支払方法は、当該業務委託契約における甲の負担する業務委託料（以下「基準額」という。）の支払方法に応じ、以下のとおりとする。

1．分割払い制の場合
 (1) 報酬
   基準額（分割額）の45％相当額（分割額）

 (2) 支払日・支払方法
   乙は、当該業務委託契約における業務委託料の支払日を請求日として、甲に対して報酬を請求し、甲は請求日の属する月の翌月末日迄に、乙の指定する銀行口座に報酬を支払うものとする。

2．一括払い制の場合
 (1) 報酬
   基準額の45％相当額

(2) 支払日・支払方法

　　乙は、当該業務委託契約における業務委託料の支払日を請求日として、甲に対して報酬を請求し、甲は請求日の属する月の翌月末日迄に、乙の指定する銀行口座に報酬を支払うものとする。

以上

「（別紙4）秘密保持条項」については、秘密保持契約（P.257〜260）に準じた内容で作成する。

　【　会　社　名　】(以下「甲」という。) と株式会社日本人材機構 (以下「乙」という。) は、乙が提供する人材紹介サービスに関し、以下のとおり契約する (以下「本契約」という。)。

第1条 (本サービスの提供)
1. 乙は、本契約に定める条件により、甲に対し、甲からの求人依頼に対して、その依頼内容を理解した上でこれに沿うと判断した人材 (以下「候補者」という。) を甲に紹介し、候補者が甲に入社等 (甲と候補者とが雇用契約、委任契約、準委任契約、請負契約その他これに準ずる契約を締結し、候補者が甲の業務を開始することを意味する。以下同じ。) することを支援するサービス (以下「本サービス」という。) を提供する。
2. 乙の理念は、本サービスを提供することにより、甲の業績の改善・拡大を企図し、以て甲の雇用拡大・賃金向上を図り、地域経済の発展に寄与することを目的とするものである。甲は、これを理解した上で本サービスの提供を受けるものとし、当該提供を受け業績の改善・拡大が実現した暁には、自社の雇用拡大・賃金向上を図り、地域経済の発展に寄与するよう努める。

第2条 (求人依頼・求人受理)
1. 甲は、乙に対して、甲が希望する人材の情報 (雇用契約締結の人材紹介業務の依頼の場合は、職業安定法第5条の3第2項に定める労働条件を含む。以下、これらを総称して「求人情報」という。) を書面または電子メール (以下、総称して「書面等」という。) により乙に交付することにより求人依頼を行う。
2. 乙は、交付された求人情報の確認を以て、求人依頼の受理を行う。ただし、以下の場合、乙は求人依頼の受理を拒否することができる。
　(1) 求人依頼が法律・政令等や公序良俗に違反している場合
　(2) 求人依頼の内容である賃金、労働時間その他の労働条件が通常の労働条件と比べて著しく不適当であると乙が認める場合
　(3) 求人情報において、職業安定法第5条の3第2項に定める労働条件の全部または一部が明示されていない場合

第3条 (本サービスの実行)
1. 乙は、求人依頼の受理後、求人情報以外の要素・条件 (甲の社風等) も加味し、求人情報に適合する可能性がある人材のうち、乙が適切と判断した人材を、甲に対し候補者として紹介する。
2. 前項の紹介は、候補者の履歴書、職務経歴書、その他の応募書類 (以下総称して「応募書類等」という。) を以て行うものとする。
3. 甲が第4条に定める選考によって前項で紹介された候補者を甲に入社等させることを求めた場合は、乙はこれを支援する。

第4条 (選考)
1. 甲は、第3条第1項で紹介された候補者を自らの責任において選考し、候補者が甲の人材として適切と認めた場合には、当該候補者を甲に入社等させるべく、候補者と雇用契約、委任契約、準委任契約、請負契約その他これに準ずる契約のいずれかの契約 (いずれの契約とするかは甲の責任と判断において決定する。以下「雇用契約等」という。) を締結する。甲は、選考の際、公正な採用選考を行うことを表明し、候補者を性別、年齢その他属性により差別的に取り扱わないことを確約する。

2．甲は、候補者を甲に入社等させることを決定した場合、乙に対して直ちに甲に入社等させることを決定した事実および雇用契約等に関する契約内容（業務内容、就業地、就業期間、賃金等）を書面等により通知する。

第5条（甲の義務）
1．乙が候補者を紹介した後に、他の手段により甲の求人に対して当該候補者の応募があった場合、甲は、直ちに乙に対してその旨を通知する。またこの場合、甲は、他の手段による応募よりも、乙の紹介による応募を優先して取り扱うこととする。
2．乙が候補者を紹介した日より2年間は、当該候補者の選考が終了し甲に入社等させないこととした後であっても、甲が紹介を受けた候補者と直接連絡を取る場合には、甲は事前に乙に対してその旨と連絡する理由を通知することとする。

第6条（報酬等）
1．甲は、甲が候補者と雇用契約等を締結し、当該候補者が甲に入社等した場合、報酬として、別紙1「報酬等について」に記載された金額を、乙に対して、当該別紙1に定められた方法に基づき支払う。
2．候補者が甲を退職した場合の通知・返戻金、本契約に関する経費および送金時の手数料等についても、前項の別紙1に定めるところに従う。

第7条（再委託）
乙は、事前に甲の書面による承諾を得ることにより、自己の責任および費用において、本サービスの全部または一部を第三者に委託することができるものとする。

第8条（求人情報等の開示）
1．甲は、事前に開示・公開しない旨を明示的に表明した場合を除いて、乙が候補者を募集するために、求人情報および甲の企業情報等の甲より入手した情報、乙が独自に入手した甲の情報並びに一般に公開されている甲の企業情報を、乙または乙が委託する第三者が運営、提供または指定するインターネットウェブサイト等において開示・公開することを承諾する。
2．甲は、乙が、求人情報および甲の企業情報等の甲より入手した情報を、乙と業務提携関係にある人材紹介会社に対して提供することを承諾する。なお、乙は、情報を開示した業務提携関係にある人材紹介会社に対しては、乙と同等の秘密保持義務を負わせることとする。
3．甲は、乙が、求人情報および甲の企業情報等の甲より入手した情報並びに乙が独自に入手した甲の情報を本契約の目的の為に候補者に対して開示・提供することを承諾する。ただし、甲が候補者に対して開示・提供を希望しない旨を事前に明示的に特定した情報については、この限りではない。

第9条（応募書類等）
1．候補者の応募書類等は、当該候補者が作成するものであり、乙は、その内容の真実性、正確性について、甲に対して何ら保証するものではない。
2．甲は、候補者を甲に入社等させないことを決定した場合、乙より提供された応募書類等について速やかに乙に返還または甲の責任において廃棄するものとする。

第10条（秘密保持義務）
甲および乙は、本契約の締結および本サービス提供の過程で知り得た相手方その他関係先の情報（本契約の存在および内容を含む。）を秘密として保持し、第三者（乙

の親会社およびその監督官庁を除く。）に開示、漏洩、または本契約の目的以外で利用してはならないものとし、詳細については、別紙2「秘密保持条項」に従うものとし、これを遵守する。

第11条（個人情報）
1．乙は、甲が候補者を選考する際に必要と認められる限度において、候補者の氏名、連絡先、職務経歴等の個人情報（個人情報保護法第2条に定義するものをいい、以下「個人情報」という。）を甲に対して開示する。ただし、乙は、候補者の病歴、併願状況等求人情報に何ら関連のない個人情報については、当該候補者の事前承諾を得ない限り、甲に対して開示・提供しない。
2．甲は、前項に基づき乙より提供された候補者（雇用契約等の締結に至らなかった者も含む。）の個人情報を善良なる管理者の注意をもって秘密として厳重に管理し、選考の目的の範囲内で利用するものとし、本契約期間中および契約期間終了後も、選考に直接関与する部門の甲の役職員以外の第三者に開示・漏洩しないものとする。
3．甲は、候補者の選考業務の全部または一部を第三者に委託する場合は、事前にその旨を乙に通知する。この場合、甲は当該第三者において個人情報の安全管理が図れるように、自らの責任において、自らが行う措置と同様の安全管理措置を講じさせるものとする。
4．甲および乙が別途締結した個人情報に関する契約と本条が矛盾抵触する場合、個人情報に関する契約が優先する。

第12条（不正競争防止）
　甲は、雇用契約等を締結した候補者をして、当該候補者が過去に所属していた団体に関する営業秘密や個人情報等の不当な入手その他不正競争防止法に抵触するまたはそのおそれのある行為を行わせないことを確約する。

第13条（損害賠償）
1．甲および乙は、相手方の責に帰すべき事由により損害を被った場合は、直接かつ通常の範囲内の損害の賠償を請求することができる。
2．甲および乙は、本サービスに関連して第三者との間で紛争が発生した場合には、当該紛争の発生について帰責性のある当事者が、その責任と負担により当該紛争を解決するものとし、当該紛争解決に帰責性のない当事者が要した費用（第三者に賠償した費用や弁護士費用を含む。）があれば、当該費用の全額について補填する。
3．前項の紛争が、当事者双方の責めに起因するものである場合には、甲および乙で協議の上で、紛争の解決をするとともに、当該紛争の解決に要した費用（第三者に賠償した費用や弁護士費用を含む。）の負担割合を定めることとする。

第14条（違約金）
1．甲が第5条の義務に違反しつつ候補者との雇用契約等を締結し、乙に対して報酬を支払わなかった場合、または報酬の一部の支払いを不当に免れた場合、甲は、本契約に基づき支払うべき報酬に加えて、違約金として本契約に定める報酬の2倍に相当する額を乙に直ちに支払うものとする。
2．前項の場合における違約金の算定過程において、初年度理論年収額が必要となる場合であって、甲が当該候補者の初年度理論年収額を明らかにしないときは、労務行政研究所より発行されている「年度モデル条件別年収」の最新版（当該候補者の入社日を基準日とする。）に記されている大学卒・総合職の年齢45歳の年収平均額

を、初年度理論年収の額とみなす。
3．甲が候補者に対して入社等の条件を提示し、候補者が当該条件に合意した（以後本状態を「内定」という。）にも拘らず、甲側の事由により内定を取消した場合、甲は、違約金として、乙に対して、通常の報酬を支払う。なお、内定は甲と候補者の間で合意があった時点で成立するものとし、当該合意は書面でなされることは要しないものとする。

第15条（契約期間）
1．本契約の有効期限は本契約締結日より１年間とする。
2．前項に拘らず、期間満了日の１か月前までに、甲および乙の双方より契約終了の意思表示のない限り、本契約は同一内容でさらに１年間延長され、以後も同様とする。
3．候補者の紹介後に本契約の内容が変更された場合または本契約が終了した場合であっても、当該候補者については紹介時点の本契約の内容が有効に適用されるものとする。

第16条（重要事象の報告）
　甲は、本契約の契約期間中、以下の事由が発生し、または発生するおそれがある場合は、直ちに乙に報告する。この場合、必要に応じ乙の請求がある場合は、当該事由の概要を記載した書面によって乙に報告する。
　(1)　不祥事件の発生
　(2)　犯罪被害の発生
　(3)　関係官庁からの指導または行政処分
　(4)　労災事故の発生
　(5)　ストライキ、ピケッティング、ボイコット等の争議行為の実行
　(6)　労使間の紛争その他の労働問題の発生
　(7)　残業代その他の労働債務の未支給
　(8)　リストラ（整理解雇、労働条件の不利益変更を含む）の実行
　(9)　その他甲の経営に重大な影響を与える事象の発生

第17条（反社会的勢力の排除）
1．甲および乙は、相手方に対し、本契約締結日現在および将来に亘って、次の各号に定める事項について保証する。
　(1)　自己およびその役員、経営に実質的に関与している者および従業員が、反社会的勢力（暴力団、暴力団員、暴力団員でなくなった時から５年を経過しない者、暴力団準構成員、暴力団関係企業、総会屋等、社会運動等標ぼうゴロまたは特殊知的暴力団等、その他これらに準ずる者をいう。以下同じ。）に該当しないこと
　(2)　反社会的勢力との間において、直接または間接問わず、かつ名目の如何を問わず、資金等（便宜の供与を含む。）を導入し、または提供していないこと
　(3)　直接または間接を問わず、反社会的勢力が経営を支配し、または経営に関与していないこと
　(4)　自己若しくは第三者の不正の利益を図る目的または第三者に損害を加える目的をもってする等、不当に反社会的勢力を利用していると認められる関係を有していないこと
　(5)　反社会的勢力と社会的に非難されるべき関係を有していないこと
　(6)　反社会的勢力の維持、運営に協力または関与していると認められる関係を有しないこと

２．甲および乙は、相手方に対し、自己または第三者を利用して次の各号の一にでも
　該当する行為を行わないことを確約する。
　⑴　暴力的な要求行為
　⑵　法的な責任を超えた不当な要求行為
　⑶　取引に関して、脅迫的な言動をし、または暴力を用いる行為
　⑷　風説を流布し、偽計を用い若しくは威力を用いて相手方若しくは協力者の信用
　　を毀損し、または相手方若しくは協力者の業務を妨害する行為
　⑸　その他前各号に準ずる行為
３．甲および乙は、相手方が前二項各号に反したときは、相手方に対して何らの催告
　をすることなく直ちに本契約を解除することができる。この場合、解除を行った当
　事者は、相手方に損害が発生した場合であっても、賠償の責は負わない。

第18条（解除）
１．甲および乙は、相手方が次の各号の一に該当した場合、何らの催告を要せず直ち
　に本契約を解除することができる。
　⑴　仮差押、差押、強制執行または競売等の申立てがあったとき
　⑵　破産手続開始、民事再生手続開始、会社更生手続開始、特別清算手続開始の申
　　立てがあったとき
　⑶　合併による消滅、資本の減少、営業の廃止・変更または解散決議がなされたと
　　き
　⑷　監督官庁より営業停止または営業免許若しくは営業登録の取消処分を受けたと
　　き
　⑸　公租公課を滞納したとき
　⑹　支払いを停止したとき
　⑺　手形交換所の取引停止処分を受けたとき
　⑻　財政状態が悪化し、またはそのおそれがあると合理的に認められるとき
２．甲および乙は、相手方が本契約に違反し、当該違反の是正を催告したにも拘らず
　相当期間内に是正されないときは、本契約を解除することができる。
３．前二項の解除は、解除権を行使した者による被解除者に対する損害賠償請求を妨
　げない。
４．第１項の各号のいずれかに該当した当事者または第２項の本契約に違反し是正を
　催告されたにもかかわらず相当期間内に是正しなかった当事者は相手方に対して負
　う一切の債務について期限の利益を喪失し、直ちに全額を弁済しなければならな
　い。

第19条（相手方への通知・連絡方法）
１．甲および乙は、本契約に関連する諸法令（職業安定法を含む。）および本契約の
　履行にあたり相手方への通知および連絡が必要となった場合には、両者間で別途定
　めのある場合を除き、本契約末尾の署名欄に記載された相手方の所在地宛てに通知
　および連絡を行うものとする。
２．前項に定める目的のため、甲および乙は、相手方からの通知および連絡先に変更
　を生じた場合には、その旨遅滞なく相手方に通知するものとする。
３．第１項に定める通知および連絡の手段は、別途定めのある場合を除き、通常の取
　引一般に使用される手段（郵送、宅配、ＦＡＸ、電話、電子メール等）を用いるも
　のとする。
４．甲および乙は、理由のいかんを問わず、合理的な手段をもって調査したにも拘ら
　ず相手方の所在が確認不能となった場合は、本契約末尾の署名欄に記載された相手

方の所在地への書面による通知・連絡の送達より2週間経過後の正午をもって当該通知および連絡事項が相手方当事者に到達したものと見なすことができるものとする。

第20条（権利義務の譲渡禁止）
　甲および乙は、相手方の書面による事前の承諾がある場合を除き、本契約に関連して相手方に対して発生する一切の権利義務を第三者に譲渡し、担保の目的に供し、または承継させてはならない。

第21条（完全合意）
　本契約は、本契約の対象事項に関する当事者間の完全な合意を構成するものであり、書面によるか口頭によるかを問わず、かかる対象事項に関する当事者間の本契約締結日の前日までの全ての合意に優先する。

第22条（誠実協議）
　甲および乙は、本契約に定めのない事項または本契約の解釈について疑義が生じた場合には、誠実に協議してその解決に努める。

第23条（準拠法および管轄）
　本契約の準拠法は日本法とし、本契約に関連して裁判による解決が必要となった場合には、東京地方裁判所を第一審の専属的合意管轄裁判所とする。

第24条（残存条項）
　本契約が終了した場合であっても、第5条（甲の義務）、第6条（報酬等）、第9条（応募書類等）、第10条（秘密保持義務）、第11条（個人情報）、第12条（不正競争防止）、第13条（損害賠償）、第14条（違約金）、第17条（反社会的勢力の排除）、第19条（相手方への通知・連絡方法）、第20条（権利義務の譲渡禁止）、第21条（完全合意）、第23条（準拠法および管轄）、（別紙1）報酬等について、（別紙2）秘密保持条項（同条項中第4条、第5条および第7条を除く）および本条は、なお有効に存続する。

　本契約成立の証として、本契約書2通を作成し、甲乙記名押印のうえ、各1通を保有する。

　　　　●年　●月　●日

　　　　　　　　　　　　　　　　　　　　　　　（甲）

　　　　　　　　　　　　　　　　　　　　　　　（乙）

（別紙1）

報酬等について

　甲と候補者が雇用契約等の契約締結を行い、当該候補者が甲に入社等した場合に発生する、本契約第6条第1項に基づく報酬の額および支払方法は、以下のとおりとする。また、候補者の退職時の通知・返戻金、経費、送金時の手数料についても、以下のとおりとする。

1．報酬
　（雇用契約の場合）
　　報酬は、候補者の初年度理論年収の35％相当額（税別）とする。
　　なお、初年度理論年収は、候補者の入社等の月にかかわらず、候補者の入社等時点での年間支給予定額を指し、具体的には以下のとおり算定する。

初年度理論年収
＜年俸制の場合＞
　　初年度理論年収＝基本年棒＋想定業績賞与（注1）＋その他契約金（注2）
　（注1）
　　　想定業績賞与は、個人業績と組織業績双方に連動するものを含み、前年度平均支給実績をもとに算出する。
　（注2）
　　　名目如何を問わず、入社等の労働条件として、初年度において基本年棒および想定業績賞与以外に候補者に支給する予定のもの（年収を調整するための調整給などを含む。なお、通勤のための実費を支給する手当および勤務実績に応じて変動する時間外労働・休日労働・深夜労働に関する手当は含まない。）。

＜年俸制でない場合＞
　　初年度理論年収＝月額固定給（注3）×12ヵ月＋年間賞与（注4）＋
　　　　　　　　　　その他契約金（注5）

　（注3）
　　　月額固定給＝基本給＋家族手当＋住宅手当＋役職手当＋その他諸手当（みなし残業手当を含む。）
　※その他諸手当には、名目如何を問わず、入社等の労働条件として、基本給、家族手当、住宅手当および役職手当以外に毎月に固定額として候補者に支給する予定のもの（月額固定給を調整するための調整給、いわゆるみなし残業代、業務手当などを含む。なお、通勤のための実費を支給する手当およびその月の勤務実績に応じて変動する時間外労働・休日労働・深夜労働に関する手当は含まない。）

　（注4）
　　　年間賞与＝賞与算定基準額×前年度実績賞与支給月数
　（注5）
　　　名目如何を問わず、入社等の労働条件として、初年度において月額固定給および年間賞与以外に候補者に支給する予定のもの（年収を調整するための調整給などを含む。）。

（雇用契約以外の場合）

報酬は、候補者の契約上の対価が月額制あるいは年額制の場合は１年分の対価（契約期間が１年未満の場合は、当該契約期間における総額）の35％（税別）とし、その他の場合は100万円を超える範囲内で別途協議して定める。

２．支払日・支払方法
　乙は、候補者が入社等した日を請求日として、甲に対して報酬を請求し、甲は請求日の属する月の翌月末日迄に、乙の指定する銀行口座に報酬を支払うものとする。

３．候補者の退職時の通知・返戻
　⑴　候補者の入社等の日から３ヶ月未満に、甲と候補者との間で締結した雇用契約等が終了した場合（雇用契約等の契約期間が当初から３ヶ月未満の場合は、当該雇用契約等の目的が達成されずに終了した場合に限る。以下同じ。）、甲は、直ちに乙に対して甲候補者の雇用契約等が終了したことおよび終了理由を証する書面を提出する。
　⑵　候補者の入社等の日から３ヶ月未満に、甲と候補者との間で締結した雇用契約等が、明らかに候補者の責に起因する解雇若しくは解除により終了した場合または候補者の自己都合による退職若しくは解除により終了した場合、乙は、本契約に基づき受領した報酬の30％を甲に返戻する。なお、返戻金に利息は発生しないものとする。
　⑶　乙は、本項第１号の書面を乙が受領した後、甲に対して、雇用契約等の終了原因を確認した旨の連絡を行う。かかる連絡時に、甲乙間で本項第２号に該当することの確認がなされた場合、甲は乙に対して返戻金に係る請求書を速やかに発行し、乙は、請求書発行日の属する月の翌月末迄に、甲の指定する銀行口座に返戻金を支払うものとする。
　⑷　甲と候補者の雇用契約等の終了が、以下の各事由に起因する場合、本項第２号の返戻金の対象外とすることを確認する。
　　・候補者の死亡・病気等の不測の事態であった場合
　　・甲の候補者に対する処遇および業務内容が雇用契約等の締結前に示した条件と著しく異なっていた場合

４．諸経費
　⑴　甲は、乙に対して本サービスを進めていく上での必要経費として、甲が事前に了承した候補者との食事代や交通費等の諸実費を乙に支払う。
　⑵　甲は、甲と候補者が面接を実施する場合にかかる交通費については、甲と候補者で調整の上精算を行う。
　⑶　甲は、乙の担当者が甲と候補者との面接に同席する場合、甲があらかじめ了承した分に限り、甲の交通費を乙に対して支払う。
　⑷　諸経費の支払いは、毎月末を締切日として、乙が甲に請求をし、甲は請求書発行日の属する月の翌月末迄に乙の指定する銀行口座に支払うものとする。

５．振込手数料
　本契約および本別紙に係る振込送金に係る手数料は、振込送金を行う当事者が負担することとする。

以上

「（別紙２）秘密保持条項」については、秘密保持契約（P.257〜260）に準じた内容
で作成する。

おわりに

　「ポスト2020」という言葉は、オリンピック・パラリンピック後を指す言葉から、コロナショック後を指す言葉へと変わっていきました。一方、2020年6月30日に事業終了した株式会社日本人材機構（JHR）においては、地方企業への経営人材紹介が地域金融機関によって活発に展開される時代、そして念願を指すものでもあります。

　有料職業紹介が金融機関の付随業務として認められた2018年3月以降、それまでの"ビジネスマッチング先としてのJHR"に、"地域金融機関の指南役としてのJHR"という大きな意味が付加されました。その意味においては、時限会社であるJHRがノウハウを抱え込んで消えてしまうわけにはいきませんでした。ここまでに蓄積してきたノウハウについて、「社会実装」という言葉のもと、地域金融機関の皆様にお伝えしていくということに取り組んできました。

　具体的には、金融機関に人材紹介事業のサービス構築支援を行ったことに加え、「地域金融機関による『経営人材』紹介事業参入ガイドブック」を制作し、広く金融機関への配布を行いました。そのガイドブックをテキストにしての全国7地区での研修会はコロナウィルス禍により中止を余儀なくされましたが、その代わりとしてガイドブックの解説動画を公開し、理解の促進のお手伝いをしています。

　本書の刊行は、2019年8月にプロジェクトがスタートしたもので、この社会実装」の最後を飾るものと位置付けました。刊行までの間に、まち・ひと・しごと創生総合戦略（第2期）に金融機関による人材紹介が明示され、先導的人材マッチング事業が開始されることになりました。さらにはコロナウィルス禍が加わり、金融機関の皆様にお伝えすべき内容が多様化していきました。

今後も社会のニーズにあわせ、金融機関による経営人材紹介は変化していくでしょう。それらに真摯に取り組んだ地域金融機関によってノウハウがかたちづくられ、第二、第三の教科書が生まれいていくことを願ってやみません。その時こそ、JHRによる「社会実装」が終わるときだと考えています。

　最後になりますが、本書の刊行にあたり、地域金融機関や地域の企業の皆様、JHRの紹介によって転職された方、JHRスタッフなど200人以上の方々からヒアリング、アンケート調査のご協力を賜りました。話を聞くごとに、新たな気づきが加わり、内容に深みを加えることができました。その他、4次にわたる首都圏管理調査でご協力いただいた約6500名、JHRが2020年6月まで運営していた「Glocal Mission Times」「Glocal Mission Jobs」の10万人に及ぶユーザー、その他数多くの方々の地方への思いも含めた結晶として上梓することができました。

　すべての皆様に感謝を申し上げます。ありがとうございました。

2020年9月

株式会社日本人材機構
編集委員会

地域金融機関が担う地方転職
──ポスト2020の経営人材紹介

2020年9月30日　第1刷発行

編著者　日 本 人 材 機 構
発行者　加 藤 一 浩

〒160-8520　東京都新宿区南元町19
発　行　所　一般社団法人 金融財政事情研究会
企画・制作・販売　株式会社きんざい
出 版 部　TEL 03(3355)2251　FAX 03(3357)7416
販売受付　TEL 03(3358)2891　FAX 03(3358)0037
URL https://www.kinzai.jp/

DTP・校正：株式会社アイシーエム／印刷：奥村印刷株式会社

ISBN978-4-322-13586-2